谨以此书献给敬爱的恩师朱寰先生

英国现代法治的历史渊源研究

A Study on the Historical Origins of the Modern Rule of Law in England

于 洪 著

人民出版社

国家社科基金后期资助项目
出版说明

　　后期资助项目是国家社科基金项目主要类别之一，旨在鼓励广大人文社会科学工作者潜心治学，扎实研究，多出优秀成果，进一步发挥国家社科基金在繁荣发展哲学社会科学中的示范引导作用。后期资助项目主要资助已基本完成且尚未出版的人文社会科学基础研究的优秀学术成果，以资助学术专著为主，也资助少量学术价值较高的资料汇编和学术含量较高的工具书。为扩大后期资助项目的学术影响，促进成果转化，全国哲学社会科学规划办公室按照"统一设计、统一标识、统一版式、形成系列"的总体要求，组织出版国家社科基金后期资助项目成果。

全国哲学社会科学规划办公室

2014 年 7 月

目　　录

序 言 一

于洪同志的著作《英国现代法治的历史渊源研究》即将出版,索序于我。我借此机会对于洪同志的学习和研究以及这部著作谈一些自己的想法,姑且算作本书的序言。在跟随我攻读博士学位时,于洪同志就一直致力于思考英国法律史的很多问题,希望从法律演变的角度来理解英国国家与社会的发展特点。经过长期的思考与研究,于洪同志已经对英国法律发展进程有了较为深刻的认识,对英国法治文明的演变也有了较为准确的理解。《英国现代法治的历史渊源研究》这部著作是他对英国法律史多年研究的成果,体现了他对英国法治发展进程的理解和认识。

法治是人类文明进步的重要标志,也是现代社会的核心特征之一,从传统社会向现代法治社会转型是人类走向现代社会的关键一步。英国是世界上最早建立现代法治社会的国家,并对世界上很多国家建立现代法治社会产生了深远的影响。从传统法治形成到现代法治确立,英国法治经历了长期的发展演变。本书从英国王权与议会以及英国法律体系的发展演变两大主线展开论述,系统地阐述了英国现代法治的历史渊源,并将英国法治的发展进程分为四个历史阶段:第一个阶段是英国传统法治的形成时期,这一历史阶段英国的普通法形成,并有了长足的发展,普通法的法律体系和司法体系都趋于成熟。英国的议会也在这一阶段出现,除了贵族之外,平民阶层进入议会也成为定制,最终形成了议会上下两院分立的结构,在议会的推动下形成了"王在议会"的格局,国王和议会上下两院共同分享国家的治理权,由此,英国就形成了阶层意义上的分权与制衡,英国的传统法治得以形成。第二个阶段是王权的膨胀与英国传统法治的危机时期,这一阶段国王通过宗教改革成为教俗最高元首,确立了王权至尊的地位,建立了一系列由国王支配的特权法庭,普通法的发展出现了危机,议会也成为国王推行宗教改革的工具。第三个阶段是多元力量对王权膨胀的抗争与英国传统法治的回归时期,这一阶段多元力量对王权的膨胀进行了持久的抗争,通过议会颁布了《反垄断法》和《权利请愿书》等法律,普通法也实现了复兴。第四个阶段是现代法治的确立时期,这一阶段议会下院和普通法职业共同体联合起来,和绝对君主取向进行了长期的较量,最终将财政税收权和军事指挥权都转移到议会手中,确立了议会主权和司法独立,推动了英国现代法治的确立。本书以上述总体的分析框架为基础对英国现代法治的历史渊源进行了系统的分析和论述,揭示了英国传统法治向现代法治过渡的本质,即从传统的阶层意义上的分权制衡转向现代职能意义上的分权与制衡,在此基础上确立了君主立宪、议会主权以及司法独立等制度与原则,这也是英国建立现代法治国家的基础和前提。

在阅读全书之后,我认为《英国现代法治的历史渊源研究》这部著作有以下几个特点:

第一,使用了大量的原始文献,主要包括《王国法令集》、《国王公告集》、《英国历史文献》、《英国历史实录》以及《英国宪政文献》等重要原始文献。尤其难得的是,本书还运用了国内新近引进的"英语早期图书在线(EEBO)"和"18世纪英语图书在线(ECCO)"等数据库中的原始文献,"英语早期图书在线(EEBO)"数据库中的文献出版于16、17世纪,是用现代早期英语写成,阅读与理解难度较大,这些近代早期出版的资料的运用让全书的研究更加具有说服力。总之,本书运用大量的原始文献具体、深入、系统地分析了英国现代法治确立的各方面的历史渊源,厘清了英国传统法治的形成过程,展现了英国传统法治向现代法治转变的复杂进程,能够提高我们对英国现代法治的整体认识,有利于我们更准确地理解英国现代法治的本质特征。

第二,在吸收了国内外最新研究成果的基础上,对英国现代法治形成的历史渊源做出了较为全面的论述。在纵向上,将英国现代法治确立的历史进程分为四个阶段:英国传统法治的形成、王权的膨胀与英国传统法治的危机、多元力量对王权膨胀的抗争与英国传统法治的回归、传统法治的新生与现代法治的确立。在横向上,系统地论述了普通法的发展演变、《大宪章》和《权利请愿书》以及《权利法案》等宪法性法律的演进、议会的形成和发展、国王和议会的关系等英国现代法治确立的各种因素。这种纵横结合的研究方法使得本书较为立体而全面地论述了英国现代法治确立的历史进程。

第三,具有较强的理论意义和现实针对性,一个国家由传统社会向现代法治社会转型是现代国家发展的重要组成部分。本书系统地分析了英国现代法治的历史渊源,阐明了英国现代法治确立的法律基础和政治基础,这对于理解英国向现代法治转型过程中国家与社会、权力和权利之间的互动关系有着重要的意义。英国确立现代法治的历史经验表明,法治的确立虽然需要各方面的因素长期互动和博弈,但现代法治确立之后为社会经济的发展提供了重要保障,民众能够很好地维护自身的权利和自由,国家的各种公权力机构能够在法律的框架下实现依法运行,工商业经济能够在法治的秩序下实现稳定发展。现代法治最终推动英国实现了向现代社会的转型,建立了现代国家。英国确立现代法治的经验和教训对于我们理解我们国家的依法治国方略,建立现代法治国家具有重要的借鉴意义。

整体看来,本书的论述有理有据,史料丰富,逻辑清晰,语言流畅;作者结合了历史学和法学的方法,这反映了作者具有较强的研究能力和较为开阔的学术视野。于洪同志谦虚好学,踏实勤奋,执着学术;自从跟我攻读博士学位以来,倾力学习和研究英国法律史,尤其对近代早期英国法律史着力更多。借此机会我祝贺于洪完成这本书的写作,此书很有学术价值,将会对英国法治历史的研究做出很有意义的贡献。我与于洪同志相知甚深,适逢本书出版之际,乐意写下上述感想,希望于洪同志再接再厉做出更好的成果,是为序!

朱寰

2020 年 1 月 2 日于东北师范大学

序　言　二

　　法治是现代文明的重要组成部分,而世界各国的现代法治文明丰富多彩,在交流互鉴中美美与共。然而,英国何以较早走向现代法治文明,长期以来这个问题不断吸引着国内外众多优秀学者去求解。于洪同志就是执着于这一问题研究的优秀学者之一。该同志曾跟我读硕士研究生,在学期间就沉迷于英国法治问题的学习与研究。在硕士研究生毕业后,幸得朱寰先生悉心指导,学业精进有加,在国内重要学术期刊发表了多篇论文,并出版了多部相关的学术著作,积累日益厚重,成果日益丰硕。这部《英国现代法治的历史渊源研究》,就是其又一力作。

　　于洪同志的这部著作,坚持马克思主义的基本立场和基本原则,具体运用了发生学方法、法律社会学(或社会法学)方法以及文献分析方法,在海量的大数据历史文献中捕捉有效文献信息、建立完整文献链条,系统而深入地专题探讨了英国现代法治形成的社会历史条件。他认为,诺曼征服之后,征服者威廉建立了统一的封建君主国,确立了异于大陆的封建原则,实现了对王国的有效统治,为普通法的孕育创造了至关重要的政治条件和社会环境。亨利二世发起的司法改革推动了普通法的萌芽和成长,在"国王和平(King's Peace)"这一前提下,再加上司法诉讼程序的优势,亨利二世及其后的数位国王促进了普通法的成型。普通法本质上是习惯法,是从传统分散的习惯法发展整合之后,适用于全英格兰的习惯法。国王通过普通法实现了一定程度的集权,王权得以巩固,同时也维护了民众的权利。随着国王司法权的扩张,英国教俗贵族为了维护自身的利益尽力遏制王权的膨胀,以使国王在封君封臣的传统之下行使王权。贵族在强势王权之下保持了相对的独立性,一旦王权侵害了贵族的利益,贵族甚至以武力迫使国王签署限制王权的法律。《大宪章》和《牛津条例》为王权确立了法律边界。国王和教俗贵族之间持久的力量博弈,逐渐实现了力量的动态平衡,二者之间存在着持久的张力,这推动了英国的有限王权和传统法治的形成。

　　《大宪章》是英国议会出现的法理基础,议会成为贵族和国王利益博弈的平台,也是以贵族为代表的社会力量表达利益诉求的渠道。王国的治理权就不仅仅由国王和贵族分享,而是由国王和议会上下两院共同行使。这也就形成了英国特有的"王在议会"原则,这在中世纪欧洲是独一无二的。

这种权力制衡的运作模式是英国法治实现的根本保障。随着普通法独立地位的稳固,国王创设了一系列特权法庭。特权法庭实质上是在王权主导之下,针对特定领域的诉讼而创设的专门法庭,国王是要在普通法之外逐渐发展出一个直接对其负责的司法体系。英国的司法体系由此出现了分裂,一方是国王及其支持的特权法庭,一方是普通法法庭,英国的传统法治出现了深刻的危机。特权法庭的发展破坏了英国的传统法治,普通法职业共同体基于普通法至上传统与国王的特权法庭进行了持久的抗争。普通法职业共同体和新兴社会力量依靠不懈的努力维护了普通法至上的地位,废除了一系列特权法庭,保存了有限王权和法治的薪火。英国内战的实质是王在法下的有限王权传统与王在法上的绝对王权取向之间出现了根本的法理冲突。经历了内战和复辟的动荡,英国最终建立了君主立宪政体。议会主权得以确立,司法独立得以实现。有限政府和代议制政府初步形成,这成为英国维护个人权利与自由的保障。在国家理性重建的同时,英国实现了从传统法治向现代法治的转型。

以上这些见解,不仅有大量原始文献支撑,而且有科学、可行的理论方法指导,结论符合马克思主义原理,见解多有独到之处,具有重要学术价值和实际意义。尤其是在理解法治问题上,于洪同志的这部著作使人们清醒地认识到,法治的本质是不同经济社会力量之间的均势(balance of power)。没有这种均势,法治都是纸上谈兵,这是符合历史唯物主义的。有理由相信,于洪同志对英国现代法治的历史渊源研究,不仅将吸引学界注意,而且还将为关心甚至参与法治社会进程的人们带来更多有益的启示。

尤其值得注意的是,于洪同志在《英国现代法治的历史渊源研究》一书中运用了《王国法令集》、《国王公告集》、《英国历史文献》以及《英国历史实录》等数十种原始文献,补充了以往学界较少了解的历史细节,同时也提高了相关结论的可信度,这体现了作者严谨而扎实的治学态度。这部著作语言流畅、结构合理,是在反复修改的基础上完成的,我见证了这一过程。学术研究没有禁区,也没有止境。我希望于洪的这部著作能够得到大家的认可,也希望于洪能够继续探索下去,为社会进步奉献出更多的学术精品。

2020 年 1 月 16 日于天津

引　言

　　法治(rule of law)是现代社会的核心特征之一,现代法治社会的确立是传统社会向现代社会转型的重要组成部分。中外学者虽然对法治概念的界定至今尚未形成定论,但是对法治的基本内涵还是形成了可通约的认识:法律成为调整一切社会关系的最为根本的规范,任何机构或个人都平等地受到法律的制约。保障民众个体的自由与权利是法治的出发点和终极旨归。实质上,法治就是要在法律的基础上限制权力,保障权利。英国是世界上最早建立现代法治社会的国家,并对世界上很多国家建立现代法治社会产生了深远的影响。因此,系统分析英国现代法治形成的历史渊源和现实条件有利于我们更好地理解现代法治的本质特征。对英国现代法治的历史渊源进行系统地研究不仅可以深化我们对现代英国社会转型过程中国家与社会、权力和权利之间互动关系的认识,还有助于深化对英国现代法治相关领域的研究,如英国宪政的确立和现代公民社会的形成等,从而更为全面地理解英国从传统社会向现代社会转型的历史进程。

　　英国现代法治是从传统法治演变而来的,而英国传统法治的起源可以追溯到中世纪,尤其是诺曼征服对英国传统法治的发展产生了决定性的历史影响。诺曼征服之后英国确立了"我的附庸的附庸还是我的附庸"的特殊封建原则,国王实现了对国家的有效统治,建立了较为强势的王权。由此,亨利二世(Henry II, 1154—1189)推行了"司法改革",对既有习惯法进行了整合,促进了英国普通法的形成和发展。普通法的形成促进了王权的进一步集权,但王权的集权与贵族对王权的限制相伴而行。在贵族的努力下,英国颁布了《大宪章》(*Magna Carta*)、《牛津条例》(*Provision of Oxford*)以及《约克法令》(*Statute of York*)等一系列法律,旨在为国王划定权力的边界,以限制王权的过度集权和膨胀。为了能够有效地约束王权,贵族还建立了议会,并发展出了英国特有的"王在议会"原则,形成了议会和国王共同分享国家治理权的格局。国王与贵族二者之间长期博弈,形成了一种动态平衡,而英国的传统法治正是在这一动态平衡中孕育的。

　　都铎王朝和斯图亚特王朝是英国从传统社会向现代社会转型的重要历史时期。都铎王朝时期,英国王权迅速膨胀,通过宗教改革,英国国王取代教皇成为英国教会的"元首"。此外,受到罗马法复兴的影响,国王又在普通法之外建立了一系列直接听命于王权的特权法庭,这使得王权摆脱了普通法的束缚,逐渐凌驾于法律和议会之上。斯图亚特王朝时期,来自苏格兰的詹姆斯一世和查理一世受到欧洲大陆罗马法和"绝对君主制"影响更深,始终秉持"君权神授"观念,坚持在英国推行"绝对君主"式的统治。英国内战的根本原因是国王绝对君主统治的取向与"王在法下"的有限王权传统之间的法理冲突。绝对君主取向造成了英国传统法治的危机,新兴社会力量和普通法职业共同体对绝对君主取向进行了持续的抗争,最终推动了英国传统法治向现代法治的转变。

英国现代法治是在传统法治的基础上发展而来的,是各种力量妥协的产物。宗教信仰冲突是英国革命的直接推动力量。由于查理一世强制改变苏格兰的宗教信仰,双方兵戎相见。为了筹集给予苏格兰的赔款,国王重新召开被解散了11年的议会,由此开启了议会下院主导的与王权激烈博弈的进程。这一时期已经有很多清教徒进入议会下院,内战爆发之后,清教徒成为议会对抗国王的关键力量。资产阶级革命推动了英国国家理性的重建,英国从国王主导的封建王国转变为君主立宪国家。国王和议会在内的公权力主体逐渐走向法人化,并具有了较为明确的权力和权利边界,同时也具有了独立的法律人格,国王成为众多公法人中的一个。在国王与贵族之间长期的动态平衡中,通过《大宪章》《牛津条例》以及"王在议会"原则,英国形成了传统的阶层意义上的分权与制衡;通过《权利请愿书》《权利法案》以及《王位继承法》等一系列法律,英国形成了现代的职能意义上的分权与制衡。现代职能意义上的分权是英国走向现代法治的关键。最终,法院获得了司法独立,议会主权获得了法律和政治意义上的保障,议会合法地控制了王国的财政税收权和军事指挥权,国王失去了实行专制统治的经济基础和军事基础,成为立宪君主,英国现代法治最终得以确立。然而,作为"革命者"的新兴社会力量与普通法职业共同体是非常保守的,平等派清教徒的很多先进的政治主张被议会下院拒绝接受,以至于普通民众的权利和自由未能得到很好的保障,这使得英国现代法治在确立之初还存在很多历史局限性,需要经历长期的改革才能趋于完善。

可见,英国现代法治经历了长期的探索和发展历程才最终得以确立。因此,为了更准确地认识英国传统法治的发展,理解英国从传统法治向现代法治转变的复杂进程,有必要对英国现代法治的历史渊源进行专题研究。国内外学者对英国现代法治发展进程中的法律、王权以及议会等方面的研究成果非常丰富,主要可以分为两个方面,第一个方面是围绕着以普通法为核心的英国法律体系的发展进程进行的研究,第二个方面是围绕着英国王权和议会以及法治的发展演变展开的研究。这些研究成果为我们研究英国现代法治的历史渊源提供了实证分析的史实依据和理论方法。

一、国外学者对英国法律发展进程的研究

对英国法律发展史展开自觉的研究早在 17 世纪就已经出现了。17 世纪初,英国出现了法律史研究领域的著作,爱德华·柯克(Edward Coke)、约翰·塞尔登(John Selden)以及马修·黑尔(Matthew Hale)是英国法律史研究的先行者,他们阐明了普通法的历史渊源,维护了普通法的独立地位。梅因(Sir Henry James Sumner Maine)在继承柯克等人的法律历史主义观念的基础上,将实证主义的方法引入了法律史研究,强调要在实际的历史进程中考察法律的发展状况。为此,梅因系统地批判了自然法学派和分析法学派的研究方法。梅特兰(Frederic William Maitland)运用了大量的诉讼卷宗与议会档案等原始文献,更加严谨而精细地研究了英国法律发展的进程,使得英国法律史研究具有了现代史学的特征,推动了英国法律研究的成熟。

英国的法律体系是以普通法为主体的,而普通法是以判例法为主要形式,判例法的发展和完善源于历史上判例的积累。因此,英国的法律是在历史中渐进地形成的,是在经验主义的基础上成长起来的,而不是在理性主义的基础上建构起来的。英国法律的发展路径和英国历史的发展路径是同构的,都充满了经验主义的色彩。所以,在英国法律的发展史上很少出现伟大的法学家,专门研究法律史的法学家更是到了 17 世纪才开始出现。由于普通法是在历史中渐进地发展起来的,早期的英国法律史研究者就注重强调普通法的历史渊源,这一学术理路孕育了英国的法律历史主义。在此基础上,英国出现了历史法学派,注重从历史中认识法律,将法律视为历史的产物。在法律实证主义的基础上,英国的法学家对法律史领域的原始文献进行了整理与研究,这提高了法律史研究的实证性和科学性。对英国法律发展史的研究经历了三个阶段才逐渐趋于成熟:

第一个阶段:法律历史主义与英国法律史研究的发端

英国法律史研究的先行者主要包括爱德华·柯克、约翰·塞尔登以及马修·黑尔等法学家。他们是普通法的捍卫者,为了维护普通法的地位做出了巨大努力。正是在这些伟大法学家的努力下,普通法才从危机中走向复兴,避免了在"罗马法继受(Reception)"的大潮下彻底地衰落。正是为了申明普通法至上地位的合法性,柯克等人才不遗余力地从历史中寻找根据。现实的需要催生了英国的法律历史主义,推动了英国法律史研究的发端。

柯克是维护普通法地位的中坚力量。在长期的司法实践和政治活动

中,柯克积累了深厚的法律方面的知识。在此基础上,柯克写作了 13 卷本的《判例汇编》①和 4 卷本的《英格兰法律总论》②。"《判例汇编》不仅收纳了普通法的案例,同时还包括大量的评论。《英格兰法律总论》涵盖了不动产、都铎之前的议会法令、刑法以及法院系统,清晰地展现了英国普通法长达两个多世纪的发展历程。查尔斯·格雷(Charles Gray)称柯克是英国历史上最伟大的法学家。"③柯克的这些论著是对英国普通法发展历程的总结,成为后世学习和研究普通法的重要文献。

柯克非常重视追溯普通法发展的历史,并且在久远的历史中赋予普通法崇高的地位。柯克认为英国适用的法律早在罗马人之前的不列颠人时期就已经存在,此后得到了延续和继承,普通法是在诺曼征服之前已经形成。甚至更为夸张的是,柯克曾断言普通法是在公元前 12 世纪由布鲁图斯王(Brutus)从希腊引入不列颠岛:"布鲁图斯是这块土地的第一位王,为了民众的安全与和平,他一定居下来就用希腊语撰写了一本书,名为《不列颠的法律》(the lawes of the Britans)。"④显然,柯克认识到了英国法律的延续性和继承性。然而,柯克断定普通法在诺曼征服之前就已存在,这不符合普通法发展的实际历史进程,将英国普通法的历史追溯到公元前 12 世纪更是柯克构造的普通法起源的神话,但这从另一个侧面反映了柯克在认识英国普通法的过程中具有很强的历史主义观念,此即为柯克的法律历史主义观念。

法律历史主义观念不仅影响了柯克一生的司法实践和政治活动,而且贯穿了他一生的写作,成为他法学论著的核心精神。在《判例汇编》第 6 卷的前言中,柯克再次强调了英国普通法的古老起源。柯克指出:这个岛屿上的法律先后经历了罗马人、撒克逊人、丹麦人以及诺曼人等统治者的修订和完善。因此,英国的普通法是非常的古老,这一判断并非我一己之见,声名卓著的法官约翰·福蒂斯丘爵士(Sir John Fortescue)对普通法也有如此认识,他曾经在亨利六世在位时期担任首席法官。⑤ 为了证明这一观点,柯克

---

① Edward Coke, *The Reports of Sir Edward Coke*, London, 1600–1656.

② Edward Coke, *The First Part of the Institutes of the Laws of England*, London, 1629. Edward Coke, *The Second Part of the Institutes of the Laws of England*, London, 1642; Edward Coke, *The Third Part of the Institutes of the Laws of England*, London, 1644; Edward Coke, *The Fourth Part of the Institutes of the Laws of England*, London, 1644.

③ Harold J. Berman, "The Origins of Historical Jurisprudence: Coke, Selden, Hale", *The Yale Law Journal*, Vol. 103, No. 7 (May, 1994), p. 1675.

④ Edward Coke, *The Third Part of the Reports of Sir Edward Coke*, London, 1658. Preface.

⑤ Edward Coke, Steve Sheppard ed., *The Selected Writings and Speeches of Sir Edward Coke*, Vol. 1, Indianapolis: Liberty Fund, Inc., 2003, p. 150.

还大篇幅地引用了福蒂斯丘的论著,福蒂斯丘认为英国最早的定居者是不列颠人,后来英国被罗马人征服了,在不列颠人收复失地之后又先后被撒克逊人、丹麦人以及诺曼人征服了。在所有这些民族和国王统治的时间里,这个王国一直是通过相同的习惯法进行治理,而这些习惯法直到现在一直有效。① 柯克非常强调普通法的久远历史和连续性。他坚信普通法在罗马人征服不列颠之前就已经存在,此后,英国虽然历经多次外族入侵,但是既有的习惯法得到了很好的延续,这是贯穿柯克一生的信仰。

在哈佛大学法学家伯尔曼看来,柯克开创了英国的历史法学派。伯尔曼曾言:柯克在英国的语境下建立了历史法学派的第一个原则,这一原则后来被他的追随者在 17 世纪和 18 世纪做了进一步的发展,成为一个全面而普遍的法律理论。这一原则主要是指一个国家的法律首先是这个国家历史的产物,一个国家过去法律的历史对于这个国家法律的发展应该有非常重要的规范意义。② 将一个国家的法律看作这一国家历史的产物,这是后世历史法学派的核心理论,在梅因和萨维尼(Friedrich Carl von Savigny)的论著中都有很明确的体现。但是,柯克更多的是在强调英国普通法是从英国历史中发展而来的,并没有提出所有国家的法律都是该国历史的产物这样具有普遍性的结论。显然,伯尔曼对柯克的评价是从具体的英国普通法抽象之后的认识,但也准确地阐明了柯克在英国历史法学派发展中的贡献。

继柯克之后,约翰·塞尔登成为英国历史法学派的领袖人物。作为柯克的追随者,塞尔登发展了柯克的法律历史主义。"塞尔登的学识比柯克还渊博,他是一位一流的历史学家,被当时主要的历史学会古文物者协会公认为大师。此外,塞尔登还是一位博学的圣经学者、东方学家和哲学家。约翰·弥尔顿(John Milton)称塞尔登为'这个岛屿上最为博学之人'。"③塞尔登渊博的学识使得他能够站在更高的层面认识法律与历史的关系,比柯克更加重视英国法律发展的实际历史进程,将柯克认识法律的历史主义(Historism)发展为历史性(Historicity)。

塞尔登对英国法学理论发展的主要贡献源于他对英国普通法历史演变的研究。他将柯克的历史主义向前发展了一大步,超越了"远古的且不变

①　Edward Coke, Steve Sheppard ed., *The Selected Writings and Speeches of Sir Edward Coke*, Vol.1, Indianapolis: Liberty Fund, Inc., 2003, p.150.

②　Harold J.Berman, "The Origins of Historical Jurisprudence: Coke, Selden, Hale", *The Yale Law Journal*, Vol.103, No.7(May,1994) , p.1693.

③　Harold J.Berman, "The Origins of Historical Jurisprudence: Coke, Selden, Hale", *The Yale Law Journal*, Vol.103, No.7(May,1994) , p.1695.

的根本法"观念,发展出了"演进的根本法"观念。在塞尔登看来,英国法律发展的历史经历了很大的变化,尤其是在诺曼征服之后,这不仅构成了英国法律在历史中进步的内容,而且会成为未来很长时期内向前发展的主流。①塞尔登不是像柯克那样单纯地强调英国法律的古老性,而是赋予法律以生命,将英国法律的发展看成充满变化的进步过程。因此,塞尔登对英国法律史的认识更接近历史实际,这就是塞尔登对英国历史法学派做出的巨大贡献,也是英国法律史研究的显著进步。

　　像塞尔登追随柯克一样,马修·黑尔也成为塞尔登的追随者。黑尔为人虔诚、廉洁且博学。②黑尔的治学方法在很大程度上源于塞尔登的思想。③黑尔写作的《英国普通法史》(History of the Common Law of England)④不仅具有开创性,而且对后世产生了持久的影响,这是第一本专题研究英国普通法发展史的著作,该书成为后人学习普通法历史的标准教科书,一直到19世纪后期依然如此,这足以反映黑尔著作的深远影响。

　　黑尔在《英国普通法史》一书中将英国法律做出了明确的分类,即英国法是由普通法和制定法(statute laws)构成的,并详细论述了议会法令的发展历程。黑尔将英国法律分为成文法和不成文法,成文法即制定法,或者称为议会法令;不成文法即习惯法,它们的效力源于远古的惯例。议会法令又分为两类,一类是在无籍可考的时期内制定的,一类是在有籍可考的时期内制定的。有籍可考的议会法令是从理查一世在位时开始出现的,而理查一世是在1189年7月6日继位,在随后的9月3日被加冕。然而,在理查一世之前制定的法令并未被相反的惯例或后来的议会法令所废止或变更,它们被视为不成文法的一部分,成为了普通法的一部分。实际上,这些法令无法被视为议会法令,因为它们是在无籍可考的时期内制定的,没有一个它们作为法律的起始点,至少这个作为法律的起始点没有被注意到。⑤显然,黑尔对英国法律发展历史的论述非常严谨,对议会法令的分类就是按照法令

---

① Harold J.Berman,"The Origins of Historical Jurisprudence:Coke,Selden,Hale",The Yale Law Journal,Vol.103,No.7(May,1994),p.1695.

② Alan Cromartie,Sir Matthew Hale(1609—1676):law,religion,and natural philosophy,Cambridge:Cambridge University Press,2003,p.1.

③ Alan Cromartie,Sir Matthew Hale(1609—1676):law,religion,and natural philosophy,Cambridge:Cambridge University Press,2003,pp.2-3.

④ Matthew Hale,The History of the Common Law of England;and an Analysis of the Civil Part of the Law,London:H.Butterworth,1820.

⑤ Matthew Hale,The History of the Common Law of England;and an Analysis of the Civil Part of the Law,London:H.Butterworth,1820,pp.1-4.

是否有籍可考为标准。在黑尔看来,如果没有议会法令成为法律的准确时间记载,那就只能将其视为习惯法或不成文法。

在黑尔看来,普通法适用于很多领域,主要包括国王特权事务、森林事务、商业与贸易等领域。不仅如此,一些涉及城市、市镇以及庄园的各种习惯直到现在都是普通法的一部分。① 黑尔详细阐述了普通法的发展历程,时间跨度从诺曼征服之前一直到黑尔所在的时代。尽管黑尔没有提出一种复杂的法律体系发展的理论,像萨维尼、梅因、迪尔凯姆、马克斯·韦伯,以及其他法律史家或社会学家在19世纪或20世纪早期所做的那样。然而,黑尔最先明确地阐述了历史法学的一般理论,这在柯克对普通法的描写中,以及塞尔登在历史与哲学的研究中都是模糊的。在柯克和塞尔登的基础上,黑尔将他自己的历史理论与其两个主要的竞争者即自然法理论和法律实证主义(legal positivism)整合起来了。② 显然,经历了柯克、塞尔登以及黑尔等几代人的努力,英国的法律史研究已经从单纯地强调普通法的历史起源走向更为成熟的状态,并且出现了第一本系统的《英国普通法史》。

第二个阶段:法律实证主义与英国历史法学派的形成

英国法律实证主义的杰出代表是梅因,作为19世纪英国最为著名的法学家,梅因推动了英国历史法学的发展,是英国历史法学的重要代表人物。1861年,梅因出版了《古代法》(Ancient Law),该书为他带来了崇高的声誉。此后,梅因还出版了《村落共同体》(Village Communities)、《早期制度史讲义》(Lectures on the Early History of Institutions)以及《早期的法律与习惯》(Early Law and Custom)等著作。③ 基于丰富的法律实务和学术经历,梅因能够立足于法律发展的实际进程,以历史主义和实证主义的方法来从事法律史研究。

在所有著作中,《古代法》一书流传最广,也是梅因学术思想的代表性著作。梅因在《古代法》一书中主要论述了自原始社会以来早期法律的发展历程,历史主义的原则成为该书的主要精神。在此基础上,梅因批判了自然法学派,这彰显了梅因的法律实证主义精神。英国著名法学家弗雷德里克·波洛克(Frederick Pollock)专门为梅因的《古代法》做了评注,并于

---

① Matthew Hale, *The History of the Common Law of England; and an Analysis of the Civil Part of the Law*, London: H.Butterworth, 1820, pp.24-25.

② Harold J.Berman, "The Origins of Historical Jurisprudence: Coke, Selden, Hale", *The Yale Law Journal*, Vol.103, No.7(May, 1994), pp.1702-1703.

③ R.C.J.Cocks, *Sir Henry Maine: A Study in Victorian Jurisprudence*, Cambridge: Cambridge University Press, 2004, p.10.

1906 年出版了这一评注本的《古代法》。在该书的导言中，波洛克指出：梅因的《古代法》已经成为经典著作，从其 1861 年第一次出版到现在已经四十多年，在这些年里，梅因的著作产生了深远的影响。与以前相比，对早期法律史的研究已经变得更加活跃、系统且富有成效。许多新的史实被揭示出来，我们的知识也免于受到错误观念的误导。更多被忽视的知识受到了重视，获得的文献资料使我们能够在很多领域证实或补充梅因的作品。①显然，在波洛克看来，梅因的《古代法》长期地影响了后人对法律史研究的态度与方法。正是受到梅因的法律实证主义精神的影响，后人在法律史研究中还原了很多史实，修正了很多错误的观念。因此，后人普遍认为《古代法》的出版标志着英国历史法学派的真正形成。

在《古代法》一书的序言中，梅因指出："本书的主要目的，在扼要地说明反映于'古代法'中的人类最早的某些观念，并指出这些观念同现代思想的关系。"②显然，梅因写作《古代法》的目的就是要揭示现代法和古代法中的历史联系。梅因将古代法和现代法视为一个有机发展的整体，现代法不是在自然法等法律理论的建构中产生的，而是在古代法的母体中发展而来的。"一方面，梅因向世人展示了法律的观念和制度像生物一样有一个真实的发展历程，在发展的每一个阶段都有其正常的特性。另一方面，梅因申明这些发展进程应当得到清晰的研究，而不应当作为历史发展中的偶然事件来对待。"③显然，梅因强调法律发展的连续性和有机性，法律观念与制度发展的每一个阶段都应当加以认真地研究，力求还原法律发展的真实历史进程。

梅因在《古代法》的开篇第一章就申明了法律实证主义在法学研究中的重要性。他指出："我们的法律科学之所以处于这样不能令人满意的状态，主要由于对于这些观念除了最最肤浅的研究之外，采取了一概加以拒绝的草率态度或偏见。在采用观察的方法以代替假设法之前，法学家进行调查研究的方法正和物理学与生物学中所用的调查研究方法十分近似。凡是似乎可信的和内容丰富的，但却绝对未经证实的各种理论，像'自然法'（Law of Nature）或'社会契约'（Social Compact）之类，往往为一般人所爱好，很少有踏实地探究社会和法律的原始历史的；这些理论不但使注意力离

---

① Sir Frederick Pollock, *Introduction and Notes to Sir Henry Maine's"Ancient law"*, London, 1914, p.Introduction v.

② ［英］梅因：《古代法》，沈景一译，商务印书馆 1959 年版，"序言"第 4 页。

③ Sir Frederick Pollock, *Introduction and Notes to Sir Henry Maine's"Ancient law"*, London, 1914, p.Introduction viii.

开了可以发现真理的唯一出处,并且当它们一度被接受和相信了以后,就有可能使法律学以后各个阶段都受到最真实和最大的影响,因而也就模糊了真理。"①在梅因看来,法学研究应当立足于法律发展的历史实际,应该采用实证的调查研究的方法。"自然法"和"社会契约"都是未经证实的理论,这些理论几乎不去探究社会和法律的原始历史,它们进入法学研究之后会掩盖真理。在论述法律实证主义在法学研究中的重要意义的同时,梅因直截了当地指出了自然法理论的非实证性和非历史性。

在 1875 年出版的《早期制度史讲义》一书中,梅因对自然法学派的批判更加苛刻。梅因甚至认为霍布斯(Thomas Hobbes)对社会和政府的起源所做的解释没有任何价值。"霍布斯宣称人类最初处于战争状态,之后他们订立了一个契约,每个人都放弃了攻击的权力,于是形成了主权,通过主权产生了法律、和平与秩序。这一理论引发了各种反对的声音,没有任何证据能够证明他的理论符合人类任何一个阶段的历史实际。"②显然,梅因对霍布斯的批判是将其理论的逻辑起点看作历史起点,霍布斯的自然法理论并非要从历史中寻找经验,而是将国家视为拟制的法人,即国家是在契约的基础上产生的"人造的人",以此为起点思考国家理性的重建,进而建立理想的国家。将国家法人化是霍布斯对英国乃至西方自然法理论的巨大贡献。由于梅因受到达尔文强烈的影响,③因此,"梅因是法律进化论的倡导者",④他非常强调法律和国家发展的实际历史进程,无法接受霍布斯在虚构的基础上设计国家和法律的发展路径。

除了抽象演绎的自然法学派之外,法律实证主义的代表人物奥斯汀⑤所开创的分析法学派也遭到了梅因的批判。尽管分析法学派一直强调运用实证主义的研究方法来分析法律的发展进程,但在梅因看来奥斯汀等人的核心观点即"法律是主权者的命令"是很难加以证实的。梅因提出了印度旁遮普地区的一个反例,当地的独裁者自始至终没有发布过奥斯汀称为法

---

① ［英］梅因:《古代法》,沈景一译,商务印书馆 1959 年版,"序言"第 4 页。

② Sir Henry Sumner Maine, *Lectures on the Early History of Institutions*, New York: H. Holt and Company, 1875, p.356.

③ 林文雄:《法实证主义》,台湾大学法学丛书编辑委员会 1993 年印行,第 18 页。

④ Alan Diamond ed., *The Victorian Achievement of Sir Henry Maine: A Centennial Reappraisal*, Cambridge: Cambridge University Press, 1991, p.223.

⑤ 约翰·奥斯汀(John Austin,1790—1859),英国法学家,"现代英国法理学之父",法律实证主义创始人之一,分析法学派创始人。1826 年被任命为伦敦大学第一任法理学教授。1832 年,奥斯汀的代表作《法理学范围之限定》(*The Province of Jurisprudence Determined*)的出版标志着分析法学派的诞生。

律的命令,调整社会秩序的规则是久远的习惯法。主权者所发布的命令仅仅是为了税收等事务而发布的偶然性命令,并不是真正的法律。同样,英国的法律人普遍否认普通法为英国主权者的命令,反而是主权者的命令在很大程度上侵蚀了普通法。① 梅因对分析法学派的批判源于他对习惯法的认知,根源在于英国一直存在的"王在法下"和"法律至上"传统,这和柯克、塞尔登以及黑尔等人的认知一脉相承。这些普通法法学家和职业者普遍信奉法律是先于国王而存在的观念,即"法律使国王成其为国王,而非国王使法律成其为法律。"②基于此,奥斯汀所谓的"法律是主权者的命令"这一观点在英国必然引起普遍的反对,作为英国历史法学派的领军人物,梅因对奥斯汀的批判代表了英国法律领域的普遍认识。

梅因对奥斯汀和分析法学派的批判并未击中要害。实际上,奥斯汀提出的"法律是主权者的命令"的观点与罗马法和大陆法系国家法律的发展模式比较契合,能够很好地解释其发展进程,有很大的合理性。分析法学派的致命弱点是其另一核心观点即"法律无关道德与正义",这背离了法律存在的终极价值。他们只关注实际存在的法律,即法律的实然状态,而不讨论法律应该是什么,即法律的应然状态。然而,法律存在的终极价值就是实现公平与正义,这是法律存在的合法性,也是自古希腊自然法思想出现以来无数法学家赋予法律的根本属性。"恶法非法"不仅是苏格拉底等诸多思想家的价值追求,也在立法和司法实践中不断地推动着法律的革新与完善。梅因并未就分析法学派的这一观点展开批判令人费解,毕竟梅因批判的仅仅是自然法学派的理论方法,对其法律与正义紧密相连的价值追求是接受的,这也是自柯克以来英国历史法学派秉持的根本理念。实质上,除了英国历史法学派之外,"梅因肯定受到了萨维尼的影响",③而以萨维尼为代表的德国历史法学派的理论中含有"隐藏的自然法",这似乎已成为学界的常识。④ 因此,梅因在价值追求上与自然法学派是趋同的,理应对"法律无关道德与正义"的观点进行批评。

尽管梅因长期坚持以实证主义和历史主义的方法进行法律史研究,但

---

①   Sir Henry Sumner Maine, *Lectures on the Early History of Institutions*, New York: H. Holt and Company, 1875, pp.373-381.

②   Henry de Bracton, George E. Woodbine ed., Samuel E. Thorne tr., *Bracton on the Laws and Customs of England*, Vol.2, Cambridge: Harvard University Press, 1968, p.33.

③   Alan Diamond ed., *The Victorian Achievement of Sir Henry Maine: A Centennial Reappraisal*, Cambridge: Cambridge University Press, 1991, p.224.

④   林文雄:《法实证主义》,台湾大学法学丛书编辑委员会1993年印行,第10页。

在梅特兰看来,梅因的研究方法也缺乏实证,可信度并不高。在写给弗雷德里克·波洛克的信中,梅特兰坦言曾读过一些梅因的著作,其中很多观点都是臆测,有的判断甚至与实际状况相悖。[1] 因此,梅特兰认为"梅因那种没经过详细的制度分析就得出大概的结论的做法,几乎同自然法学派对自然法、自然状态和自然权利的臆想如出一辙。"[2]梅特兰直接将梅因的研究方法和自然法学派视为一类,这对于将实证主义引入英国法律史研究的梅因而言,似乎显得过于苛刻。实际上对于梅特兰而言,进行法律史研究必须基于详实可靠的原始文献,运用精细而严谨的研究方法才能得出准确的判断。正因为这一点,梅特兰超越了梅因,推动了英国法律史研究走向成熟。

第三个阶段:原始文献的运用与英国法律史研究的成熟

梅因超越了自然法学派,将实证主义引入了英国的法律史研究,英国的历史法学派得以形成。梅特兰则立足于诉讼卷宗等原始文献探究英国法律发展的历史进程。梅特兰从事法律史研究主要源于法律史学者保罗·维诺格拉道夫(Paul Vinogradoff)[3]的影响。1884 年 5 月 11 日,两人在牛津会面,维诺格拉道夫告诉梅特兰自己发现了中世纪法律与社会史领域的一大批原始文献,英国已经持续保存了七百多年,只是一直被忽视了,其中包括大量的诉讼卷宗,这些文献有可能让我们复原已经长期消失的生活,其真实度要远远超过编年史和已经公开的历史。这次会面让梅特兰彻底转向了法律史研究。[4] 在维诺格拉道夫的影响下,梅特兰对中世纪诉讼卷宗之类的法律史原始文献产生了强烈的兴趣,此后长期致力于对英国法律史的研究。

通过对英国法律原始卷宗、议会档案以及中世纪法学家著作的研究,梅特兰撰写了大量的英国法论著,[5]研究对象主要集中在普通法发展的早期阶段。因此,梅特兰被称为"历史学家中的历史学家"。[6] 其最具影响力的著作是1895 年出版的与弗雷德里克·波洛克爵士合著的《爱德华一世之前

---

[1] C.H.S.Fifoot ed., *The letters of Frederic William Maitland*, Vol.1, London: Cambridge University Press, 1965, p.222.

[2] 李红海:《普通法的历史解读——从梅特兰开始》,清华大学出版社 2003 年版,第 29 页。

[3] 保罗·维诺格拉道夫,著名的俄裔英国法学家与历史学家。代表作有《英国的维兰制》、《采邑的成长》(*The Growth of the Manor*)、《11 世纪的英国社会》(*English Society in the Eleventh Century*)以及《历史法学概要》(*Outlines of Historical Jurisprudence*)。

[4] H. A. L. Fisher, *Frederick William Maitland, Downing Professor of the Laws of England: a biographical sketch*, Cambridge: Cambridge University Press, 1910, pp.24-25.

[5] Charles H.Haskins, "Frederic William Maitland (1850—1906)", *Proceedings of the American Academy of Arts and Sciences*, Vol.51, No.14(Dec., 1916), pp.904-905.

[6] James R.Cameron, *Frederick William Maitland and the History of English Law*, University of Oklahoma Press, 1958, introduction.xiii.

的英国法律史》(*The History of English Law before the Time of Edward I*)。这本英国法律史的经典之作虽然署名是梅特兰和波洛克两位学者，但其中大部分内容是由梅特兰完成的。① 这部著作出版后获得了广泛的赞誉，W.J.艾希莉(W.J.Ashley)在1895年年底发表了一篇该书的书评，称梅特兰教授和弗雷德里克·波洛克爵士出版的这部两卷本的论著是英国学术界的大事，并断言他们的影响在英国法律和历史研究领域将持续很多年。② 事实证明艾希莉的判断很有预见性，西莉亚·汉普顿(Celia Hampton)在1969年为该著作的1968年版写的书评中指出："这本书最后的版本也已经出版七十年了，但在早期普通法史领域，它依然是唯一的经典论著。"③经过了七十多年的沉淀，梅特兰与波洛克合著的《爱德华一世之前的英国法律史》被赋予了更高的荣誉，以至于学术界在肯定梅特兰的同时忽视了其他学者的著作。

《爱德华一世之前的英国法律史》第一编主要阐述了英国早期法律发展进程，其中包括盎格鲁·撒克逊法、诺曼法、诺曼王朝统治下的英国、罗马法与教会法、格兰威尔(Glanville,？—1190)时代以及布拉克顿(Bracton,1216—1268)时代等内容。第一卷余下的部分和第二卷为全书的第二编，分别阐述了中世纪早期英国法律的内容，其中包括土地保有、人的等级划分、所有权、契约、家庭法、刑法以及程序等内容。④ 显然，梅特兰与波洛克对这部论著的内容设计非常合理，既从总体上阐述了早期英国法律发展的历史，又分类论述了中世纪早期英国法律的各部分内容。尽管第二编中各部分内容的分类标准并不一致，然而这是英国法的本质特征使然，英国以普通法为主体的法律体系一直不存在欧洲大陆那样严格而规范的内容划分。梅特兰和波洛克的这部著作已经非常全面地论述了英国法律发展的历史，直到今天也是法律史学者无法绕开的经典论著。

对于梅特兰而言，法律的历史不是形式的历史，而是观念的历史。通过

---

① Charles H.Haskins,"Frederic William Maitland(1850—1906)",*Proceedings of the American Academy of Arts and Sciences*,Vol.51,No.14(Dec.,1916),p.905.

② W.J.Ashley,"Review on the History of English Law by Frederick Pollock and F.W.Maitland",*The Economic Journal*,Vol.5,No.20(Dec.,1895),p.581.

③ Celia Hampton,"Review on the History of English Law by Frederick Pollock and F.W.Maitland",*The International and Comparative Law Quarterly*,Vol.18,No.3(Jul.,1969),p.807.

④ Sir Frederick Pollock and Frederic William Maitland,*The History of English law before the Time of Edward I*,Vol.1,Cambridge:Cambridge University Press,1898,pp.7-17;Sir Frederick Pollock and Frederic William Maitland,*The History of English Law before the Time of Edward I*,Vol.2,Cambridge:Cambridge University Press,1898,pp.5-14.

法律史研究,"前人的思想必定能够成为我们的观念"。法律不是抽象的东西,而是源于生活,必定又要回归生活。梅特兰曾经写下"英国的法律即为英国的历史(English law is English history)"。与其他的法学家不同,梅特兰不追求将复杂的现象简化为几个一般的原则,或者试图澄清从未澄清的事情。他极力回避给出确切的结论,宁愿使自己的观念保持多样性,并且试图从不同的角度来阐明自己的观点。阿克顿勋爵(Lord Acton)称赞梅特兰是英国最具才华的历史学家。① 梅特兰将法律和历史视为一个整体。实质上,英国的普通法就是历史的产物,普通法的大厦就是在经验主义的基础上一砖一瓦地建筑而成的,而不是依靠抽象的理性建构而成的。对此,梅特兰曾明确表示自爱德华一世以来,英国法律在长达六个世纪的发展中,保持了非常好的连续性。英国法律没有大规模继受罗马法而大量地湮灭了,律师和法官对中世纪的法律一点也不感到陌生。② 可见,梅特兰继承了自柯克以来英国历史法学对普通法的认知理念,即法律历史主义观念。以普通法为主的英国法律是从历史中发展而来的,普通法的现实就是历史,普通法的历史就是现实。

　　梅特兰对普通法的本质和历史有着深刻的理解。因此,他非常重视对诉讼卷宗等原始法律文献的整理与研究,并在此基础上尽可能详尽地阐述了英国法律的发展历程。柯克等人所推崇的法律历史主义在梅特兰这里已经从抽象的观念转变为实际研究中的基本原则。从上述研究方法来看,梅特兰与德国著名历史学家兰克(Leopold von Ranke)非常接近。除了注重对原始档案的整理与运用,梅特兰还十分重视政治史的研究,从其著作《英格兰宪政史》(*The Constitutional History of England*)中则能够看出这一学术倾向,这与兰克的学术倾向有着很大的相似性。如果说兰克开创了客观史学,实现了历史学研究的现代化,那么梅特兰的法律史研究范式已经具备了现代史学的根本特征,推动了英国法律史研究的成熟。

　　柯克、塞尔登以及黑尔是英国历史法学派的先驱,当时的英国普通法面临着"罗马法继受"的冲击,柯克、塞尔登和黑尔等法学家著书立说,在历史中寻找英国普通法发展的合法性根据,在他们的努力下,普通法巩固了自身的地位。与此同时,他们的著作也推动了英国法律史研究的出现,出现了真正意义上的法律史研究的著作。在继承柯克、塞尔登和黑尔等人的历史主

---

① Charles H.Haskins,"Frederic William Maitland(1850—1906)",*Proceedings of the American Academy of Arts and Sciences*,Vol.51,No.14(Dec.,1916),p.905.

② Sir Frederick Pollock and Frederic William Maitland,*The History of English law before the Time of Edward I*,Vol.1,Cambridge:Cambridge University Press,1898,p.104.

义观念的基础上,梅因将实证主义的研究方法引入到法律史研究中,并指出了自然法学派和分析法学派的非实证性和非历史性。梅因是"法律进化论"的拥护者,主张在实际历史进程中,来认识法律的演变与发展。梅因正是从柯克、塞尔登以及黑尔等先贤那里继承了历史主义和经验主义的传统,并努力以新兴的实证主义的方法捍卫这一传统。因此,《古代法》的出版标志着英国历史法学派的形成。

梅特兰认为梅因很多的结论缺乏原始史料的支撑,有些结论甚至出于臆想。为了追求对英国法律发展进程的真实认识,梅特兰长期坚持在解读原始文献的基础上开展对英国法律史的研究,这些原始文献包括诉讼卷宗、议会档案和法学家著作。正是在此基础上,梅特兰写出了严谨而精细的英国法律史著作,尽可能地还原了英国法律发展的历史进程。梅特兰运用原始文献和科学的方法展现了英国法律发展的历史性与现实性的统一,证明了柯克、塞尔登、黑尔以及梅因等法学家所秉持的法律历史主义的合理性,阐明了英国法律发展的独特性与纯粹性,推动了英国法律史研究走向成熟。

在英国法律史研究趋于成熟之后,有很多学者对以普通法为核心的英国法律体系的发展进行了更为系统而精深的研究。罗斯科·庞德(Roscoe Pound)在《普通法的精神》①一书中对普通法的历史发展进行了详细的论述。庞德强调法治的至高无上,尤为强调普通法传统之于英国走向现代法治社会的历史影响。R.C.范·卡内冈(R.C.Van Caenegem)在《英国普通法的诞生》②一书中详细讨论了统一的中央王室法庭以及普通法的产生和发展,探究了12世纪英格兰令状制度的兴起和陪审制的成长,解释了英国法与大陆法的分野,指出普通法的产生源自一些偶然因素与历史错位,如诺曼征服等,最终导致起源于欧洲大陆的习惯法反而成了英国普通法的重要法律渊源。S.F.C.密尔松(S.F.C.Milson)在《普通法的历史基础》③一书中论述了普通法发展的历史进程,探索了普通法特定法律思想的形成和演变,并概括了不同时期与普通法发展相伴的社会与经济因素。T.F.T.普拉克内特(Theodore F.T.Plucknett)在《普通法简史》④一书中简要叙述了英国法律的发展状况,包括王权与国家、法庭与法律职业共同体、司法系统、法律运行机

---

① Roscoe Pound, *The Spirit of the Common Law*, New Hampshire: Marshall Jones Company, 1921.

② R.C.Van Caenegem, *The Birth of the English Common Law*, Cambridge: Cambridge University Press, 1988.

③ S.F.C.Milson, *Historical Foundations of the Common Law*, London: Butterworths, 1969.

④ Theodore F.T.Plucknett, *A Concise History of the Common Law*, New York: Aspen publishers, Inc., 1936.

制以及普通法学说的发展等内容,并将公平性、普遍性以及进步性等列为法律发展的依据。此外,普拉克内特还论述了合同法和侵权行为法等具体法律的发展情况。上述学者对普通法的发展历程进行了更为精细而深入的研究。

亨利·莱维·于尔曼(Henri Lévy-Ullmann)在《英国法律传统》①一书中探究了英国法律体系的三个组成部分,即普通法、成文法以及衡平法共同联结成为一种法律体系,揭示了英国法律体系区别于欧洲大陆的法律体系的特点,论述了英国法律的演变过程和发展机制。鲁伯特·克罗斯(Rupert Cross)在《英国法律中的先例》②一书中研究了作为法律渊源的先例及其与立法的相互作用,阐述了判例原则的主要特征。J.H.贝克(J.H.Baker)在《英国法律史导论》③一书中描述了普通法的起源与司法系统的制度安排,阐述了陪审团和普通法诉讼形式的发展,并总结了普通法职业共同体的历史演变与司法改革运动的展开,同时还阐述了英国不动产法、继承法、合同法、婚姻法以及刑事司法等具体法律的发展状况。贝克在《英国法律史中的法治》④一文中研究了英国法律发展进程中的法治因素,作者指出英国的自由和权利根植于普通法和《大宪章》,在《大宪章》基础上形成了英国的"有限王权"。作者还认为四大律师会馆也为英国的法治发展做出了重要的贡献。阿兰·哈丁(Alan Harding)在《英国法律社会史》⑤一书中分析了英国法律与社会的双向互动与紧密联系,认为英国法律是社会的产物并塑造了不同时期的社会状况。安东尼·米松(Anthony Musson)在《中世纪法律:从大宪章到农民起义期间法律意识的成长》⑥一书中强调法律原则与中世纪晚期大众政治的相互影响,黑死病后 1381 年农民起义的爆发,促进了限制自由农经济权益的法律程序的发展,使英国的司法制度实现了较为激进的变革。这几位学者不仅论述了英国法律的发展,而且将英国法律的发展和历史场域以及社会发展进程结合起来,运用整体史的研究方法探究英国法律的发展进程,此类研究有助于我们能够更为客观而准确地理解英

---

① Henri Lévy-Ullmann, M. Mitchell tr., *The English Legal Tradition: Its Sources and History*, London: Macmillan and Co.Limited, 1935.

② Rupert Cross, *Precedent in English Law*, Oxford: Clarendon Press, 1977.

③ J.H.Baker, *An Introduction to English Legal History*, London: Butterworth, 1979.

④ [英]约翰·贝克爵士:《英国法律史中的法治》,孙晓明译,《经济社会史评论》2015 年第 1 期。

⑤ Alan Harding, *A Social History of English Law*, London: Penguin Books, 1966.

⑥ Anthony Musson, *Medieval Law in Context: The Growth of Legal Consciousness from Magna Carta to the Peasants' Revolt*, Manchester: Manchester University Press, 2001.

国法律发展的状况。

二、国外学者对英国王权和议会以及法治发展的研究

国外学者对于英国王权和议会的认识存在着两种截然相反的认识,一部分学者认为英国在长期的历史发展中形成了"有限王权",议会和各类权力机构都是贵族为了约束王权而创设的,国王长期受到了法律和议会的限制,英国的法治和宪政起源于中世纪。还有一部分学者认为英国的王权一直是王国内最高的权威,国王和贵族是利益共同体,议会和王国内的权力机构都是由国王所创建的,都要依附于国王而存在,不具有独立性。国王的统治即便出现弱势或危机也是偶然性的历史现象,并未形成所谓的"有限王权",王权也未受到法律的长期而规范性的限制,并不存在法治意义上的政治秩序。

以威廉·斯塔布斯(William Stubbs)为代表的宪政史学派认为英国中世纪的王权是在日耳曼自由传统基础上发展而来的"有限王权",议会是制约王权的重要力量,他在《英格兰宪政史》①一书中把英国宪政的形成归因于日耳曼的自由民主政治传统,把贵族和由贵族组成的议会视为专制王权的天然反对派和自由平等的卫士。梅特兰在《英国宪政史》②中梳理了英国法律发展和宪政运作的脉络,将英国法律和宪政的发展划分为五个阶段,并对每个阶段的总体特征、王权、议会、中央及地方政府、司法等方面的宪政运行状况进行了深入细致的分析。在梅特兰看来,英国的法律发展存在着很强的连续性,王权受到了法律和贵族的持久的限制。A.V.戴雪(Albert Venn Dicey)在《英国宪法研究导论》③一书中解释了英国法治的基本原则和基本状况,揭示了英国的法治精神,阐述了英国法律的权威性、宪法的形成机理以及普通法的实践品格等和英国法治紧密相关的内容,并从理论上对英国法治的内涵作出了界定。W.厄尔曼(W.Ullmann)在多部著作④中将封建契约视为英国"宪政王权"形成的决定性因素,论述了中古时期英国王权的发

---

① William Stubbs, *The Constitutional History of England in Its Origin and Development*, Vol.I–III, Oxford: The Clarendon Press, 1896.

② F.W.Maitland, *The Constitutional History of England*, London: Cambridge University Press, 1908.

③ Albert Venn Dicey, *Introduction to the study of the law of the constitution*, London: Macmillan, 1915.

④ W.Ullmann, *Principles of Government and Politics in the Middle Ages*, London: Methuen, 1978; W. Ullmann, *Medieval Papalism: The Political Theories of the Medieval Canonists*, London: Methuen, 1949; W.Ullmann, *Medieval Political Thought*, Peregrine Books, 1972; W.Ullmann, *Law and Politics in the Middle Ages*, Hutchinson, 1975.

展演变历程,着力阐述了议会形成后英国王权合法性的变化,即从"王权神授"逐渐转向"王在议会"。从《大宪章》开始,英国的王权失去了个人独裁的特征,转变为"宪政王权"或"有限王权"。B.威尔金森(B.Wilkinson)对英国在《大宪章》颁布之后的王权发展进行了系统的研究,他出版了三卷本的《中世纪英国宪政史与文献选编(1216—1399)》①。威尔金森认为"宪政王权"与"个人王权"或"专制王权"相对立。在议会形成之后,贵族和市民阶层通过议会参与了王国的治理,英国形成了"宪政王权",在此基础上出现了议会与国王共同支配政府的局面。这几位学者认为英国中世纪发展出了"有限王权",多数学者称之为"宪政王权"。在他们看来,英国的王权长期受到了议会和法律的限制。

曼彻斯特历史学派的代表人物 T.F.图特(T.F.Tout)在六卷本的《中世纪英国治理史辑稿》②中探究了中世纪英国的治理状况,梳理了王国的档案,揭示了在"宪政王权"的框架之下国王的实际地位和权力。图特认为在中世纪英国国王通过王室机构实行统治,贵族通过设立更加制度化的机构以约束王权,为此,贵族与国王之间存在着长期的矛盾与冲突。G.B.亚当斯(George Burton Adams)在《英国宪政的起源》③一书中探讨了英国有限君主制的起源,指出英国宪法是在早期封建法律原则基础上形成的,《大宪章》本质上是一部封建法律文件,依照封建契约来约束国王尊重贵族的封建权利。J.戈兹沃西(J.Goldsworthy)在《议会主权:历史和哲学》④一书中认为议会自产生之初即对国王形成了有力的限制,除王权之外,议会拥有王国内最高的权威。J.G.A.波考克(J.G.A.Pocock)在《古代宪法与封建法》⑤一书中将普通法与议会两种因素相结合,展现了在历史的关键时刻英国人对于法治发展和法的演变的认识,波考克认为普通法蕴含王国内最高的理性和不朽的习惯,而议会彰显着普通法的精神。因此,议会在王国内也具有至高的

---

① B. Wilkinson, *The Constitutional History of Medieval England*, *1216—1399*, *with Select Documents*, Vol.1-3, London: Longmans, Green and Company, 1948.

② T.F.Tout, *Chapters in the Administrative History of Medieval England*, Vol.1-6, Manchester: Manchester University Press, 1920-1933.

③ George Burton Adams, *The Origin of the English Constitution*, New Haven: Yale University Press, 1902.

④ J.Goldsworthy, *The Sovereignty of Parliament*, *History and Philosophy*, Oxford: Oxford University Press, 1999.

⑤ J.G. A. Pocock, *The Ancient Constitution and the Feudal Law*: *A Study of English Historical Thought in the Seventeenth Century*; *a Reissue with a Retrospect*, Cambridge: Cambridge University Press, 1987.

权威。这几位学者认为中世纪英国的"有限王权"不仅有着《大宪章》这样的法律基础,还有着不断完善的制度保障,贵族们往往会通过创设各种机构来约束王权。

　　除了上述学者将中世纪英国王权定性为"有限王权"之外,还有一部分学者将现代早期英国的统治定性为"有限君主制"。20世纪50—80年代,针对现代早期英国社会转型的两场大论战贯穿始终。第一场大论战围绕西欧封建主义向资本主义过渡问题而展开,第二场大论战是由50年代初G.R.埃尔顿(G.R.Elton)提出的"都铎政府革命"所引起。通过论战,西方多数学者认为现代早期英国王权不是"绝对君主制"而是"有限君主制"。20世纪80年代以来,帕特里克·科林森(Patrick Collison)、约翰·盖伊(John Gay)、大卫·劳狄斯、J.G.A.波考克等学者对前一时期的大论战进行了总结,从现代早期英国的政治结构与宗教、思想文化背景及民众的抗议活动等方面深入地研究了英国王权和议会的发展演变。保罗·卡维尔(Paul Cavill)在《亨利七世时期的英国议会(1485—1504)》①一书中指出这一时期是英国法律创新阶段,议会的发展奠定了都铎政府革命的基础。一方面,议会通过协助国王推行善治,增强了国王亨利七世统治的合法性,恢复了国王的权威;另一方面,议会还成为不同阶层与政府沟通的媒介。米歇尔·布什(Michelle Bush)认为现代早期英国王权既非"绝对君主",亦非"有限君主"。这一判断是较为接近现代早期英国王权发展的实际状况的,都铎王朝和斯图亚特王朝时期英国王权突破了既有的"有限王权"的边界,出现了王权膨胀的情况,但又未能真正实现"绝对君主"式的统治。

　　与上述学者不同,还有一部分学者认为英国历史上并未出现"有限王权"。H.C.理查森(H.C.Richardson)和G.O.塞尔斯(G.O.Sayles)一起撰写了《中世纪英国自诺曼征服到大宪章以来的治理史》②一书,C.帕克尔(C.Parker)撰写了《自1850年以来的英国历史传统》③。这三位学者在上述著作中都不接受斯塔布斯对英国王权的判断,对英国"宪政王权"的日耳曼传统决定论进行了批判。V.H.H.格林(V.H.H.Green)在《晚期金雀花王朝》④一书中列举了诸多的史实反驳了"有限王权"论,探究了国王个性对实际政治

①　Paul Cavill, *The English Parliaments of Henry VII, 1485—1504*, Oxford: Oxford University Press, 2009.

②　H.C.Richardson and G.O.Sayles, *The Governance of Medieval England from the Conquest to Magna Carta*, Edinburgh: Edinburgh University Press, 1974.

③　C.Parker, *The English Historical Tradition since 1850*, Edinburgh: John Donald Press, 1990.

④　V.H.H.Green, *The Later Plantagenets*, London: Longmans, 1956.

运行的影响,认为国王本身个性的强弱在很大程度上决定着其掌握权力的大小,个性强而能履行职责的国王不仅不容易受到限制,反而能够维持较为强势的统治。W.M.阿莫诺(W.M.Ormrod)在《中世纪英国的政治生活(1300—1500)》①一书中探讨了议会废黜国王爱德华二世这一历史事件的本质,阿莫诺认为这一历史事件仅仅意味着某一位特定的国王在与贵族斗争中遭遇了失败,并非王权真正受到了贵族的限制,更不足以证明王权在这一时期走向了衰落。S.B.柯瑞斯(S.B.Chrimes)在《15世纪英国宪政观念》②一书中主张对"有限王权"和"宪政王权"加以区分,反对就议会与国王个人权威的关系做静态的诠释,他认为议会与王权二者之间的实力强弱对比存在着一个动态的变化过程;并指出15世纪中期兰开斯特王权的政治危机一方面源于自1399年以来的宪政实践,但更重要的原因是在亨利六世漫长的统治期间派系政治的兴起。这一部分学者认为英国中世纪并不存在所谓的"有限王权",即便出现了个别弱势的国王,也是特定国王性格柔弱、出现派系政治等偶然因素导致的,并非国王受到了法律或贵族的限制使然。

A.L.布朗(A.L.Brown)在《中世纪晚期英国的治理(1272—1461)》③一书中强调国王崇高的政治身份与社会地位,认为君主是主导王国的最高权威,是整个政治机构的中枢。虽然国王要受到法律限制,但并非现代意义上的法治状态下的法律限制。K.B.麦克法兰(K.B.McFarlane)在《中世纪晚期的英国贵族》④一书中阐述了中世纪晚期英国贵族阶层的生存状态和政治活动的状况,讨论了在"变态封建主义"之下国王与大贵族之间的关系,指出中世纪政治秩序主要是由利益庇护所决定的,国王和贵族是利益共同体。W.M.阿莫诺在《中世纪晚期英国的议会、政治经济与国家形成》⑤一文中着重讨论了"共同利益"这一政治概念的历史沿革,14世纪时"共同利益"被应用于贸易以及与社会政策相关的其它领域之中,并借此推进了英国社会的发展与制度变革。阿莫诺在书中还揭示了中世纪议会并非真正意义上代

---

① W.M.Ormrod,*Political Life in Medieval England*,*1300—1500*,London:Macmillan,1995.

② S.B.Chrimes,*English Constitutional Ideas in the Fifteenth Century*,Cambridge:Cambridge University Press,1936.

③ A.L.Brown,*The Governance of Later Medieval England 1272—1461*,London:Edward Arnold,Ltd.,1989.

④ K.B.McFarlane,*The Nobility of Later Medieval England*,Oxford:Clarendon Press,1973.

⑤ W.M.Ormrod,"Parliament,Political Economy and State Formation in Later Medieval England" in P.C.M.Hoppenbrouwers,A.Janse and R.Stein,eds.,*Power and Persuasion:Essays on the Art of State Building in Honour of W.P.Blockmans*,Turnhout:Brepols,2010.

表王国普通民众的政治机构,议会在更大程度上体现了国王和上层精英的共同利益。这几位学者认为中世纪英国国王是最高的权力主体,国王和贵族是利益共同体,议会是维护国王和贵族利益的机构,并不存在贵族依靠议会来约束王权的现象。

C.吉文·威尔逊(C.Given-Wilson)在《王室与国王的亲信:英国的封建役、政治及财政(1360—1413)》①一书中论述了在中世纪社会结构中以国王为中心形成的政治集团,研究了这一时期国王的亲信或追随者对权力运行机制、法治建设、社会分层等各方面产生的持续性影响。D.J.梅德利(Dudley Julius Medley)在《英国宪政史》②一书中详细介绍了英国国家机构的起源,论述了英国立法与司法机构的形成与发展,并论述了英国宪政的特性,揭示了不同国家机构的历史交叉与重叠,指明这些机构并非现代意义上完全独立的组织,在很大程度上都是依附于国王而存在的。威廉·麦克基尼(William McKechnie)在《〈大宪章〉——约翰王大宪章的概论与释义》③一书中对"大宪章神话"进行了颠覆性的论述,他仔细辨析了《大宪章》的相关条款和具体文本,揭示了对应历史范畴下这一法律文件的封建属性,认为其并不具有宪政意义。这几位学者认为国王是王国内的权力中枢,议会和其它权力机构都依附于国王而存在,并不具有独立性,更谈不上约束王权的运行,《大宪章》只是一份封建性的法律文件,并不具有所谓的宪政意义。

对于中世纪晚期和现代早期的英国王权,A.L.波拉德(A.L.Pollard)认为从1485年都铎王朝建立之后,英国王权就成为了专制独裁的"新君主制",他在《新君主制》④一文中指出英国的"宪政王权"存在的时间非常短暂,其正式形成于1295年的"模范议会",终结于1485年都铎王朝的建立。而在此之前则是"非制度化"的封建王权,在此之后则是专制独裁的"新君主制"。J.W.麦肯纳(J.W.McKenna)在《中世纪晚期英国议会主权的神话》⑤一文中批评其他学者构建的议会主权的神话,认为中世纪晚期英国议

---

① C.Given-Wilson,*The Royal Household and the King's Affinity: Service, Politics and Finance in England, 1360—1413*, London: Yale University Press, 1986.

② Dudley Julius Medley, *A Student's Manual of English Constitutional History*, New York: The Macmillan Company, 1925.

③ William McKechnie, *Magna Carta: Commentary on the Great Charter of King John, with an Historical Introduction*, Glasgow: James Maclehose and Sons, 1914.

④ A.L.Pollard, "The New Monarchy", in A.J.Heath Slavin, ed.*The "Ner Monurchies" and Representatite As-semblies: Medieoal Constitutionalism or Modern Absolutism*, 1964.

⑤ J.W.McKenna, "The Myth of Parliamentary Sovereignty in late Medieval England", *English Historical Review*, Vol.94, No.372(Jul., 1979).

会不存在所谓的至高权威，这一时期的英国议会尚未成为近代意义上的民主机构，并不能对王权形成有效而规范的制约。

在上述这一部分学者看来，英国国王是最高的权力主体，贵族和国王是利益共同体，议会是国王为了满足财政需要而设立的，贵族和贵族组成的议会并不能限制王权。在王国内，以国王为中心形成了一个权力中枢，诸多权力机构都依附于国王，并不具有独立性。即便国王有时会受到法律的限制，也不是法治意义上的法律限制，即并非常态和规范的法律限制。在某些特定的时期，王权出现了弱势或危机，即便是出现了议会废黜国王的现象，也仅仅是偶然性的状况，并非出现了真正意义上的"有限王权"。

三、国内学者对英国法律发展进程的研究

国内一部分学者对英国法律体系和司法制度的发展演变进行了专题研究。徐浩教授在《英国中世纪的法律结构与法制传统》①一文中系统地研究了英国法律体系和法制传统的发展，作者认为中世纪英国的法律机构不是出自同一个权力体系，不同的法律机构分别代表着迥然不同的政治和社会力量，英国的法律体系和法制传统正是在这一前提下形成的。李红海教授在《普通法的历史解读——从梅特兰开始》②一书中通过司法制度、封建主义与英国的法治传统以及地产权制度等三条线索探讨了早期普通法的发展历程，并且还从宏观和微观两方面讨论了早期普通法的发展状况，宏观方面主要是和罗马法进行比较，微观方面则主要是分析了英国的法治传统与英国的法律职业阶层之间的某种内在联系。李红海教授在《普通法的司法解读——以法官造法为中心》一书中③论述了英国普通法的司法过程、司法方法、司法理念等内容，对"技艺理性"的阐释，揭示了立法和司法、欧陆司法与普通法司法之间在认识论和社会治理理念上的巨大差别；对普通法方法的总结，则阐述了处理案件的一般方法和思路；对普通法司法过程的归纳，则反映出司法超越法域和时空的一般性特征。李红海教授在《普通法的内在机制与社会经济发展》④一文中揭示了普通法的三个特点：第一，普通法的优势在于能够从具体案件中发展出更具体因而也更公平的规则；第二，作为救济之法，普通法为民众的创新精神保留了空间，而且塑造了负责任、有担当的民众；第三，借助于判例的形式，普通法保持了对于各种规范渊源的

---

① 徐浩：《英国中世纪的法律结构与法制传统》，《历史研究》1990 年第 6 期。
② 李红海：《普通法的历史解读——从梅特兰开始》，清华大学出版社 2003 年版。
③ 李红海：《普通法的司法解读——以法官造法为中心》，北京大学出版社 2018 年版。
④ 李红海：《普通法的内在机制与社会经济发展》，《比较法研究》2017 年第 6 期。

开放性和对不同文化传统的适应性以及自身发展的连续性。因此,英国依靠普通法维持了国家的稳定,促进了社会经济的发展。李栋教授在《英国普通法的"技艺理性"》①一文中研究了英国普通法中一个重要的概念即"技艺理性",作者指出"技艺理性"是指普通法职业者经过长期的教育和训练,在无数代智识经验积累之上所具有的法律实践理性,其有别于人生而具有的"自然理性"。"技艺理性"体现了英国普通法的本质特征,在近代英国司法独立和法治社会过程中发挥了积极推动作用。上述研究成果论述了以普通法为核心的英国法律体系的发展历程,揭示了英国法律体系的特点,并且分析了英国法律体系和英国法治发展的紧密联系。

程汉大教授在《英国法制史》②一书中从普通法、衡平法、律师团体和王权与法治关系等方面论述了英国法律制度的发展历程,认为英国法律制度具有原生性与早熟性的特征,其发展模式具有连续性、渐进性和自发性,并且指出英国的法律制度具有较高的"法治含量"。程汉大教授和李培锋教授在《英国司法制度史》③一书中从法院制度、法官制度、律师制度、审判制度、检察制度、警察制度、刑罚制度和法律援助制度等方面系统地阐述了英国司法制度的发展历程,同时对蕴含于司法制度背后的价值内涵和运行机制进行了深入的法理学意义上的剖析。于明教授在《司法治国——英国法庭的政治史(1154—1701)》④一书中论述了司法在国家治理中的功能与技术,以及由此带来的复杂关系。作者运用法律社会史的方法对1154年至1701年的英国法律诉讼个案进行解读,试图在具体的经验描述中呈现理论问题的丰富意涵。作者揭示了英国历史上司法的一项重要功能,即"治国",通过司法治理国家是中世纪英国特有的治理模式。李栋教授在《通过司法限制权力——英格兰司法的成长与宪政的生成》⑤一书中认为司法制度与宪政制度是英国法律制度的核心,作者以英格兰司法与宪政之间的关系作为论题,立足于司法,重点探讨了英格兰司法的宪政意义。李栋教授认为英格兰宪政之所以能够持续稳步发展,不仅是因为以"议会主权"为代表的政治统治权内部存在平衡的结构,限制了专制王权恣意统治的可能,更为重要的是在政治权力系统之外,司法审判权对政治统治者在整体上构成了

① 李栋:《英国普通法的"技艺理性"》,《环球法律评论》2009年第2期。
② 程汉大主编:《英国法制史》,齐鲁书社2001年版。
③ 程汉大、李培锋:《英国司法制度史》,清华大学出版社2007年版。
④ 于明:《司法治国——英国法庭的政治史(1154—1701)》,法律出版社2015年版。
⑤ 李栋:《通过司法限制权力——英格兰司法的成长与宪政的生成》,北京大学出版社2011年版。

有效的法律限制,从而在政治与法律之间形成了一种特有的平衡结构。作者在书中揭示了英格兰宪政的精髓在于,司法审判权与政治统治权的互动与平衡。

国内学者从普通法的发展、司法制度的演变以及司法与国家治理的关系等方面进行了研究,这些学者的成果有利于我们把握英国普通法的起源和早期发展历程,理解英国司法体系的发展演变和运行机制,以及英国特有的"司法治国"的国家治理模式,认识到英国司法审判权能够对政治统治权形成有效的法律限制。这些成果对于我们研究英国现代法治的历史渊源有很大的启发。

国内还有一部分学者对英国法治发展进程中特定领域的法律发展状况进行了研究。侯建新教授在《圈地运动与土地确权——英国 16 世纪农业变革的实证考察》①一文中对英国圈地运动进行了重新阐释,作者认为领主圈地的通常方式是契约圈地、法庭圈地以及协议圈地,以合法圈地为主,暴力圈地所占比例很小。16 世纪中叶以后协议圈地越来越多,土地确权从来没有抛弃法律而是越来越规范。从基本层面上讲,圈地不是践踏土地权利,恰恰是明晰和确定土地权利。赵文洪教授在《英国公地制度研究》②一书中比较全面而深入地研究了英国公地制度,探讨了英国公地制度中的私有与公有、私人与公共之间的产权关系,公地共同体的治理方式,公地制度与穷人之间的关系,公地共同体中公有与私有、公共与私人之间长期的斗争和博弈等方面的内容,并阐述了公地制度中所蕴含的法治因素。张乃和教授在《近代早期英国特许权研究》③一书中以特许权将近代早期英国的法人社团、公司以及专利和版权等问题贯穿起来,进行了系统的研究。作者从纷繁复杂的社会现象中突出了"特许权"的法律意义,并且揭示了各种特许权背后的实质。张乃和教授还在《近代英国法人观念的起源》④一文中系统地研究了英国法人观念的起源和发展,作者认为尽管英国的法人观念深受罗马法和教会法的影响,但是日耳曼团体本位观念仍被吸收和继承下来。黄春高教授在《法律叙事还是历史叙事:14—16 世纪英国公簿租地农的兴起与发展》⑤一文

①　侯建新:《圈地运动与土地确权——英国 16 世纪农业变革的实证考察》,《史学月刊》2019 年第 10 期。

②　赵文洪:《英国公地制度研究》,社会科学文献出版社 2017 年版。

③　张乃和:《近代早期英国特许权研究》,人民出版社 2014 年版。

④　张乃和:《近代英国法人观念的起源》,《世界历史》2005 年第 5 期。

⑤　黄春高:《法律叙事还是历史叙事:14—16 世纪英国公簿租地农的兴起与发展》,《历史研究》2018 年第 4 期。

中深入探究了公簿租地农的兴起与发展历程,认为这既是司法诉讼从庄园法庭走向王室法庭的历史过程,又是英国社会经济变迁的直接体现。陈日华教授在《英国法律传统与中世纪地方自治》①一文中论述了英国法律传统的发展概况和特点,阐明了国王通过法律实现了对地方的有效统治。上述学者对英国社会经济发展中某些特定领域的法律发展进行了研究。这些成果有利于我们认识英国法治发展演变进程中特定领域的法律发展状况,对于我们更为全面地理解英国现代法治的历史渊源具有重要意义。

四、国内学者对英国王权和议会以及法治发展的研究

首先,国内学者对英国法治发展进程展开的研究。陈晓律教授在《从习俗到法治——试析英国法治传统形成的历史渊源》②中论述了英国法律体系的发展过程,将英国法律体系划分为习俗、普通法以及议会立法三个阶段,最终确立了英国的宪政体系和法治传统。在这一漫长的历史过程中,多元的法律渊源,诺曼贵族的努力以及英国社会经济力量的变化和各阶层的抗争,都对英国法治传统的形成产生了巨大的影响。张彩凤教授在《英国法治研究》③一书中用四分之一的篇幅概括地梳理了英国法治的发展历程,其余的部分分别论述了英国法治的古典思想背景、现代英国法治理论、普通法的法治精神以及现代英国法治的启示。李栋教授在《英国法治的道路与经验》④一书中对于英国法治在 1689 年之前发展论述比较简略,仅仅用了一章的篇幅,重点论述了英国法治在 1689 年之后的发展历程以及不同时期促使其不断发展变化的原因,深入分析了英国法治的内在结构及其成功经验,在此基础上提出了英国法治发展道路对中国当下法治建设可能具有的启示。王霄燕教授在《英国法治现代化研究——以国会立法为视角》⑤一书中从分析英国法治现代化动力入手,剖析了英国法治现代化的时序,重点分析了英国在现代化进程不同阶段法治做出应时性和合理性调整的成因;法治现代化不同阶段应时性和合理性的法律制度建设的贡献;法治现代化与社会现代化的互动,特别就法治现代化对不同阶段的现代化困境的破解进行了分析。最后,探究了英国法治现代化的路径。通过对英国法治现代化

---

① 陈日华:《英国法律传统与中世纪地方自治》,《天津师范大学学报》2003 年第 1 期。
② 陈晓律:《从习俗到法治——试析英国法治传统形成的历史渊源》,《世界历史》2005 年第 5 期。
③ 张彩凤:《英国法治研究》,中国人民公安大学出版社 2001 年版。
④ 李栋:《英国法治的道路与经验》,中国社会科学出版社 2014 年版。
⑤ 王霄燕:《英国法治现代化研究——以国会立法为视角》,法律出版社 2012 年版。

动力、时序和路径的分析,试图阐明中国的法治现代化需要从现代化动力、时序和路径等领域做出努力,不仅应大力推动工业化发展,还应积极推动法律制度的应时性和合理性调整,更应注重选择恰当的法治现代化道路。魏建国教授在《多维视野下英国法治秩序生成的深层解读》①一书中探究了英国法治秩序生成的历史之维:中古西欧封建制度的立宪主义内蕴;英国法治秩序生成的结社之维:结社、多元权力共存与法律至上传统;英国法治秩序生成的人文精神之维:普遍信任与人文主义的内在驱动等方面的问题,对英国法治秩序的生成进行了较为全面的阐释和分析。

陈晓律教授在《世界现代化历程:西欧卷》②一书中简要地阐述了英国建立现代法治社会的历史过程,陈晓律教授认为《权利法案》(The Bill of Rights) 使得议会确立了在宪政中的最高权力,并将立法权转移到了议会下院,议会合法性来源于人民。至此,英国基本上成为了现代意义上的法治国家。在陈晓律教授看来,《权利法案》是英国现代法治形成的标志。程汉大教授在《司法与英国法治文明》③一文中认为英国的司法在英国历史中具有独特地位,其不寻常的历史作用体现于英国法治文明史的每一个重要发展时期。英国法治从最初萌芽,到成长壮大,再到最终确立和完善,英国的司法在这一过程中都起到了关键的作用。叶海涛教授和方正教授在《近代英国法治思想的传播与当代启示》④一文中研究了现代早期英国法治思想的传播和历史影响,作者认为以权利为核心的法治、平等、自由等现代政治价值得以广泛传播,新旧价值理念的激烈碰撞启发和塑造了现代早期英国公众的理性精神,促进了英国向现代法治社会的转型。齐延平教授在《自由大宪章研究》一书中认为,《大宪章》确立了两个至关重要的宪政原则——契约管理与法治,这为 17 世纪"王在法下"、正当法律程序等宪政要素的制度化做了准备,该书较为全面地阐述了《大宪章》在英国现代法治形成过程中的历史作用。苗延波教授在《法治的历程》⑤一书中概括了从《大宪章》签订到资产阶级革命时期英国法治的发展历程。此外,何勤华教授的《现代西方的政党、民主与法治》⑥,王人博教授、程燎原教授所著的《法

---

①　魏建国:《多维视野下英国法治秩序生成的深层解读》,黑龙江大学出版社 2009 年版。

②　陈晓律主编:《世界现代化历程:西欧卷》,江苏人民出版社 2015 年版。

③　程汉大:《司法与英国法治文明》,《外国法制史研究》(辑刊),法律出版社 2009 年版。

④　叶海涛、方正:《近代英国法治思想的传播与当代启示》,《西南政法大学学报》2019 年第 1 期。

⑤　苗延波:《法治的历程》,新华出版社 2016 年版。

⑥　何勤华主编:《现代西方的政党、民主与法治》,法律出版社 2010 年版。

治论》,①卓泽渊教授所著的《法治国家论》②等成果都简要地介绍了英国法治的发展演变。这几位学者从较为宏观的角度对英国现代法治的发展进程进行了研究,他们的研究多重视理论层面的分析,并阐明了英国现代法治发展的特殊模式和路径。

其次,国内学者关于英国王权和政治制度的研究。马克垚先生在《英国封建社会研究》③一书中对 5 至 15 世纪英国社会做了较为详尽的分析,从封建社会组织、土地制度、法律制度、政治制度、阶级结构、城市制度、商品经济、货币和信用等方面全面剖析了英国封建社会的发展状况。钱乘旦教授和陈晓律教授在《英国文化模式溯源》④一书中围绕着冲突中的融合这个主题,追溯了现代英国形成的过程,揭示了英国历史渐进性的发展模式,并且阐述了英国中世纪的遗产对现代英国发展的影响。郭方教授在《英国近代国家的形成:16 世纪英国国家机构与职能的变革》⑤一书中全面地研究了 16 世纪英国国家机构与职能的变革,进而阐明了英国近代国家形成的历史根源。作者还具体论述了国家财政、枢密院、司法系统、地方政府、议会、教会、王权及社会等级在 16 世纪逐步产生实质性变革的进程,并对这些变革在英国现代国家形成中的重要历史作用进行了系统阐述。孟广林教授在《英国封建王权论稿——从诺曼征服到大宪章》⑥一书中系统地研究了从诺曼征服到大宪章这一历史时期英国封建王权的发展演变状况,其中包括王权与世俗贵族、教会及城市的关系,王权的政治体制、性质与地位等方面。阎照祥教授在《英国政治制度史》⑦一书中从封建制度、君主制度、议会制度、行政和法律制度等方面阐明了自盎格鲁·撒克逊时期以来英国政治制度的发展进程。施诚教授在《论中古英国"国王靠自己过活"的原则》⑧一文中研究了中世纪英国"国王靠自己过活"原则的发展演变情况,作者认为中世纪英国贵族和议会多次提出"国王必须靠自己过活",即国王应该像其他封建主那样依靠自己的习惯收入,维持王室的生活和国家正常的行政开支,只有在战争时期才能向全国臣民征税。但

① 王人博、程燎原:《法治论》,广西师范大学出版社 2014 年版。
② 卓泽渊:《法治国家论》,法律出版社 2018 年版。
③ 马克垚:《英国封建社会研究》,北京大学出版社 2005 年版。
④ 钱乘旦、陈晓律:《英国文化模式溯源》,上海社会科学院出版社 2003 年版。
⑤ 郭方:《英国近代国家的形成:16 世纪英国国家机构与职能的变革》,商务印书馆 2007 年版。
⑥ 孟广林:《英国封建王权论稿——从诺曼征服到大宪章》,人民出版社 2002 年版。
⑦ 阎照祥:《英国政治制度史》,人民出版社 2012 年版。
⑧ 施诚:《论中古英国"国王靠自己过活"的原则》,《世界历史》2003 年第 1 期。

是国王难以"靠自己过活",英国历代国王都不断地开辟新的税收,向全体臣民征税。

再次,国内学者对英国议会进行的研究。刘新成教授在《英国都铎王朝议会研究》①一书中从英国都铎王朝时期议会的构成、权力和职能以及议会与国王的关系等方面对英国都铎王朝时期的议会发展状况进行了比较详细的阐述,并且对都铎王朝时期的专制主义特点进行了探究。刘新成教授和沈汉教授在《英国议会政治史》②一书中论述了英国议会制度的历史渊源和发展沿革。向荣教授在《中世纪欧洲的政治传统与近代民主》③一文中研究了中世纪欧洲政治传统对近代民主制度的孕育,作者指出中世纪英国的议会制度是近代民主制度的直接渊源。项焱教授在《英国议会主权研究》④一书中对英国议会主权进行了专题研究,主要从宪政史的角度研究了英国议会的发展历程和议会主权原则的成因。余永和在《英国安茹王朝议会研究》⑤一书中从宪政、法律、行政等方面评析了"宪政派"与"修正派"的观点,厘清了议会形成时期的制度沿革,作者指出安茹王朝时期英国议会的发展主要体现为以王权为主导的国家公共权威的加强。上述学者的研究成果都不同程度涉及到了英国王权、议会以及国家机构的演变等领域的问题。这些成果有利于我们较为系统地理解英国王权和议会的发展演变历程,更为准确地认识英国特有的政治运行机制,是我们对英国现代法治的历史渊源进行研究的基础。

国内外学者对以普通法为核心的英国法律体系的发展研究非常系统,这有助于我们准确地认识普通法的起源与发展。对于英国王权和议会以及法治发展状况,国内外学者存在着观点各异的认识,通过这些学者的论著我们能够更为客观而全面地认识英国王权和议会的发展演变情况,更准确地理解在长时段的历史中国王和贵族之间的合作与博弈,更深入地了解英国在权力制衡与权利保障等领域的发展演变情况,更系统地探究英国传统法治的形成与发展,以及从传统法治向现代法治转变的复杂历程,这些成果拓展了我们对英国现代法治历史渊源的认识深度和广度。因此,通过参考国内外学者对英国法律、议会、王权以及法治等方面

---

① 刘新成:《英国都铎王朝议会研究》,首都师范大学出版社1995年版。
② 沈汉、刘新成:《英国议会政治史》,南京大学出版社1991年版。
③ 向荣:《中世纪欧洲的政治传统与近代民主》,载李剑鸣主编:《世界历史上的民主与民主化》,上海三联书店2011年版。
④ 项焱:《英国议会主权研究》,中国社会科学出版社2010年版。
⑤ 余永和:《英国安茹王朝议会研究》,社会科学文献出版社2011年版。

的发展进程的研究,我们能够更为全面地认识英国现代法治的历史渊源;同时,国内外学者的研究成果也为我们的研究提供了实证分析的史实依据和理论方法。

第一章 诺曼征服与普通法的形成

1066 年诺曼征服之后，征服者威廉建立了统一的封建君主国，并依靠强势的武力剪灭了反对力量，确立了异于大陆的封建原则，实现了对王国的有效统治，为普通法的孕育创造了至关重要的政治条件和社会环境。亨利二世发起的司法改革推动了普通法的萌芽和成长，在"国王和平（King's Peace）"这一法理前提下，再加上司法技术上的优势，亨利二世及其后的数位国王促进了普通法的逐渐成熟。普通法本质上是习惯法，是从传统分散的习惯法发展整合之后，适用于整个王国的习惯法。亨利二世司法改革在实体法领域是对先前存在的法律进行整理和汇编，而所谓先前存在的法律主要是盎格鲁·撒克逊习惯法和诺曼法。这两种法律早在罗马不列颠时期就深受罗马法的影响，在形成普通法以后，包括海事法在内的罗马法也对英国法产生了直接影响。

诺曼征服之后形成的强势王权是普通法形成的历史前提，诺曼征服之后数位国王对盎格鲁·撒克逊习惯法的继承和发展为普通法的形成提供了法律渊源。亨利二世司法改革是普通法形成的现实基础，各种改革措施促进了国王和王室法庭司法权的膨胀，有利于国王和王室法庭对纷繁复杂的习惯法进行整合，以形成较为统一的法律。罗马法为普通法的形成提供了重要的理论基础，亨利二世时期的最高司法官格兰威尔和亨利三世时期的最高司法官布拉克顿在借鉴罗马法的基础上对普通法进行了整理汇编，使得普通法有了确定性的文本依据。罗马法的理论和编纂方式对普通法的系统化和理论化产生了决定性的影响，这无疑促进了普通法的成熟和完善。

第一节 诺曼征服与强势王权的确立

1066 年，诺曼人（Normans）①在征服者威廉（William the Conqueror,

---

① 诺曼人意为"北方人"。12 世纪的历史学家奥尔德里克·维塔尔（Orderic Vitalis）曾阐明诺曼人乃来自北方的人，他们异常勇猛彪悍，给柔弱的邻居带来了致命的打击，就像寒风摧残幼苗一样。诺曼人的名字源于维京人对欧洲大陆的长期侵袭劫掠，因为他们在 9 至 11 世纪期间往往从欧洲西北方向的海岸登陆侵袭大陆居民。后来诺曼人由入侵者变为定居者，他们的定居地被称为诺曼底（Normandy）。此后，诺曼人以诺曼底为中心对不列颠、西西里、西班牙乃至近东地区进行了征服。参见 Marjorie Chibnall, *The Normans*, Oxford: Blackwell Publishing, 2006, pp.3-4。

1066—1087)的率领下入主英国,开创了英国历史发展的新局面。诺曼征服实质上是已经封建化的诺曼人对盎格鲁·撒克逊人的征服,加速了盎格鲁·撒克逊人的封建化。诺曼人结束了不列颠岛自罗马帝国撤出之后长期以来的战乱和分裂,建立了统一的封建君主国,确立了牢固的封君封臣关系。

　　威廉率领诺曼人征服不列颠之后就迅速确立了强势的统治。① 为巩固统治,威廉以强大的武力迅速肃清了不列颠本土的反对力量。为了彰显其获得王位的合法性,威廉仓促举行了涂油加冕礼。"威廉在黑斯廷斯战役胜利之后,征服战争尚未结束之时,就授意库坦斯主教杰弗里(Geoffrey, bishop of Coutances)向其追随者和拥护者提出加冕要求,由约克大主教奥尔德雷德(Aldred,archbishop of York)向英格兰人提出加冕要求;1066 年圣诞节,在威斯敏斯特圣彼得教堂,由奥尔德雷德按照传统仪式为其举行了涂油和加冕礼,威廉被加冕为英格兰国王。"②威廉还迫使教俗贵族向其宣誓效忠。在加冕誓言中,威廉保证维护教会的权利且持守良法以成为贤明之王。③ 通过加冕典礼威廉从一个外来的军事征服者成为受上帝恩赐的合法国王。

　　加冕成为国王之后,威廉采取了一系列的措施以消除异己,巩固其统治。威廉放逐了那些抵抗其征服的贵族,占有了他们大量的地产,并将这些地产分封给征战有功的诺曼人,④而且剥夺了修道院和主教区以及城市固有的自由和特权。威廉的征服和统治措施引起了多次叛乱,如 1068 年埃克塞特叛乱与 1070 年芬斯(Fens)叛乱,而其征服与统治的最大威胁在北部地区,在斯堪的纳维亚人的鼓动下,诺森伯利亚在 1069 年和 1070 年连续两年发生了叛乱。然而,威廉迅速镇压了这些叛乱。实际上,威廉在英国拥有相当一批支持者,其中包括高级神职人员伍斯特的乌尔夫斯坦(Wulfstan of Worcester)与约克的奥尔德雷德(Aldred of York),他们在一开始就支持威廉的统治。在镇压 1068 年叛乱以及随后的叛乱时,威廉的军队中有很多英国士兵与诺曼人一起作战。⑤ 可见,对于威廉征服,英国人出现了明显的分

①　孟广林:《英国封建王权论稿——从诺曼征服到大宪章》,人民出版社 2002 年版,第 75—78 页。

②　David C. Douglas and George W. Greenaway eds., *English Historical Documents*, *1042—1189*, London:Routledge,1981,p.19.

③　Edward Coke, *The History of the Successions of the Kings of England*, London,1682,p.5.

④　朱寰主编:《亚欧封建经济形态比较研究》,东北师范大学出版社 2002 年版,第 27 页。

⑤　David C. Douglas and George W. Greenaway eds., *English Historical Documents*, *1042—1189*, London:Routledge,1981,pp.19—21.

化，既有为数众多的反叛者，也有来自不同阶层的支持者。威廉利用强势的军事力量和英国自身的分裂镇压了叛乱，这成为其实现有效统治的基础。

　　威廉对所征服土地的分封是伴随着战争的进程同步进行的，即每征服一地便将其分封给征战有功的诺曼贵族，这导致了很多封臣的领地分散在不同的地区，而同一地区存在着为数众多的封臣。有人认为这是国王按照预定计划进行的分封，以防止任何一位封臣在地方上影响过大。然而，这一局面的形成更可能是征服战争的进程使然。因为诺曼人是一郡一郡逐地征服的，分封也是逐地进行的。① 由此，封臣们很难发展壮大形成地方割据的局面，国王能够维持较为强势的王权。另外，在诺曼征服之前，英国已经存在着郡和百户区这样的地方行政建制，威廉一世保留了郡和百户区及其法庭机构，这种继承与延续不仅有利于维护既有的社会秩序，也有益于国王强化在地方上的统治。

　　为了便于征收赋税、掌握王国的民众数量和土地占有状况，威廉在1086年对全国的人口和土地进行了清查，涉及到每一海德土地，以及每一户臣民的财产占有状况，最终形成了《末日审判书》（Domesday Book）②。这一档案使得威廉全面地掌握了王国的人口和财产状况，也为英国的封建土地权属确立了法律依据，这也是英国封建化完成的重要标志。《末日审判书》也反映了这一时期盎格鲁·撒克逊贵族阶层的力量严重地衰落了，及至1086年，他们仅仅保有英国8%的土地。③ 这充分显示了威廉对英国的征服逐步深化，比较彻底地打击和削弱了盎格鲁·撒克逊贵族的力量。

　　为了巩固王国的秩序，威廉还下令禁止民众聚会以防止出现叛乱。④ 1086年，威廉召集所有的封臣在索尔兹伯里召开宣誓大会，全英国占有土地者悉数到会，不管他们是谁的封臣，都要向威廉行臣服礼，并宣誓效忠成为他的封臣。⑤ 这一会议被后世称为"索尔兹伯里宣誓"，英国的封建制度由此确立。所有封臣都对国王有效忠义务，从而形成了英国独特的封建原

① David C. Douglas and George W. Greenaway eds., *English Historical Documents, 1042—1189*, London: Routledge, 1981, p.24.

② James Heath, *England's Chronicle, or, The lives and Reigns of the Kings and Queens*, London, 1699, pp.65-66.

③ David C. Douglas and George W. Greenaway eds., *English Historical Documents, 1042—1189*, London: Routledge, 1981, p.22.

④ James Heath, *England's Chronicle, or, The lives and Reigns of the Kings and Queens*, London, 1699, p.66.

⑤ David C. Douglas and George W. Greenaway eds., *English Historical Documents, 1042—1189*, London: Routledge, 1981, p.168.

则，即我的附庸的附庸还是我的附庸①。征服者的王权具有了神圣的合法性和现实的权威性，国王实现了对王国的有效统治。

征服者威廉之后，尽管威廉二世（William Ⅱ，1087—1100）与亨利一世（Henry Ⅰ，1100—1135）都维持了较为强势的王权，然而王室机构的发展却较为迟缓，这使得王权缺乏稳固的根基。"亨利一世的政体是王权非常强大但日常王室管理却十分有限的体制。王权的存在主要通过行使几项重大的权力，通过使用因事而设的临时措施，以及通过答复主佃户及其次级佃户的保护请求而体现出来。"②显然，直到亨利一世时期王权的行使仅仅局限在少数领域，王室机构也不够完善，多通过临时措施应对现实需要，来自诺曼底的军事征服者还没有完全转变为常态的王国统治者。因此，英国王权的状态对国王个人的依赖性特别强，国王在行使权力过程中随意性比较大。如果国王性格比较暴戾，其统治就很容易走向暴政。

威廉二世是这一历史时期典型的暴君，他不仅继承了威廉一世的强势王权，而且统治方式非常残暴专横，对包括贵族在内的臣民征收繁重的税收。威廉二世不仅侵犯了封臣的封建权利，也破坏了和教会的关系，为占有坎特伯雷大主教的薪俸，将这一教职空位 5 年之久。③ 为了从其兄长手中夺取诺曼底，威廉二世派出王室教士雷纳夫·弗朗巴尔（Ranulf Flambard）无情地向臣民征税。弗朗巴尔把王室变成了一个从国王的臣民中榨取钱财的机器，他在封建贡金及封建附带义务上的盘剥达到了极致，特别是在没收财产、归还土地、婚姻等方面的盘剥。④ 因此，威廉二世的统治突破了传统的边界，遭到了臣民的普遍怨恨。这显示了诺曼征服之后的一段时期内英国的王权非常强势，国王依靠征服者的武力很容易突破传统的束缚，对于王权膨胀的状况没有制度上的约束。换言之在威廉二世治下盎格鲁·撒克逊时期的"王在法下"传统和忏悔者爱德华时期的法律只存在于观念层面。在威廉二世治理王国的实践中，王权凌驾于传统和法律之上，这种状态使得威廉二世失去了大多数贵族和民众的支持。

为了安抚民心，获得统治的合法性，亨利一世在加冕誓词中承诺革除弊

---

① Albert Beebe White, *The Making of the English Constitution*, New York and London: G. P. Putnam's Sons, 1925, pp.256-258; William Stubbs, *The Constitutional History of England in Its Origin and Development*, Vol.Ⅲ. Oxford: The Clarendon Press, 1896, pp.532-533.

② ［英］约翰·哈德森：《英国普通法的形成》，刘四新译，商务印书馆 2006 年版，第 129 页。

③ ［英］屈勒味林：《英国史》，钱端升译，中国社会科学出版社 2008 年版，第 151 页。

④ ［美］克莱顿·罗伯茨、戴维·罗伯茨、道格拉斯·R.比松：《英国史》，潘兴明等译，商务印书馆 2013 年版，第 101—102 页。

政、保障教会和臣民的自由。因此,亨利一世的加冕誓词通常被称为《亨利一世自由宪章》。在宪章的第一条,亨利一世就言明:"我是在上帝的恩典之下,在整个英格兰王国贵族们的普遍同意之后,被加冕为英格兰国王。鉴于之前我们的王国受到苛捐杂税的压迫,出于上帝和我对你们的爱,首先要使得上帝的教会获得自由。因此,在大主教、主教以及修道院长去世之时,我既不会出售也不会出租教会的地产。亦即在继承职位者到任之前,我不会从教会的产业中获取任何财富。我将清除掉所有压迫王国民众的有害的习惯。"①显然,亨利一世继位之时就已经明白要想稳固王权必须尊重传统的法律与习惯,就必须向教会和贵族妥协以赢得他们的支持。

关于封建领地的继承金,亨利一世明确承诺废除其兄长在位时期严苛的继承金制度,采取公正合法的征收方式,即"如果男爵、伯爵以及其他封臣中任何一位亡故,他的继承人不必像我的兄长在位时那样,要赎回其领地,而是通过缴纳公正合法的继承金方式来继承。正如我的男爵以缴纳公正而合法的继承金从其领主那里继承领地一样。"②这可以被视为亨利一世与贵族重新确认了封建契约,将封建领地的继承金再次限定在公正而合法的范围内。因此,亨利一世的这一承诺在后世被反复援引,成为国王保障封臣封建权利的范本,《大宪章》关于领地继承金的内容也能够从此承诺中找到渊源。

除了领地继承金之外,为封臣订立婚姻也是国王享有的特权。在很多情况下,封臣的子女没有婚姻自主权,往往要听命于封君的安排。亨利一世承诺只要其封臣不与国王的敌人通婚,他将给予封臣订立子女婚姻的自主权,即"如果我的任何封臣想要为其女儿、姐妹、侄女或其他亲属成婚,他必须向我言明此事,我既不会因为许可此事收取任何财物,也不会禁止他为其亲属成婚,除非他将其嫁与我的敌人。如果一位男爵或者我的一位封臣去世了,他的女儿作为继承人,我将按照封臣的意思为其女儿订立婚姻,连同她的封地一起。如果一位封臣去世,他的妻子将拥有亡夫的遗产,并有权选择再次结婚,除非按照她的意志,我不会强行为其安排一桩新的婚姻。"③亨利一世不仅承诺不再干涉封臣子女或遗孀的婚姻,而且承诺不会从中获取

---

① George Burton Adams and Henry Morse Stephens, *Select Documents of English Constitutional History*, London: Macmillan Company, 1901, p.5.

② George Burton Adams and Henry Morse Stephens, *Select Documents of English Constitutional History*, London: Macmillan Company, 1901, p.5.

③ George Burton Adams and Henry Morse Stephens, *Select Documents of English Constitutional History*, London: Macmillan Company, 1901, p.5.

任何财物。为此,亨利一世还强调:如果一位贵族的遗孀有孩子,她将拥有亡夫的遗产和嫁妆。除非按照她的意志我将不会为其指定新的婚姻。土地与孩子的监护人要么是上述妇人,要么是其他最为合适的亲戚。而且我要求我的封臣应当同样地对待其女儿、儿子或妻子。① 显然,在当时的条件下,亨利一世给予了封臣非常充分的婚姻自主权。由于中世纪英国贵族的婚姻直接和土地等财产相关联,控制封臣的婚姻就能够从中获得可观的收入,这意味着亨利一世主动放弃了附着在封臣婚姻上的收入。

为了限制过度征税,亨利一世申明在城市和乡村都要按照爱德华在位时期即诺曼征服之前的规制征税。即宪章第五条所阐明的:在城市和乡村普遍征收的财产税,如果在爱德华国王在位时并不存在,从此以后我将全部禁止征收。如果任何人违反了这一点将会受到严格的法律制裁。并且在第六条申明:除了我的合法地租与继承金之外,我将免除所有归属我兄长的罚金和债权。② 显然,亨利一世决心革除先前存在的税赋弊政,这有利于保护贵族和自由臣民的财产。

亨利一世加冕之时颁布的自由宪章显然充满了"王在法下"的特质,并且饱含依法治理王国的诚意,承诺的事务涉及到了教会和世俗贵族以及贵族的家眷等各个群体的权益,以至于这一宪章被称为英国"王在法下"的端绪。③ 亨利一世还将这一宪章的复本分发到每个郡县。但这仅是一种宣传,他没有信守承诺。亨利一世在封建援助和特定事件上所征收的金钱比习惯上允许征收的更多,并用他征收的大批罚款建造了一个新的"御猎场"。尽管如此,在后来的几个世纪里,英国人将这些誓言视为对"王在法下"信条的早期认定。④ 显然,亨利一世只是描绘了一幅回到法治和传统的蓝图,并未使得英国真正走上依法治理的道路,其统治依然充满了依赖国王个体的随意性,缺乏依法治理基础上的稳定性。在国王强势时就会出现凌驾于法律之上乃至残暴的统治,表面上看这一状态下的王国非常刚性,实际上是十分脆弱的,一旦有弱势的国王即位就很难维持原有的局面,甚至出现王权崩溃、战乱频仍的状况。

---

① George Burton Adams and Henry Morse Stephens, *Select Documents of English Constitutional History*, London: Macmillan Company, 1901, p.5.

② George Burton Adams and Henry Morse Stephens, *Select Documents of English Constitutional History*, London: Macmillan Company, 1901, p.5.

③ 齐延平:《自由大宪章研究》,中国政法大学出版社 2007 年版,第 113 页。

④ [美]克莱顿·罗伯茨、戴维·罗伯茨、道格拉斯·R.比松:《英国史》,潘兴明等译,商务印书馆 2013 年版,第 103 页。

亨利一世之后,斯蒂芬(Stephen,1135—1154)统治了19年。由于亨利一世之女马蒂尔达(Matilda)和斯蒂芬国王争夺王位,英国长期处于战乱之中,史称"斯蒂芬乱世(Stephen's Anarchy)"。从12世纪30年代末开始,至迟到1153年为止,在王国的许多地区都出现了王权瘫痪的局面。各种情势都迫使国王通过建立伯爵领地等方式将其王权进行分解,同时,领主们也都僭越了王室权力并扩大了他们自己的权力。这导致了国王在很多地区的司法活动中断,教会法庭和世俗领主法庭权威日益增强。① 斯蒂芬继承王位之初,王位争夺者马蒂尔达和斯蒂芬兵戎相见。在长期的王位之争中,从征服者威廉以来一直处于强势的王权因为缺乏较为完善的制度安排和机构设置而趋于瘫痪,国王失去了对王国的有效统治。在王权基础上进行的司法活动在很多地区被迫中断,无法为诉讼者提供有效的司法救济,很多诉讼者转而投向教会法庭和领主法庭寻求解决之途,这又进一步削弱了王权,增强了教俗贵族的权威。表面看来,斯蒂芬在位时期,王权长期处于弱势,但是这并非重新确立了"王在法下"的有限王权,而是国王在与贵族的较量中处于下风。真正使得英国走向依法治理道路的是亨利二世开启的司法改革,这一司法改革直接推动了普通法的形成。

第二节　亨利二世司法改革

亨利六世时期的首席法官福蒂斯丘爵士与16、17世纪的著名法学家爱德华·柯克都认为普通法是非常古老的。福蒂斯丘在《论英格兰的法律与政制》(*De Politica administratione & Legibus Civilibus florentissimi Regni Angliae Commentarius*)一书中讲道:英格兰王国先后经历了不列颠人、罗马人、丹麦人、撒克逊人以及诺曼人的统治,诺曼人的统治一直持续到今天。这些统治英格兰的王朝都适用完全相同的习惯法,而且这些习惯法直到今天仍然有效。因此,普通法在诺曼征服之前就已经存在。② 福蒂斯丘与柯克等法学家认识到英国法律的延续性和继承性,但断定普通法在诺曼征服之前就已存在,这不符合普通法发展的实际历史进程。

实际上,英国普通法是在诺曼征服之后才逐渐形成并趋于完善的。普通法的形成包含着诸多因素,包括日耳曼因素与罗马法、天主教会与教会法

---

① [英]约翰·哈德森:《英国普通法的形成》,刘四新译,商务印书馆2006年版,第129—130页。

② Edward Coke,*The Sixth Part of the Reports of Sir Edward Coke*,London,1658,Preface.

以及法国的政治法律制度等因素,而日耳曼因素和罗马法因素是普通法形成的核心因素。其中日耳曼因素包括盎格鲁·撒克逊习惯法遗产与诺曼征服,诺曼征服后形成了强势的王权,在此基础上亨利二世推动了司法改革,正是亨利二世司法改革在继承了盎格鲁·撒克逊习惯法的基础上促进了普通法的形成。较为强势的王权是普通法形成的现实基础,因为普通法是在对王国内的各种习惯法整合的基础上形成的,是将纷繁复杂的习惯法发展成为普遍适用的统一的法律体系,所以其发展必须依靠强势王权做后盾。

亨利二世(Henry II,1154—1189)继位之后平定了之前的乱世,恢复了王国的和平,并推行了诸多改革举措以加强王权,其中旨在恢复和加强国王司法权的司法改革取得了卓越的成效。司法改革主要是对王国的司法程序和诉讼方式进行了改革,亨利二世发展了王室法庭和巡回法庭(eyre),将令状(writ)制度和陪审团(jury)制度引入司法诉讼中,令状和陪审团在本质上是依靠人的理性进行调查取证并做出裁判,逐渐取代了先前存在的神明裁判和决斗等落后的诉讼裁判方式。[1] 利用令状和陪审团等先进的诉讼方式,王室法庭和巡回法庭能够为诉讼者提供合理而恰当的司法救济。因此,采用传统诉讼方式的教会法庭和领主法庭中的案件大量流失,国王的司法权得以和平地扩张。

亨利二世司法改革的初衷是依靠理性的司法诉讼模式与封建法庭和郡法庭争夺司法管辖权,但从司法改革伊始,实体法就蕴含在程序之中,伴随着程序的逐渐完善,实体法的体系和适用范围也得到了不断地发展。英国著名法律史学家梅特兰对亨利二世司法改革倍加褒扬,认为英国的普通法就是由亨利二世的司法改革所开创的。[2] 然而,普通法基本成型要到亨利三世(Henry III,1216—1272)在位时期。"亨利三世统治期间普通法实现了快速、稳定与持续的成长;及至其统治后期,法律的框架结构已经十分完善。此后几个世纪所做的只是填补一些细节而已,整个的体系已经不能改变。"[3]亨利二世推行的司法改革开启了普通法的发展进程,但直到亨利三世统治后期普通法才趋于成熟,其间经历了一百余年的发展。

王室法庭和巡回法庭的根本合法性是由来已久的"国王的和平"。这是征服者威廉从盎格鲁·撒克逊时期"国王的和平"和源于法国的"诺曼底

---

① 阎照祥:《英国政治制度史》,人民出版社 2012 年版,第 35—36 页。

② Sir Frederick Pollock and Frederic William Maitland, *The History of English law before the Time of Edward I*, Vol.1, Cambridge:Cambridge University Press,1898,pp.136-137.

③ Sir Frederick Pollock and Frederic William Maitland, *The History of English law before the Time of Edward I*, Vol.1, Cambridge:Cambridge University Press,1898,p.174.

公爵的和平"继承的双重遗产。征服者威廉不仅在加冕典礼的誓言中宣称要维护王国的和平,而且在 1070 年至 1087 年的多次立法中也申明要持守对上帝的信仰,维护英格兰和诺曼底的和平。[1] 亨利一世在其颁布的《自由宪章》(Charter of Liberties)中也阐明要遵守爱德华国王时期的法律,在王国内建立稳固的和平,并命令臣民持守王国的和平。[2] 显然,国王承担着维护王国和平与正义的重要职责,臣民则负有持守王国和平的义务。"国王的和平"观念蕴含着国王是全体臣民和整个王国利益的代表,侵犯了国王或其臣民的财产和生命权益,就是侵犯了"国王的和平",国王则享有当然的司法管辖权。从本质讲这一观念体现了王权有及于全国的、普遍适用的公法效力,被宣布不在"国王的和平"之下者就不再是国王的臣民,也就失去了国王的保护。"没有比藐视和违抗王命再严重的犯罪了,王国内每个人都应当服从国王与国王的和平。当那些被国王召见的人或传唤的人拒绝服从时,他们使自己成为了被逐出法外之人(outlaw),而且成为触犯法律之人。"[3]可见,侵犯了"国王的和平"就成为了法外之人,不仅不再受到王国法律的保护,而且还被视为严重的犯罪。"国王的和平"这一法理前提为国王司法权的扩张、普通法的成长乃至王权的集中提供了合法性。亨利二世正是利用"国王的和平"观念发展了王室法庭与巡回法庭,并将令状制度和陪审团制度引入了司法诉讼程序中。

在盎格鲁·撒克逊时期,担当王室法庭职责的机构是贤人会议(Witan)。贤人会议是中央除国王之外唯一的权力机构,其前身是原始社会末期的长老议事会。贤人会议拥有立法、咨询、行政以及司法等多种职权。作为中央法庭,它有权审理各种诉讼,特别是涉及国王利益和贵族的诉讼。一切案件的判决均由与会者集体做出,国王只是会议的召集人和主持人,无权独自判决案件。[4] 在诺曼征服之后,御前会议(Curia Regis)取代贤人会议担当王室法庭的职责,御前会议是依据封建的封君封臣关系建立起来的中央机构,由国王的直接封臣组成,但往往是重要的教俗贵族和国王的近臣出席。与贤人会议不同,御前会议的主要职能就是司法审判。然而,御

① David C. Douglas and George W. Greenaway eds., *English Historical Documents*, *1042—1189*, London:Routledge,1981,pp.431-432.

② David C. Douglas and George W. Greenaway eds., *English Historical Documents*, *1042—1189*, London:Routledge,1981,pp.433-434.

③ Henry de Bracton, George E. Woodbine ed., Samuel E. Thorne tr., *Bracton on the Laws and Customs of England*, Vol.4, Cambridge:Harvard University Press,1968,pp.367-368.

④ 程汉大、李培锋:《英国司法制度史》,清华大学出版社 2007 年版,第 19 页。

前会议实质上是由国王的封臣组成的封建性的领主法庭，并不是真正意义上的效力及于整个王国的王室法庭。

亨利二世统治初期沿用了御前会议这一机构，后来从御前会议中任命了五位法官组成了专门的法庭，来听审整个王国的诉讼，这减轻了御前会议的司法负担。① 亨利二世虽然仅仅任命了五位御前会议的成员组成专门的法庭，但是由于这一法庭听审全国范围内的诉讼，从而促进了专门的王室法庭的形成。御前会议只是封建性的领主法庭，所以只为封建领主提供司法救济。亨利二世创设的这一专门的王室法庭却向更多的臣民提供司法救济，这一法庭就是英国第一个真正意义上的王室法庭，即后来的普通民事法庭（Common Pleas Court）。亨利二世通过设立专门的王室法庭将国王的司法权扩展到了整个王国，但是这一法庭起初并未固定在某一地。1215 年，失地王约翰（John，1199—1216）签署的《大宪章》第 17 条规定普通民事法庭必须拥有固定的场所。② 随后，普通民事法庭成为设在威斯敏斯特的常设王室司法机构。

巡回审判早在亨利一世时期就已经存在，"至 1130 年巡回审判已经成为地方司法的一个重要组成部分，也是将王室权威尽可能广泛地延伸至公众的一个主要途径"。③ 然而，这一时期的巡回审判仅仅是国王派出一些王室官员到地方临时审理某些特定的诉讼，并没有发展成常规的确定性的司法形式，即没有形成稳定的巡回审判制度。直到 1166 年，亨利二世颁布的《克拉伦敦法令》（Assize of Clarendon）规范了巡回审判制度，第 19 条规定各郡郡长在收到巡回法官（itinerant justice）召集令之后，应迅速到达巡回法官面前，并负责召集陪审团，将当事人带到巡回法官面前在郡法庭进行诉讼。④因此，《克拉伦敦法令》被认为是英国巡回法庭制度的开端。在 1176 年的《北安普顿法令》（Assize of Northampton）中，亨利二世进一步完善了巡回审判制度，将整个王国分成六个巡回审判区，每一个巡回审判区派三位巡回法官审理所有应当归属国王的诉讼，它们第一次被称为巡回法庭（Circuit Court）。⑤

---

① Harold Potter，*An Introduction to the History of English Law*，London：Sweet & Maxwell Limited，1926，p.55.

② Carl Stephenson and Frederick George Marcham eds.，*Sources of English Constitutional History*，New York and London：Harper and Brothers Publishers，1937，p.118.

③ ［英］约翰·哈德森：《英国普通法的形成》，刘四新译，商务印书馆 2006 年版，第 45 页。

④ David C. Douglas and George W. Greenaway eds.，*English Historical Documents*，*1042—1189*，London：Routledge，1981，p.443.

⑤ David C. Douglas and George W. Greenaway eds.，*English Historical Documents*，*1042—1189*，London：Routledge，1981，pp.444-446.

《北安普顿法令》使得巡回法庭成为常规法庭。

早期巡回法庭兼有司法权、行政管理权以及税收权,这种兼具各种职能的审判形式称为总巡回审。到了亨利三世时期巡回法庭制度逐渐成熟,总巡回审逐渐弱化,专门审理司法诉讼的巡回法庭成为常规的诉讼形式。"巡回法庭应该首先以'向国王上诉'的名义开始,并宣读国王的令状,接着要阐明此行此举的目的是保护国王的和平与正义。国王还命令其封臣(lieges)信守对其的忠诚,以积极且有效地协助(巡回法官)维护国王的和平和正义,镇压和消除不法行为。"①显然,巡回法庭已经趋于完善,诉讼程序已经走向制度化,作为国王封臣的封建贵族要服从王权,协助代表王权进行司法的巡回法庭的一切工作。"巡回法官在巡回审判结束之后回到威斯敏斯特的中央法庭,彼此之间要对各自做出的判决进行研讨,并从中抽象出普通法的规则来。这种在 12 世纪偶然形成的做法到了 13 世纪被经常化、制度化了,并成为了普通法规则产生的源泉。"②巡回法庭加强了国王与地方的联系,使得国王更为直接而全面地掌控地方事务,并且将各地的习惯法加以整合,在根本上有利于王国内法律的统一,从而促进普通法原则与规则的形成和完善。

令状作为司法依据的公文,是由国王及王室法庭针对上诉到国王的案件授予的,其内容包括司法权的授予和对具体诉讼的处理意见。"有些令状源于特定的案件(cases),有些是源于特定的程序(course)。"③"王室令状作为一种行政及法律工具是盎格鲁·撒克逊王国的重要创造,诺曼及安茹王朝的国王们接受并发展了它。"④在亨利二世时代即普通法发展的早期,令状为"起始令状(original writ)",只是开启一件诉讼的命令,本质上是行政管理性的而不涉及具体司法内容,后来发展到针对具体诉讼而做出的"指令令状(writ of praecipe)"则为司法性的令状。⑤ 可见,最初国王的司法

---

① Henry de Bracton, George E. Woodbine ed., Samuel E. Thorne tr., *Bracton on the Laws and Customs of England*, Vol.4, Cambridge: Harvard University Press, 1968, p.199.

② 李红海:《普通法的历史解读——从梅特兰开始》,清华大学出版社 2003 年版,第 336—337 页。

③ Henry de Bracton, George E. Woodbine ed., Samuel E. Thorne tr., *Bracton on the Laws and Customs of England*, Vol.4, Cambridge: Harvard University Press, 1968, p.285.

④ [比利时]R.C.范·卡内冈:《普通法的诞生》,李红海译,中国政法大学出版社 2003 年版,第 39 页。

⑤ Sir Frederick Pollock and Frederic William Maitland, *The History of English law before the Time of Edward I*, Vol.1, Cambridge: Cambridge University Press, 1898, pp.147-151; [比利时]R.C.范·卡内冈:《普通法的诞生》,李红海译,中国政法大学出版社 2003 年版,第 39—42 页;李红海:《普通法的历史解读——从梅特兰开始》,清华大学出版社 2003 年版,第 138—140 页。

权和行政权之间往往是没有明确界限的，"王室行政管理的主要手段之一是颁发令状，命令伯爵、男爵、主教、修道院长、郡长和其他人，制止引起国王注意的某些不法行为"。① 这是一个司法程序的发展过程，也是一个国王实际立法的发展过程。依据"有不法行为便有救济"这一确定的司法原则，创立新的令状，实质上是披着完善司法程序的外衣进行立法活动，梅特兰认为"令状的统治即法的统治"。

13 世纪的英国大法官和法学家布拉克顿认为："令状是在法治的形式下形成的（a writ is formed in the likeness of a rule of law），其尽管简短却是源于法治。令状是经过整个王国广泛商议之后授予的，没有他们的同意绝不可改变。"②令状的格式通常是"国王向郡长（百户长）问候，我们命令你公正地而不能有任何延误地全权处理关于……的事情；或者针对领主说，我们命令你公正地、无任何延误地全权审理关于……的诉讼，如果你不照办，郡长将代你完成。"③不难发现国王的令状所具有的权威，既彰显了国王对王国的有效统治，又体现了"国王是正义之源"的原则，这恰恰是国王颁赐令状的政治基础和法理基础。由于令状之诉可以为诉讼者提供快捷而有效的司法救济，尽管有着高昂的诉讼成本（诉讼者要花大笔的钱购买国王的令状），王室法庭的令状诉讼的模式还是得到了臣民的认同和信赖。这使得令状可以重复适用，从个案走向普通规范的发展模式，王权之下的令状的立法性不亚于其司法性。因此，令状是高超的司法技术手段，它有利于促进王国内法律的统一。

国王的陪审团早在盎格鲁·撒克逊时期就已经存在，④当时称为"邻居宣誓咨审团（the sworn inquest of neighbours）"，征服者威廉在制定《末日审判书》时，有效地利用所谓"邻居宣誓咨审团"迅速如实地获得国王所需的信息，⑤为王室的集权奠定了基础。"中古英国的陪审制（jury）并非只是法

---

① ［美］哈罗德·J.伯尔曼:《法律与革命》，贺卫方等译，中国大百科全书出版社 1993 年版，第 538—542 页。

② Henry de Bracton, George E. Woodbine ed., Samuel E. Thorne tr., *Bracton on the Laws and Customs of England*, Vol.4, Cambridge: Harvard University Press, 1968, p.285.

③ Henry de Bracton, George E. Woodbine ed., Samuel E. Thorne tr., *Bracton on the Laws and Customs of England*, Vol.4, Cambridge: Harvard University Press, 1968, pp.47−51.

④ Wayne Morrison ed., *Blackstone's Commentaries on the Laws of England*, Vol.3, London: Cavendish Publishing Limited, 2001, p.275.

⑤ Sir Frederick Pollock and Frederic William Maitland, *The History of English law before the Time of Edward I*, Vol.1, Cambridge: Cambridge University Press, 1898, pp.147−151；李红海:《普通法的历史解读——从梅特兰开始》，清华大学出版社 2003 年版，第 132 页。

庭判决时使陪审员参加,而乃是一种广泛应用于司法、行政各方面进行调查、裁决的制度。"①1166 年,亨利二世颁布的《克拉伦敦法令》的开篇就阐明:为了保持和平与实现正义,在每一个郡和每一个百户区都要设立由 12位非常守法的人组成的陪审团,在每个村都要设立由 4 位非常守法的人组成的陪审团,通过宣誓向法官陈述真相,由此惩罚作奸犯科之徒,以实现国王的和平与正义。② 可见,为实现和平与正义,亨利二世将陪审团固定地应用于司法诉讼中,并且遍布王国中的每个郡、百户区乃至村,陪审团也经历了从行政管理性向司法性的转变,成为常规司法程序中的核心组成部分。陪审团在本质上是依赖人的理性进行诉讼,显然比封建性司法的"神明裁判"和"决斗裁判"更能真正有效地实现正义,自然能够得到臣民的认同,在客观上扩展了国王司法权的适用范围。

到了亨利三世时期,陪审团已经普遍应用到国王的司法实践中,成为国王司法权膨胀的有力手段,不仅挤压了封建性的领主法庭以及教会法庭的生存空间,也削弱了郡法庭的司法权。"国王对郡长命令道:我们禁止你们在你们的郡法庭对某些诉讼进行审理(We forbid you to hold the plea which is in your county court between A and B)","国王向郡长下命令道:召集你们那里四个守法的人到我们的法官面前,再找十二个更加守法的当事人的邻居并且是保有财产者,这些人应是最了解真相并愿意说出事实作证的,以便为我们的巡回法庭组成陪审团。"③这表明国王的司法权在逐步增强,郡法庭作为地方法庭其司法权力遭到挤压;郡法庭选择和召集陪审团仅仅是为国王的巡回法庭服务。

郡长和郡法庭曾作为国王打击封建领主司法权的利剑,此时也成为被侵蚀的对象。"郡长负责调查取证工作。郡长要对所有调查封印,还有国王之诉的保有人,还有陪审团成员都分别盖印封之并转交到我们的法官手中。"④郡长没有很好执行国王的命令或者没有将令状及时送达,就会因其藐视行为将按国王意志被惩罚。⑤ 这说明郡长和郡法庭的独立司法权已经

① 马克垚:《英国封建社会研究》,北京大学出版社 2005 年版,第 95 页。

② Carl Stephenson and Frederick George Marcham eds., *Sources of English Constitutional History*, New York and London:Harper and Brothers Publishers,1937,p.77.

③ Henry de Bracton, George E. Woodbine ed., Samuel E. Thorne tr., *Bracton on the Laws and Customs of England*, Vol.4,Cambridge:Harvard University Press,1968,pp.56-58.

④ Henry de Bracton, George E. Woodbine ed., Samuel E. Thorne tr., *Bracton on the Laws and Customs of England*, Vol.4,Cambridge:Harvard University Press,1968,pp.238-239.

⑤ Henry de Bracton, George E. Woodbine ed., Samuel E. Thorne tr., *Bracton on the Laws and Customs of England*, Vol.4,Cambridge:Harvard University Press,1968,p.369.

在很大程度上被削弱了,仅仅负责为国王司法做一些辅助性的工作。

"如果领主法庭不能为当事人正确审理案件,则可以转移到郡法庭;同样道理可以从郡法庭移交到王室法庭。但是这一过程不应违反领主的意志,除非有上述原因或领主自愿将案件移送到国王手中,也可以通过王室令状在郡法庭得以处理。"①这一描述反映了在亨利三世统治时期已经形成了完整的司法体系,王室法庭(包括巡回法庭)和郡法庭都是直接代表王权进行司法的,也反映了普通法法律体系的完善,具有普遍的适用性和权威。这是王权得以集权的结构性力量,由此,国王可以实现对国家的有效控制。②普通法的成长过程就是王室司法权逐步侵夺封建领主和地方郡长司法权的过程。

随着普通法的发展与完善,普通法法庭的诉讼制度与程序变得日益规范而复杂,普通法的令状与判例也随之增多。因此,普通法的诉讼对法官的要求更高,这促使了法官的法律知识与专业素养的提升,最终推动了法官的职业化。"司法越困难,越容易形成专业化,反之则法官同普通官僚无异。"③诺曼征服前,古老的地方法庭,如郡法庭、百户邑法庭以及封建领主法庭,包括作为最高封建领主法庭审理案件的王廷本身,其司法诉讼事务并不繁忙。而且,做出裁决的人是出席法庭者(suitors),他们均非职业法官,而往往只是保有一定土地的封臣(自由民)。④ 亨利二世的司法改革不仅完善了英国的司法机构,也推动了法官与律师的职业化以及普通法职业共同体的形成。普通法职业共同体主要包括法官和律师,首先出现的是职业法官阶层,随后才出现了职业律师阶层。学者布兰德认为:"截止到 13 世纪最后 25 年,我们有理由相信一个初生的英国法律职业阶层已经存在。到14 世纪中期左右,随着英国司法及其直接影响下普通法的发展,法官、律师以及法学家之间的一体化趋势逐渐加强,一批以法律为生的普通法法律职业共同体形成。"⑤英国法律职业共同体的形成是维护司法相对独立的重要

---

① Henry de Bracton, George E. Woodbine ed., Samuel E. Thorne tr., *Bracton on the Laws and Customs of England*, Vol. 2, Cambridge: Harvard University Press, 1968, pp. 300 – 301; Vol. 4, pp. 51–52.

② S.J.T. Miller, "The Position of the King in Bracton and Beaumanoir", *Speculum*, Vol. 31, No. 2 (Apr., 1956), p. 296.

③ 李红海:《普通法的历史解读——从梅特兰开始》,清华大学出版社 2003 年版,第 337 页。

④ 陈绪纲:《法律职业与法治——以英格兰为例》,清华大学出版社 2007 年版,第 118—119 页。

⑤ William Searle Holdsworth, *A History of English Law*, Vol. 1, London: Methuen & Co. Ltd., 1956, pp. 165–176.

力量。由于普通法本身是较为复杂的一套法律体系,未经过长期的专业训练者是无法进入普通法诉讼程序中担任法官或者律师的,这使得普通法具有很强的封闭性和自治性。尽管普通法是在王权主导下,在整合王国内的习惯法的基础上形成的,但是普通法后续的发展则摆脱了国王的控制,法官掌握了普通法法庭的司法审判权,保持了相对独立的地位。普通法的法律体系和司法程序都是在普通法职业共同体的努力下逐渐走向成熟的。因此,英国人普遍认为国王也无权创设法律,也要在法律之下行使王权。可见,普通法发展进程中就包含了很强的"法治"属性。

亨利二世的司法改革直接推动了普通法的形成和发展。其中,王室法庭和巡回法庭、令状以及陪审团皆为国王司法权扩张的有效手段,其外在功能表现为司法技术手段的发展,但内在结构蕴含着实体法的成长。国王利用诉讼方式的优势从贵族那里夺取司法权力,一方面,适应了英国土地等财产和权利保有的历史实际,更好地调整了不同主体间的利益关系,有利于维护社会的公平与正义,有利于实现王国的和平与安宁。另一方面,王室法庭和巡回法庭是在实际的司法过程中对各地的习惯法进行了整合,促进了适用于整个王国的普通法的萌芽和成长。

从普通法发展的实际进程来看,诺曼征服之后的数位国王建立了较为强势的王权,而亨利二世则依靠强势的王权整合了王国内的法律,推动了诺曼法和英国原有的罗马法以及盎格鲁·撒克逊习惯法的融合,孕育了普遍适用于整个王国的普通法。正如英国法学家密尔松所说:"普通法是在英格兰被诺曼人征服后的几个世纪里,英格兰政府逐步走向中央集权和特殊化的进程中,行政权力全面胜利的一种副产品。"①显然,正是由于诺曼征服之后建立的强势王权,英国才实现了对王国法律的整合,发展出了普通法,可以说普通法是诺曼征服的产物。普通法的历史渊源可以追溯到盎格鲁·撒克逊时期,甚至能够追溯到罗马不列颠时期。因此,统一的封建君主国是孕育普通法的现实基础,罗马法和盎格鲁·撒克逊习惯法以及诺曼法为英国普通法的发展提供了深厚的法律渊源。

第三节　普通法形成过程中的罗马法因素

很多法学家和法律职业者认为罗马法几乎没有对英国法律的发展产生

---

① ［英］S.F.C.密尔松:《普通法的历史基础》,李显东等译,中国大百科全书出版社1999年版,第3页。

什么影响,尤其是普通法法官和律师们一直以来完全忽视了罗马法对英国法律发展的影响。① 普遍认为英国在亨利二世开启的司法改革过程中,逐渐发展出了独特的普通法。这场司法改革重点是在王权主导下对王国内原有习惯和法律进行整理汇编。因而,英国与欧洲大陆研习与适用《查士丁尼民法大全》不同。这是对英国法律发展的重大误解。

实际上,从罗马征服不列颠岛以后,罗马法对英国法的影响就一直存在。在诺曼征服之前,自公元1世纪以来,不列颠岛先后经历了罗马人和盎格鲁·撒克逊人等力量的统治。罗马人统治时期,罗马法成为调整不列颠社会利益关系的主要依据,如约克就存在适用罗马法的法庭,著名的罗马法学家乌尔比安(Ulpian)是其中的法官之一。罗马人撤出之后,盎格鲁·撒克逊人进入了不列颠;他们一方面带来了盎格鲁·撒克逊习惯法,另一方面还积极地继承了罗马法。596年,圣奥古斯丁衔教皇格列高利一世(Pope Gregory I)之命来到不列颠传教,罗马的影响再度进入不列颠。大约在600年,皈依基督教的肯特国王埃塞伯特(Ethelbert)按照罗马法制定了其王国的法律。从7至11世纪,通过神职人员的努力,罗马法知识在不列颠岛上得以存续,其间在约克的教堂学校中一直进行着罗马法的研习。② 埃塞伯特制定的法律是英国历史上第一部成文法,由于其统治与查士丁尼处于同一时期,埃塞伯特很可能已经知晓了东罗马帝国皇帝广泛而卓有成效的立法③,而这时罗马法已经最终定型,英国法律才刚刚迈出第一步。④ 盎格鲁·撒克逊人仿照先进的罗马法订立了英国第一部成文法,开创了英国借鉴罗马法编纂本土法律的先河。此外,英国还依靠神职人员长期地维系了对罗马法的教授和研习,这有利于

---

① T.F.T.Plucknett,"The Relations between Roman Law and English Common Law down to the Sixteenth Century:A General Survey",*The University of Toronto Law Journal*,Vol.3,No.1(1939),p.24.

② Charles P.Sherman,"The Romanization of English Law",*The Yale Law Journal*,Vol.23,No.4(1914),pp.318-319.

③ 查士丁尼在527年至565年间为东罗马帝国皇帝,其在位期间致力于恢复罗马帝国的法律和君权。于529年颁布施行了《查士丁尼法典》(*Code*),收集整理了自《十二铜表法》以来上千年的法律,随后又陆续编纂颁布了《学说汇纂》(*The Digest*)、《法学阶梯》(*The Institutes*)以及《新律》(*The Novels*)。《学说汇纂》收录了50余种法学著作,主要收录的是法学家盖尤斯和乌尔比安的著作;《法学阶梯》是仿照盖尤斯的《法学阶梯》为初学罗马法者编纂的教科书;《新律》是对查士丁尼在位期间颁布的敕令等所做的整理汇编。534年《查士丁尼法典》修订后再度颁布,这四部法律文献被合称为《查士丁尼民法大全》,较为完整地保存了罗马自颁布《十二铜表法》以来的法律和法学成果。参见 Olga Tellegen-Couperus,*A Short History of Roman Law*,London:Taylor & Francis e-Library,2003,pp.141-147。

④ Frederic W.Maitland,Francis C.Montague and James F.Colby,*A Sketch of English Legal History*,New York and London:G.P.Putnam's Sons,1915,pp.3-4.

盎格鲁·撒克逊习惯法和罗马法的融合。

827 年,盎格鲁和撒克逊各王国统一成"英格兰王国"(Angle-land, the kingdom of England),后世的诸多法律源于这一时期的立法活动。其中,阿尔弗雷德大王(Alfred the Great, 871—899)的贡献尤为突出。他不仅搜集整理了原有的习惯法,而且依据罗马法订立了许多新的法律。阿尔弗雷德年轻时曾经到过罗马,在成为国王之后,他将大陆的罗马法引入英国。忏悔者爱德华(Edward the Confessor, 1042—1066)早年被流放到大陆,在其统治英国之后继承了阿尔弗雷德时期的法律,罗马法的影响得以延续。而爱德华时期的法律成为后世英国普通法的基础。① 显然,在罗马人撤离不列颠之后,罗马法却没有撤离不列颠。罗马法不仅以知识的形式持续存在,而且在盎格鲁·撒克逊人的立法中不断地被继承。而征服者威廉在征服英国之后则宣誓遵循爱德华时期的法律,以赢得臣民的支持。威廉的继承人也都在加冕之时做出了同样的宣誓,这使得罗马法和盎格鲁·撒克逊习惯法成为后世普通法的重要法律渊源。

亨利二世司法改革使得罗马法的影响不仅没有消亡反而能够得以更好地延续。首先,对英国先前法律和习惯的整理必然包含着许多罗马法的因素。其次,亨利二世司法改革在整理和适用盎格鲁·撒克逊法的同时也吸收了诺曼法,所谓诺曼法就是诺曼底的习惯法,而"诺曼底的习惯在 12 世纪晚期至少是通过法国罗马化了(Romanized)"。② 再次,亨利二世时期直接引入罗马法的法律文本以弥补英国法的不足,适应了司法改革和普通法发展的需要。"中世纪第二大海事法典《奥列隆法》(the Laws of Oleron)经由亨利二世的妻子吉耶纳公爵爱丽娜(Eleanor, Duchess of Guienne)或者亨利二世的儿子理查一世(Richard I, 1189—1199)引入英国,而《奥列隆法》是在罗马法的基础上编纂而成。"③显然,在普通法的法律渊源中,无论是英国原有的习惯和法律,还是诺曼法都是在罗马法的滋养下发展而来的;而且亨利二世为弥补固有法律的不足还直接引入了罗马法的部分内容。

普通法除了在内容上继承了罗马法之外,在形式上也受到罗马法很大

---

①　Charles P. Sherman, "The Romanization of English Law", *The Yale Law Journal*, Vol. 23, No. 4 (1914), pp. 319-322.

②　T. F. T. Plucknett, "The Relations between Roman Law and English Common Law down to the Six-teenth Century: A General Survey", *The University of Toronto Law Journal*, Vol. 3, No. 1 (1939), p. 28.

③　Charles P. Sherman, "The Romanization of English Law", *The Yale Law Journal*, Vol. 23, No. 4 (1914), p. 323.

的影响。罗马法的研究在波伦纳(Bologna)等地复兴之后,研习罗马法的潮流很快传入英国,"1149 年,威卡留斯(Vacarius)和坎特伯雷大主教提奥伯立特(Theobald)一起来到英国,威卡留斯被任命为牛津大学的教授,其以意大利注释学派的方法讲授罗马法。威卡留斯还出版了一部《查士丁尼法典》和《学说汇纂》的缩本(abbreviation)以供贫穷的学生使用……12 世纪中期,查士丁尼和反查士丁尼的罗马法资料在英国得以传播。及至 13 世纪,罗马法的研习传入剑桥大学;此后一直到 17 世纪,英国大学对罗马法的研习仅次于神学。"①可见,对罗马法研习的大潮从意大利迅速波及英国,并在牛津大学和剑桥大学扎下根基,成为仅次于神学的独立学科。英国法律的发展长期受到罗马法的影响,新兴的普通法在系统化和理论化过程中也大量吸纳了罗马法因素。亨利二世时期的最高司法官格兰威尔和亨利三世时期的最高司法官布拉克顿为此做出了卓越的贡献。

格兰威尔撰写了名为《论英格兰王国的法律与习惯》(*Treatise on the Laws and Customs of the Realm of England*)的普通法著作,这是第一部记述普通法的令状等程序的作品,开启了普通法系统化的进程。格兰威尔精通罗马法和教会法②,他的著作富有罗马法的色彩。"其作品的开篇序言就是仿照《法学阶梯》的序言写就的,紧接着在记述普通法令状制度时行文的布局是罗马式的(Romanesque)……格兰威尔作品中最具罗马风格的部分是对契约的分类,不过其记述的是纯粹英国的法律。"③从格兰威尔的作品可以看出罗马法形式的深刻影响。

布拉克顿则开始对罗马法形式和内容进行全面吸纳及运用。布拉克顿的《论英格兰的法律与习惯》(*On the Laws and Customs of England*)一书比格兰威尔的作品更进一步,格兰威尔所做的仅仅是对普通法令状等程序的汇编,布拉克顿则真正开始运用罗马法的理论和编纂体例对普通法进行了系统化的分类整理。尽管人们关于布拉克顿的评述纷繁复杂甚至充满矛盾,对他的作品能否展现 13 世纪罗马法影响英国法发展的真实状况存在着诸多质疑。但是,罗马法对英国法的影响不容否认。

---

① Charles P.Sherman, "The Romanization of English Law", *The Yale Law Journal*, Vol.23, No.4 (1914), pp.322–323.

② Richard O'Sullivan, "Natural Law and Common Law", Transactions of the Grotius Society, Vol. 31, *Problems of Public and Private International Law*, Transactions for the Year 1945, p.120.

③ T.F.T.Plucknett, "The Relations between Roman Law and English Common Law down to the Sixteenth Century: A General Survey", *The University of Toronto Law Journal*, Vol.3, No.1(1939), pp.32–33; Charles P.Sherman, "The Romanization of English Law", *The Yale Law Journal*, Vol. 23, No.4(1914), p.325.

　　事实上,布拉克顿在整理汇编判例时必有所取舍,并加入了自己的理解。他正是高屋建瓴地以罗马法理论驾驭了繁杂的英国法判例。此外,布拉克顿对普通法原始卷宗的掌握也得天独厚,"在当时的英国,法官一般都从担任法官助手开始职业生涯,法官去世后他就可以占有其所审理案件的卷宗。布拉克顿也不例外,他继承了法官雷利(Raleigh)和帕提夏尔(Pattishall)的卷宗。"①布拉克顿精通教会法和罗马法,②并因其法官生涯而掌握了英国普通法的第一手资料,这使他能够率先对英国的法律制度进行较为系统而全面的整理、研究及编纂。

　　布拉克顿无论是对令状等程序的记述,还是对法律本身的记述都充满了罗马法色彩,甚至其作品的编写体例都模仿了《查士丁尼民法大全》,并对整个普通法发展产生了重大而深远的影响。"布拉克顿的《论英格兰的法律与习惯》成为后世标准的法律教科书。甚至在三个世纪之后,16世纪顽强的普通法卫士爱德华·柯克爵士在其关于普通法的论著中,将布拉克顿的作品作为现存法律的权威进行了显著地运用。"③尽管梅特兰认为,"在13世纪行将结束之前,罗马法和教会法都失去了对英国世俗法律发展的控制权",④但罗马法的影响并未中断。爱德华一世(Edward I,1272—1307)时期仍然进行了诸多立法,并因此获得了"英国的查士丁尼(English Justinian)"的称号。"王室法庭扩展了其司法权,税赋已向王国所有臣民的财产征收。及至1300年,国王不仅影响法庭的诉讼程序,还切实地影响了实际法律规则的演变,这些法律的效力达至王国内的每一位臣民。"⑤从亨利二世发起司法改革到爱德华一世进行卓有成效的立法,普通法已渐趋成熟,王室法庭和巡回法庭的司法管辖权已经深入到王国的各个地区,形成了较为完备的司法程序和法律体系。

　　普通法的成长过程始终伴随着罗马法因素。从普通法的发展历程来

①　H.G. Richardson, "Azo, Drogheda, and Bracton", *English historical review*, Vol. 59, No. 233 (1944),p.27.

②　布拉克顿曾是牛津大学的一名法学学生,并获得了罗马法和教会法的博士学位。参见 Charles P.Sherman, "The Romanization of English Law", *The Yale Law Journal*, Vol. 23, No.4 (1914),p.326。

③　Charles P.Sherman, "The Romanization of English Law", *The Yale Law Journal*, Vol. 23, No.4 (1914),p.326.

④　Sir Frederick Pollock and Frederic William Maitland, *The History of English law before the Time of Edward I*, Vol.1, Cambridge:Cambridge University Press, 1898, p.197.

⑤　Joseph R.Strayer, *On the Medieval Origins of the Modern State*, Princeton:Princeton University Press, 1970, p.44.

看,盎格鲁·撒克逊法和诺曼法都受到了罗马法的深刻影响,而这二者正是普通法最初的法律渊源,后世普通法的判例就是从这两个源头发展而来。从这个意义上而言,普通法先天地具有罗马法因素。从亨利二世之后的普通法成长来看,一些罗马法的法律制度被直接引入英国,弥补了传统的法律制度的不足。普通法在汲取罗马法营养的过程中逐渐得以完善。从英国法学的发展来看,12、13 世纪以牛津和剑桥两所大学为基地进行的罗马法的教授和研习直接引入了罗马法,这不仅有助于英国法学的发展,而且使普通法的系统化成为可能,普通法由此获得了更多的确定性,这有利于普通法在整个王国范围内的适用。

诺曼征服之后,英国确立了较为强势的王权,实现了对王国的有效统治。依靠强势王权,亨利二世进行了司法改革,设立了王室法庭和巡回法庭,将令状制度和陪审团制度引入司法领域,对王国内的习惯法进行了整合。由此,英国逐渐发展出了普遍适用于整个王国的普通法。通过先进的司法诉讼方式,亨利二世逐渐扩展了王室法庭的司法管辖权,相应地挤压了封建领主法庭和郡法庭的司法管辖权,这在很大程度上促进了国王的进一步集权,能够更为有效地实现对整个王国的统治。同时,在王室法庭司法过程中形成的普通法也为臣民们提供了更为合理的司法救济,借助于罗马法的体系和理论,在格兰威尔和布拉克顿等人的努力下,普通法实现了进一步的完善,逐渐趋于成熟。亨利三世时期王权已有了很明显的"公权"色彩,国王可以利用完善的法律体系和较为完备的司法机构为王国内的臣民提供普遍的司法救济,主持普遍的公正,建立并有效地维持王国内的秩序,普通法成为调整社会中不同主体利益关系的主要途径,这是英国传统法治形成的法律基础。

亨利三世时期,英国的王权超越了日耳曼封建君主的权能,国王具有了近代君主的部分特征。然而,国王的权能并非无限扩张且没有边界,而是要受到诸多的限制。王权天然地倾向于膨胀,而教俗贵族为了维护自身的利益必须尽力遏制王权的膨胀,以使国王回到封君封臣的传统之下。反对国王集权的叛乱在威廉一世之后的一个世纪屡有发生。亨利二世时期由于推行司法改革侵夺了贵族的司法权,也激起了贵族的武装叛乱。[①] 显然,贵族成为国王集权的最大障碍,他们在强势王权之下保持了相对的独立性,尽力抵制王权的膨胀。一旦王权处于弱势,贵族则积极主张自己的权益,甚至以

---

① Albert Beebe White, *The Making of the English Constitution*, New York and London: G. P. Putnam's Sons, 1925, pp.258-263.

武力迫使国王签署限制王权的法律。《大宪章》和《牛津条例》皆为贵族反对王权膨胀的成果,实质上是贵族依靠联合起来的武力优势为国王划定了权力的边界,并且提供了明确的法律依据。国王和教俗贵族之间存在着持久的张力,英国的有限王权正是在这种持久的张力中得以长期存续的,而有限王权是英国传统法治形成的根本前提。

第二章　有限王权与传统法治的形成

　　自盎格鲁·撒克逊时期以来,英国就存在"王在法下"的政治传统,这是原始军事民主制的遗留。诺曼征服之后,英国虽建立了较为强势的王权,但多数国王都遵守了这一传统。在完成封建化之后,"王在法下"成为英国封建社会的重要政治原则。由于亨利二世司法改革剥夺了很多封建领主的司法权,王国内爆发了武装叛乱,归根结底就在于亨利二世打破了传统的封建秩序,国王拿走了封建领主的司法权力和经济收入。约翰王在位时期长期对法国用兵,对法战争耗费了巨额财富,征收赋税的额度和频率远远超过了既有的封建习惯,这最终导致了贵族的武装反抗。为了更好地保障自身的权益,1215 年贵族们强迫国王签署了《大宪章》这一文件。《大宪章》将传统与现实中国王和贵族权益的边界用成文法的形式确定下来,这一文本从很多方面限制了国王作为最大领主的封建权利以及作为一国之君的各项权力。《大宪章》将"王在法下"传统成文化了。经过修改之后,1225 年《大宪章》成为后世反复确认的版本。

　　虽然《大宪章》将王权进行了细致和全面的限定,但是保障其实施的现实基础并不牢固。能否在实际的政治活动中将王权约束在法律之下,取决于贵族和国王的力量对比。亨利三世就是在成年之后试图突破《大宪章》的束缚,贵族们再次发动了武装反抗,并迫使其签署了《牛津条例》。为了保证国王受到确定的约束,贵族们于 1265 年召开了议会,并且引进了郡和城市代表参加议会。1295 年,平民进入议会成为定制,这通常被认为是英国议会真正形成的标志。1377 年,下院产生了第一位议长,这意味着下院开始独立议事,议会成为贵族和平民与国王利益博弈的合法平台。早在1322 年,议会就颁布了《约克法令》,这开启了英国特有的"王在议会"原则的发展进程,国王的集权和教俗贵族对王权的制衡相伴而行。最终,英国形成了国王与议会共同分享王国治理权的格局,这使得英国的有限王权传统得以长期存续,进而促进了英国传统法治的形成。

第一节　"王在法下"传统与《大宪章》的订立

　　盎格鲁·撒克逊政治传统的核心是"王在法下",即教俗贵族和民众对既有习惯和法律有着普遍的认同,法律先于王权而存在,国王不得轻易变更法律。每一位撒克逊国王在教俗贵族建议之下订立新法之时,首先必须重新确认既有的法律。① 诺曼征服之后的国王们继承了这一传统,威廉一世在入主英国时宣誓,他将持守王国先前存在的法律,尤其是忏悔者爱德华时期的习惯和法律。从亨利一世至亨利三世每位国王都做了同样的宣誓,②以使其王权获得合法性。尽管诺曼征服之后,威廉一世及其继承者逐渐确立了强势的王权,实现了对王国的有效统治,但教俗贵族为维护自身利益对王权膨胀的长期抵制使得诺曼征服之前的"王在法下"传统在新的历史条件下得以延续。

征服者威廉在入主英国之后确立了异于欧洲大陆的封建原则,即我的附庸的附庸还是我的附庸。由此,国王的直接封臣和间接封臣都要宣誓效忠国王,都有对国王应尽的封建效忠义务,这样的封君封臣关系使得国王能够拥有较为强势的王权,从而实现对国家的有效统治。亨利二世推行的司法改革进一步侵夺了封建领主的司法权。因此,在政治统治权力和司法权领域,英国的封建领主处于弱势地位。然而,在英国的封建原则之下,封建领主在领地内一直享有较为完整的经济权力。"英国的国王也和他下面的封建主一样,应该靠自己的收入过活,即国王只能依靠王田收入为生。对于其他封建主控制的土地、人民,国王很难向之谋取收益。"③显然,国王的主要收入是自己领地上的产出。至于赋税,除了从封臣那里收取封建贡赋和少数特定的赋税之外,很难征收额外的赋税。

国王的用度和王室机构运转的费用主要来自于国王自己的领地,国王可以支配的物质资源受到传统的封建性赋税习惯的限制。由于缺乏足够的赋税收入,国王无法供养较大规模的军队进行长期作战,更无法建立常备军。因此,国王的军事力量主要源于封地上提供的封建骑士役,这是英国国王在集权道路上存在的软肋。经济收入的局限和常规军事力量的缺失使得王权在政治和司法领域的膨胀受到束缚。一旦国王过分集权破坏了原有的封君封臣关系,侵害了封建贵族的传统利益,贵族们往往联合起来抵制王权,甚至与国王兵戎相见,以迫使国王回到惯常的秩序中。

威廉一世及其后的多数国王都致力于巩固和强化王权,一旦国王在集

① Sir John Fortescue, *The Difference Between an Absolute and Limited Monarchy*, London, 1714, p. Introduction, 21.

② Sir John Fortescue, *The Difference Between an Absolute and Limited Monarchy*, London, 1714, pp. Introduction, 26-28.

③ 朱寰主编:《亚欧封建经济形态比较研究》,东北师范大学出版社 2002 年版,第 22 页。

权道路上走得太远,贵族们则会联合起来反抗国王。威廉是在征服战争进程中对诺曼贵族进行分封的,每征服一地就将其分割封授给随军贵族,往往将同一地区分授给数位贵族,这使得每一位封臣的领地都分散在不同地区,而且没有一位封臣的领地面积超过国王的直接领地。这消除了任何一位贵族在领地中割据的可能,更没有哪一位贵族能够对抗国王。由此,贵族们只有联合起来才能和国王抗争,并在取得军事优势时能够遏制王权的膨胀。国王和贵族之间的这种力量对比在诺曼征服之后成为常态,国王无法凌驾于所有贵族之上,贵族也无从拥兵自重割据地方,更没有贵族能够废王自立,这是英国有限王权的现实基础。

　　诺曼征服之后,每一位国王都在加冕誓词中承诺遵守忏悔者爱德华时期的法律,但这仅仅是外在的形式,是国王为了获得贵族和民众的认同,为了彰显其统治的合法性而做出的承诺。如果国王违背了习惯或传统的法律,没有任何和平的措施能够要求国王纠正非法的行为,只能是贵族联合起来才能抵制国王的不合传统的行为,甚至要求国王颁布成文的法律或敕令承诺尊重传统的封君封臣关系。斯蒂芬在加冕之时为获得教俗贵族的支持,被迫赋予贵族诸多的权利和自由。① 1135 年亨利一世去世之后,英国陷入了动荡与危机之中,表面上看是王位继承问题导致了王国的混乱,实质上是英国王室集权的趋向导致了贵族和其他社会力量的不满,再加上斯蒂芬自身统治能力欠缺,贵族们趁机迫使斯蒂芬承诺保障他们的权利,以遏制王室集权的进一步发展。

　　如果说在斯蒂芬时期国王与贵族尚能和平相处,及至约翰王时期,因为国王的大肆征税,贵族则与国王兵戎相见。由于长期对法国用兵,贵族的军役负担加重。约翰王数次兵败大陆,并遭到教皇的巨额勒索,这激起了贵族的强烈反抗。② 1215 年年初,贵族在斯坦福(Stamford)武装聚集,从斯坦福行军至伦敦,市民为贵族们打开了城门。起初,这仅仅是大贵族追求他们私人利益的叛乱,但不久教会人士、中小封建贵族、城镇居民都参与进来。从5 月中旬到 6 月中旬,在斯蒂芬·兰顿(Stephen Langton)③的推动下,男爵们纯粹封建性质的要求转变为整个王国的要求。④ 显然,约翰王的苛捐杂

---

① Edward Coke,*The History of the Successions of the Kings of England*,London,1682,p.9.
② James Heath,*England's Chronicle,or,The lives and Reigns of the Kings and Queens*,London,1699,pp.102-107.
③ 斯蒂芬·兰顿时任坎特伯雷大主教。
④ [美]克莱顿·罗伯茨、戴维·罗伯茨、道格拉斯·R.比松:《英国史》,潘兴明等译,商务印书馆 2013 年版,第 141 页。

税激起了王国内贵族和普通民众的普遍反对,一旦有大贵族奋起抗争,其他阶层则迅速响应。

1215 年 6 月 15 日,约翰王迫于贵族和民众的压力,签署了旨在限制王权、保护贵族和自由民权利的《大宪章》,全文共六十三条。《大宪章》虽然是贵族不满约翰王的穷兵黩武和横征暴敛从而武力反抗的成果,但是其根源于盎格鲁·撒克逊"王在法下"的有限王权传统。吴于廑先生认为由贵族反抗行动产生的《大宪章》不是一项新制定的法律,而是由臣属同意的对古老法律的肯定。① 因此,约翰王迫于贵族的压力签订的《大宪章》只是将既有的法律原则和"王在法下"传统成文化了。约翰王对这样一份事无巨细地约束王权的《大宪章》十分不满。即使迫于现实签署了这一法律文件,约翰王并不愿遵守《大宪章》中的各种限制性规定。在签署《大宪章》两个月后,约翰王就依靠教皇英诺森三世的支持拒绝接受《大宪章》,英诺森三世也公开宣布《大宪章》无效。贵族们很快集结力量准备再次反抗约翰王,不过由于约翰王的突然病故才避免了国王和贵族之间新的武装冲突。

1216 年,约翰王之子亨利三世继承王位,其继位之初就分别于 1216 年、1217 年以及 1225 年先后三次确认《大宪章》,无一不强调英国传统的自由和习惯法。毋庸置疑,1215 年和 1217 年的《大宪章》都仅仅是对古代习惯法的总结,反抗约翰王的运动也仅仅是要求国王确认亨利一世颁布的《自由宪章》,并恢复忏悔者爱德华国王时期的法律。② 亨利三世及其摄政者显然要比约翰王更能灵活而积极地对待《大宪章》,面对一触即发的武装叛乱,亨利三世于 1216 年和 1217 年连续两次确认《大宪章》,安抚了贵族,稳定了王国的局势,但同时又将其做了大量的删减。这不只是贵族的胜利,也是亨利三世的胜利。贵族要在《大宪章》之下履行对国王的效忠和封建义务,而亨利三世又趁机删减了一些限制国王封建权利和国家权力的条款。因此,《大宪章》已经不仅是贵族和其他自由人利益的保障,也成为了国王亨利三世的护身符。自此之后,《大宪章》不仅是厘定国王与贵族权利义务的根本依据,而且还成为弱势国王维护王权的合法性渊源。

亨利三世及其摄政者在 1216 年确认《大宪章》时将其内容作了大幅度的删改,将 1215 年《大宪章》中的六十三条删减为四十二条,1217 年将其增为四十七条,1225 年,亨利三世又将其合并为三十七条。与 1215 年《大宪

---

① 吴于廑:《吴于廑文选》,武汉大学出版社 2007 年版,第 321 页。

② Ellis Sandoz ed., *The Roots of Liberty: Magna Carta, Ancient Constitution, and the Anglo-American Tradition of Rule of Law*, Indianapolis: Liberty Fund, Inc., 1993, p.37.

章》相比，1216年《大宪章》首先删除了第12、14、15以及第25条等限制国
王征收封建贡金和赋税的内容，其次删除了第45、48至第52条等规范国王
任命各类官员以及清除国外的武装力量的内容，再次删除了第52、53以及
第55条等限制国王司法权的内容，最后删除了第61至第63条即国王承诺
接受贵族组成的25人委员会与4人常设委员会的监督，以及国王承诺赦免
武装叛乱者并保障英国教会和臣民永享自由与和平的内容。① 1217年和
1225年的文本都基本上保持了1216年《大宪章》的内容。

　　1225年《大宪章》是后世历代国王反复确认的文本，被后世确定为英国
宪法发展的开端，亨利三世在1237年再次确认了1225年《大宪章》，爱德华
一世（Edward I,1272—1307）国王于1297年予以确认，直到亨利四世
（Henry IV,1399—1413）时期《大宪章》还得到了反复确认，柯克统计《大宪
章》一共被确认了30余次。② 梅特兰认为《大宪章》是加在国王身上的镣
铐，然而一旦有机会国王就会尽其所能地挣脱这一镣铐，英国人总是不厌其
烦地花费重金促成国王再次确认《大宪章》。"国王要受到其前人妥协的约
束"作为一个原则经历了漫长的过程才确立下来。③ 王权自然倾向于超越
法律，历代国王数十次确认《大宪章》恰恰证明《大宪章》不能持久地得到遵
守，其能否得到遵守取决于国王和贵族之间的力量对比，这也反映了国王和
贵族中任何一方都无法彻底凌驾于另一方之上，否则国王不会挣脱了"镣
铐"再屡屡回到其下，贵族也无需反复诉诸这一并不坚实的"镣铐"。正因
为国王和贵族之间力量对比的不确定性，《大宪章》才被反复确认达30余
次。国王取得强势地位时就会抛开《大宪章》进行统治，而不必依靠《大宪
章》来获得王权的合法性与贵族的效忠。贵族处于优势地位时则尽力将王
权置于《大宪章》之下，在维护他们自身利益的同时维护了"王在法下"的有
限王权传统。

　　1225年《大宪章》对国王封建权利和统治权力进行了多方面的限制：

　　首先，在其开篇就是限制国王封建权利的内容。第2条明确限定："伯
爵的单一或多位继承人需缴纳100镑即可继承伯爵的全部遗产，男爵的单
一或多位继承人也是缴纳100镑即可继承男爵的全部遗产，骑士的单一或
多位继承人只需缴纳100先令即可继承骑士的全部遗产，其余按照固有的

① Harry Rothwell ed.,*English Historical Documents*,*1189—1327*,London:Eyer and Spottiswoode,
　1975,pp.328-346.
② Edward Coke,*The Fifth Part of the Reports of Sir Edward Coke*,London,1658,p.64a.
③ F.W.Maitland,*The Constitutional History of England*,London:Cambridge University Press,1908,
　pp.15-16.

采邑习惯能够少缴的就少缴。"①依据《大宪章》第 2 条,伯爵和男爵等贵族的继承人只需缴纳合法合理的继承金,即缴纳和领地收入相称的继承金,不再承担不确定的继承金,这实际是回归和宣示古老的普通法。如果伯爵或男爵等贵族没有那么多的领地,甚或国王在封赐贵族时并未封授相应的领地,那么要求这类贵族的继承人缴纳继承金就背离了普通法。如果没有骑士领,骑士的继承人就无需缴纳继承金,伯爵和男爵如果没有伯爵领或男爵领,其继承人也无需缴纳继承金。② 对于贵族来说,《大宪章》第 2 条使得领地继承金的数额有了确定性,将贵族们对国王的封建义务以成文法的形式确定下来。

　　第 3 至第 5 条主要限定国王不得向贵族的未成年继承人索取超出习惯的赋税和劳役,国王作为监护人有义务保证被监护者的财产不受损毁,在监护关系存续期间必须拿出部分收益修缮被监护者土地上的房屋、磨坊等设施,在向被监护者归还土地时必须将犁和锄等生产工具一并归还。③ 显然,这一条是要求国王必须根据封臣领地的数量和收入适度地索取贡赋,以免他们受到压迫或失去维持其地位的必要的财产。国王要保证被监护人的财产不受损失也是普通法上的要求,在格兰威尔的著作中就已出现。作为监护人,看守贵族继承人的土地和其它财产不仅仅是国王的特权(prerogative),也是国王的义务。④ 在继承人未成年的情况下,国王有义务保护其财产的安全和正常收益,并且要保证其土地之上各类设施的完善和生产活动的正常进行。基于此,国王的监护权不仅仅是特权,还包括对封臣的保护义务。在被监护者成年之后,国王要将土地和基本的生产工具全部归还,这可以保证继承人接收土地之后可以很快地进行正常生产,并且免除了其沉重的税赋。国王在享有封建权利的同时要承担相应的封建义务。

　　第 10 条规定国王不得强迫任一骑士领或其它自由保有地提供超出习惯的力役。⑤ 限制国王在合理的限度之内收取贡金也是有着久远的历史根据,首先是在格兰威尔的著作中有对这一古老的法律的记载,其次在《法官明镜》(*Mirror of Justices*)中也有记载,这说明出现在《大宪章》中的这一规

---

① Harry Rothwell ed., *English Historical Documents*, *1189—1327*, London: Eyer and Spottiswoode, 1975, p.341.

② Edward Coke, *The Second Part of the Institutes of the Laws of England*, London, 1642, pp.8-9.

③ Harry Rothwell ed., *English Historical Documents*, *1189—1327*, London: Eyer and Spottiswoode, 1975, pp.341-342.

④ Edward Coke, *The Second Part of the Institutes of the Laws of England*, London, 1642, pp.12-15.

⑤ Harry Rothwell ed., *English Historical Documents*, *1189—1327*, London: Eyer and Spottiswoode, 1975, p.343.

定是普通法上固有的权利。不得索取过多的贡金和力役就避免了国王对土地保有者的勒索。① 可见,国王征收封建贡金的限度做出的规定是贵族努力的结果,也有证据证明贵族在合理的限度内向国王缴纳贡金是古老的普通法的内容,而且每一领地上的力役负担也不得超出采邑习惯上的限度,这保证了臣民免受国王的非法勒索。实际上,在普通法产生之前,这些对王权的限制就已经存在于习惯法中,只是贵族们利用武装反抗约翰王的时机将这些习惯法上对王权的限制成文化了。

与 1225 年《大宪章》相比,1215 年《大宪章》中包含着更多的将国王的封建权利和公共权力限制在法律与习惯之下的内容。1215 年《大宪章》中的第 12、14 以及第 15 条对国王向臣民征收的贡金做出了严格限定。除了赎买国王、国王长子受封为骑士以及国王长女出嫁之外,除非征得王国的普遍同意,国王不得征收其它贡金,而且上述三类贡金也要在合理的限度内征收。"为了获取王国内普遍的意见,我们将通过特许状召集大主教、主教、修道院长以及伯爵和其他贵族进行商议,特许状应在商议开始之前四十天由郡长和司法执达官送达各贵族手中,并且在特许状中应阐明召集贵族商议的事由。商议不会因为某些贵族的缺席而有延误。"②这一部分内容明确限定了国王征收贡金的封建权利,仅限于三种传统的情况下,国王才能在合理的限度内征收贡金。除非征得王国内普遍的同意,国王无权独立额外征收贡金,并详细地规定了国王召集教俗贵族商议事情的程序。

其次,《大宪章》对国王及其官员勒索臣民财富的现象进行了规范。第 15 条规定任何城镇和自由人不得被强迫在河流上修建桥梁和堤岸,而那些在先王亨利统治期间就已经有此义务的人除外。③ 在理查一世和约翰王在位时期,经常以国王的名义向臣民索取财富,来建造防波堤、城堡以及桥梁等设施,这有悖法律和正义。④ 显然,在《大宪章》订立之前,建设桥梁和堤岸已成为国王勒索压迫臣民的借口。因此,贵族要求在亨利一世统治时期没有这一义务的城镇和自由人现在也无需承担此义务,国王以修建桥梁和城堡等设施为由向无此义务的臣民收取钱财不具有合法性。

第 19 条规定国王的治安官(constable)和司法执达官如果不是立即支

---

①　Edward Coke, *The Second Part of the Institutes of the Laws of England*, London, 1642, p.21.

②　Harry Rothwell ed., *English Historical Documents, 1189—1327*, London: Eyer and Spottiswoode, 1975, pp.318–319.

③　Harry Rothwell ed., *English Historical Documents, 1189—1327*, London: Eyer and Spottiswoode, 1975, p.343.

④　Edward Coke, *The Second Part of the Institutes of the Laws of England*, London, 1642, p.29.

付价款就不得从任何人那里取得谷物或其它动产,除非出售者同意他们延迟付款。第 20 条规定当任何一位骑士愿意亲自提供防卫服务,或者因合理的原因不能亲自提供而由他人代为提供,国王的治安官不得强迫骑士为防务缴纳财物。第 21 条规定郡长和司法执达官以及其他官员不得擅自征用任何自由人的车马提供运输服务,除非他们按照定制向车马所有人支付价款,即两马一车每天十便士,三马一车每天十四便士。司法执达官不得征用任何神职人员、骑士以及其他贵族领地中的车马。无论国王还是国王的司法执达官都不得索取他人的木材用来修缮城堡或做它用,征得木材所有权人的同意时除外。①

显然,第 15、19、20、21 这几条都是要禁止治安官等国王的官员从任何人手中强取物品,或者是禁止违背物主意愿通过赊欠的方式购买物品,或者是禁止额外增加骑士为国王服役的负担。实质上,在《大宪章》订立之前,这些对国王及其官员的限定已经存在于习惯法中。只是在《大宪章》中,贵族才将国王及其官员的权力限制到非常细微的程度,国王的治安官在购买谷物及其它动产时必须立即付款,未经出售者同意不得延迟;国王的官员不得无故向骑士索要财物,也不能擅自征用自由人的车马作运输之用。在未经所有权人同意之前,国王甚至不能索取臣民的木材用来修缮城堡或作其它用途。这样的限制性规定已将国王及其各类官员视为商品贸易中无任何特权的主体,如其需要任何物品或力役必须及时支付价款。在这些条款的规定中,国王成为了一般意义上的民事行为主体,必须按照公平自愿的原则进行交易,国王及其官员被要求时刻尊重物品所有权人的意志,不得强买强卖。由此可见,国王诸多细小的行为都已被限定在法律的框架之下。

再次,《大宪章》对国王及其官员的司法权进行了限定。第 29 条规定未经同等地位之人依据王国的法律进行合法审判,任何自由人不得被逮捕、监禁、剥夺财产、逐出法外及流放,也不得被施以任何形式的伤害。不得向任何人出售、拒绝或拖延其应享有的权利和正义。② 自由人无论男性或女性都必须根据王国的法律——包括普通法、制定法(Statute Law)以及习惯法——才能被逮捕、监禁、剥夺财产以及逐出法外等。除非经由合法的诉讼,对国王和咨议会的请求或建议都不能导致臣民的自由受到限制。任何人的土地、房屋、不动产或者动产都不能在有悖《大宪章》或王国法律的情况下交

---

① Harry Rothwell ed., *English Historical Documents*, *1189—1327*, London: Eyer and Spottiswoode, 1975, p.344.

② Harry Rothwell ed., *English Historical Documents*, *1189—1327*, London: Eyer and Spottiswoode, 1975, p.345.

由国王占有。任何人在未抗辩之前都不应被剥夺生计。① 这一条主要申明了伯爵和男爵等各级贵族要由同等地位者审判的传统权利,这限制了国王对贵族的司法审判权,并且将保护的对象扩展到所有自由人。未经合法审判,任何自由人不得遭受国王及其官员所施加的任何形式的处罚,这是将王权限定在法律之下的重要一步。在这一前提下,国王则不能超越法律与合法的程序对任何一位自由臣民施加惩罚,这就将"王在法下"的原则具体化了。

第 14 条规定:"自由人不得因为轻罪被科以罚金,除非确定了犯罪的程度;犯了重罪要根据犯罪的程度来决定罚金的数额,但要保证其基本生存条件。商人也可按照同样的方式处理,但不能没收其货物。农奴也应以同样的方式被科以罚金,但要保全其生产工具。以上所有罚金必须在诚实而守法的邻居宣誓之后方得裁定。伯爵和男爵唯由同等地位的贵族方能根据其罪行的轻重对其克以罚金。神职人员犯罪只能根据其犯罪的程度对其世俗财产而不得对其圣俸科以罚金。"② 这一条是(贵族们)要限制和规范国王的司法权,对不同的犯罪主体皆不得随便科以罚金,即便是按照法律对犯罪主体科以罚金,也要保障其基本的生存条件不被剥夺。在规范司法程序的同时也考虑到对各个阶层的基本生存权利的保护。这显然是贵族积极地主张自身的自由和权利,以免受到国王不公正司法的侵害。

第 17 条规定国王的郡长、治安官、验尸官(coroner)以及司法执达官(bailiff)皆无权受理国王之诉。③ 实际上,贵族不愿看到国王的司法权过分膨胀,所以要严格限定受理国王之诉的主体,郡长和治安官等一般官员不得受理国王之诉,这在很大程度上规范了国王的司法权,否定了一些不合适的官员姑妄受理国王之诉的合法性。虽然规范司法权的内容比较靠后,但它却是影响最为深远的部分,其中第 29 条是英国乃至其它西方国家实现司法程序正义的根本依据。

最后,《大宪章》限制了国王任命各类官员和组织武装力量的权力。第 45 条规定只有那些深谙王国的法律并愿意遵守法律的人才可被任命为最高司法官(justiciar)、治安官、郡长以及司法执达官。④ 贵族们明确规定担

---

① Edward Coke, *The Second Part of the Institutes of the Laws of England*, London, 1642, pp.46–47.

② Harry Rothwell ed., *English Historical Documents*, 1189—1327, London: Eyer and Spottiswoode, 1975, p.343.

③ Harry Rothwell ed., *English Historical Documents*, 1189—1327, London: Eyer and Spottiswoode, 1975, p.343.

④ Carl Stephenson and Frederick George Marcham eds., *Sources of English Constitutional History*, New York and London: Harper and Brothers Publishers, 1937, pp.119–122.

任国王司法官员者一定要深谙并遵守王国的法律,这就排除了国王随意任
用司法官员的可能性,也有利于提高司法官员的职业素养。此外,贵族们还
要求国王辞退来自大陆的文武官员,并遣返王国之外的武装力量。第50条
国王承诺解除杰勒德(Gerard)及其亲信的职务,并保证以后不再任命此类
人员担任王国官员。第51条国王承诺驱逐外国的所有骑士、弩手(cross-
bowman)以及雇佣兵(mercenary)等,因为他们携带马匹武器而来会危害王
国的和平。① 贵族们要求国王遣返国外的文武官员和武装力量,显然是要
防止国王利用外部力量来镇压异己,这就切断了国王来自外部的援助,维系
了国王和贵族之间原有的力量对比态势。在第52条中,国王承诺任何人未
经同等地位者合法审判被剥夺土地、城堡、自由与权利时,我们会立即恢复
之。② 显然,贵族不仅在很多方面要规范司法程序,约束国王与司法官员的
司法权力,而且还要求国王对不公正司法造成非法侵害的案件及时采取补
救措施,恢复受害人的财产、自由和权利,出现枉法裁断时必须立即给予纠
正。贵族为保护自身权利与自由,对王国内司法制度与救济制度做出了非
常全面而完善的制度设计。

《大宪章》不仅保障封建贵族的权利,而且顾及到了王国内全部自由臣
民。③ 因为《大宪章》除详细申明了贵族的各种权利和自由之外,还将保护
的对象扩展到了贵族之外的其他自由民。《大宪章》不仅是国王和贵族之
间的私权利领域的封建契约,还是国王和臣民之间公权力领域的宪法性的
法律,这种对王权的约束超越了时代,对英国的历史发展具有持久的影响。
其中,《大宪章》中影响最为深远的内容是规定国王无权擅自征税,并规定
了大会议的召集办法,确立了"国王应受监督"和"民众有权合法地反抗国
王"的原则,并成立二十五位贵族组成的委员会监督国王的行为,其中四位
贵族组成常设性的委员会。④ 这使得限制国王的征税权合法化,从根本上
控制了国王的财政收入,王权的膨胀彻底失去了经济基础,征税权成为贵族
们悬挂在国王高贵头颅上的"达摩克利斯之剑",长期束缚了约翰王之后历

---

① Carl Stephenson and Frederick George Marcham eds., *Sources of English Constitutional History*,
New York and London: Harper and Brothers Publishers, 1937, p.123.

② Harry Rothwell ed., *English Historical Documents, 1189—1327*, London: Eyer and Spottiswoode,
1975, pp.321-322.

③ Harry Rothwell ed., *English Historical Documents, 1189—1327*, London: Eyer and Spottiswoode,
1975, pp. 32-33; D. A. Carpenter, "The Second Century of English Feudalism", *Past and
Present*, No.168(Aug., 2000), p.36.

④ Carl Stephenson and Frederick George Marcham eds., *Sources of English Constitutional History*,
New York and London: Harper and Brothers Publishers, 1937, pp.118,125-126.

代国王的手脚,这一利剑最终将国王查理一世(Charles I,1625—1649)送上断头台。《大宪章》也为议会的产生提供了法律依据,为民众反抗国王的暴政确立了法理前提。对国王征税权的限制以及民众可以合法地反抗国王是《大宪章》其它部分得以实现的保障。

《大宪章》暗含着国王必须遵守国家的法律和习惯法,文件中并无条文做此宣示,但实际上所有条文均使王权受到了特定的限制。法律并非仅仅出于国王的意志,如果无视作为王权基础的贵族意志,国王必将受到惩罚。① 作为最大的封建领主,国王并不愿意回到传统的封建原则和社会秩序之中。要保障贵族和其他自由民的权益和自由,就必然要削弱国王作为最大领主的封建权利和作为一国之君的权力,而贵族为保护自身的权益和自由必然极力将国王置于《大宪章》之下。在《大宪章》签订之后,贵族们联合反抗国王的集权又具有了当然的合法性。因此,《大宪章》成为后世贵族与国王博弈和斗争的确定性的法律依据,这为英国传统法治的形成奠定了基础。

第二节　《牛津条例》巩固了有限王权

1227 年,亨利三世宣布亲政,废除了一些先前颁布的特许状,并借口当时制定颁布这些特许状时自己还未成年,处于监护之下,既无法掌握自己意志也不能控制印玺。因此,这些特许状是僭越者制定颁布的,缺少合法的效力。这导致了咨议会的普遍不满,咨议会很多成员认为国王实际上是受到了权臣彼得·罗杰斯(Peter des Roches)的控制,于是他们要求国王重新确认原有的特许状。② 由于国王过分倚重法国贵族彼得·罗杰斯,最终导致了 1233 年至 1234 年的政治危机。反对国王重用罗杰斯的首领是彭布鲁克伯爵理查德(Richard,Earl of Pembroke),即亨利三世早年的摄政者威廉·马歇尔(William Marshal)的儿子,他们想要清除罗杰斯集团的影响。

然而,1234 年 4 月 16 日,理查德在爱尔兰被当地贵族杀害,事后查明是彼得·罗杰斯伙同数位咨议会成员以国王名义向爱尔兰贵族发去一封秘密书信,言明理查德背叛了国王,要求爱尔兰贵族将其逮捕或杀害。罗杰斯的行为激起了贵族们的普遍不满,1234 年 5 月,亨利三世在格洛斯特

---

① [美]迈克尔·V.C.亚历山大:《英国早期历史中的三次危机》,林达丰译,北京大学出版社2008 年版,第 129—130 页。

② B.Wilkinson, *The Constitutional History of England, 1216—1399*, Vol. 1, London：Longmans, Green and Company,1948,pp.96—97.

（Gloucester）和谈时承认自己被罗杰斯胁迫签署了违背事实的密信,并辞退了罗杰斯等咨议会成员,选任了新的贵族进入咨议会。① 亨利三世重用法国贵族,最终导致了贵族的联合抵制,尽管在 1216 年以后的《大宪章》中删除了不得任用外国人作为王室官员的内容,但是贵族们还是迫使国王罢黜了罗杰斯等人的职务。显然,贵族们一旦发现国王偏离固有习惯,则很快联合起来将国王置于传统之下,限制王权并非仅仅依据《大宪章》。1233 年至 1234 年危机之后,亨利三世又数度为准备对法战争而征税,屡次遭到贵族们的抵制。1258 年,亨利三世为其幼子争取西西里王位承诺向教皇缴纳 14 万马克的贡礼,这再次激起了贵族们的强烈反抗,西门·德·孟福尔（Simon de Montfort）领导贵族们发起了武装叛乱,迫使亨利三世签署了《牛津条例》,这是贵族武装反抗王权的又一成果,旨在防止亨利三世破坏《大宪章》。

《牛津条例》开篇记述了国王和教俗贵族手按《圣经》进行的宣誓,接着是国王的政法官（chief justiciar）、大法官（chancellor）以及咨议会成员等人的宣誓,他们誓言为荣耀上帝、维护国王与整个王国的利益而工作。宣誓之后,首先是选出伦敦主教等 12 名教俗贵族协助国王的咨议会每年召开三次议会,以处理公共事务（common business）;选出伍斯特（Worcester）主教等 24 名教俗贵族协助国王处理政务。其次是规定了政法官、理财法院法官、大法官等王室主要官员的任期,并且每年的年终要向国王和咨议会或上述 24 名教俗贵族述职,并规定了政法官、郡长、充公产业官（escheator）以及王室管家等官员的具体权力。最后重申每年要召开三次议会,以选任国王的咨议会成员并处理王国的公共事务,并规定了召开议会的具体时间,遇到特殊情况时,国王可以另外召集举行会议。由上述 24 名教俗贵族选任 15 人组成常设委员会,他们有权就王国的管理向国王提出建议,有权按照自己的意志匡正或革除所有不当之事,他们的权威要在政法官以及其他所有人之上。② 显然,《牛津条例》比《大宪章》更进一步地限制了王权,不仅议会的召开有了具体的时间安排,而且贵族们还设立了 15 人组成的常设性的监督王权的机构,并明确赋予了其至高的权威与具体的职责和权力,这使得贵族能够更好地参与王国的决策和治理。《牛津条例》将《大宪章》限制王权的原则具体化了,贵族和国王共同分享王国的治理权已经走向常态,并且有了

---

① 　B.Wilkinson, *The Constitutional History of England*, *1216—1399*, Vol.1, London: Longmans, Green and Company,1948,pp.99-101.

② 　Harry Rothwell ed.,*English Historical Documents*,*1189—1327*,London:Eyer and Spottiswoode, 1975,pp.361-366.

具体而细致的制度安排。

　　然而,亨利三世并不愿遵守《牛津条例》这一限制王权的法律。1264年,孟福尔领导的贵族们和国王之间再次发生了武装冲突,国王和王子爱德华被打败并遭到囚禁。随后,孟福尔主导召开了英国历史上第一次真正意义上的议会,参加议会者除教俗贵族之外,还有骑士和市民代表,这是骑士和市民第一次进入王国的议会。尽管有贵族坚持认为只有国王才有权主持召开议会,并以此质疑孟福尔召开议会的合法性,且骑士与市民也因势单力薄而无法影响议会的进程和决策,但是允许骑士与市民代表参加议会商讨王国事务无疑是英国政治统治模式的巨大进步,这为后世英国议会上下两院结构的孕育和发展奠定了基础,国王想要凌驾于议会和法律之上则更加困难。

　　从约翰王到亨利三世,“王在法下”传统经由《大宪章》和《牛津条例》更加具体化了,有了成文法律的依据与相应的制度安排。正是在这一前提下,亨利三世时期的大法官布拉克顿曾多次阐明法律使国王成其为国王,无法律之处则无国王。① “如国王不依法律而统治,国王必须将法律赋予的权力归还予法律。没有法律的地方就没有国王。”②法律是先于国王而存在的,王权基于法律而产生,每一位国王必须在加冕礼中宣誓遵守先前的法律才能获得普遍的认同。法律是国王权力的合法性渊源,是其得以产生和存续的基础。遵守王国的习惯和法律,国王才能够得到臣民的认同,其统治才能够具有权威性、有效性和持续性。法律具有独立的权威,超越了国王的意志,法律作为国王权力的渊源在赋予其合法性的同时,也给定了其边界。

　　国王在治理国家的过程中要受到法律限制,“国王除依法行事之外,不得做任何事”。③ “善治其国者需要法律和武力,二者兼具,在战争与和平时期皆可达于秩序。二者相辅相成、不可分割,如果武力不足以对抗敌人,王国则失去防卫;如果国王不能有效地实施法律,正义将不复存在,将没有人可以给予公正的判决。”④显然,国王必须善用武力并依法而治,才能维护王国的秩序和正义。国王受到法律的限制在实践中主要表现为国王受制于贵

---

①　Henry de Bracton, George E. Woodbine ed., Samuel E. Thorne tr., *Bracton on the Laws and Customs of England*, Vol.2, Cambridge: Harvard University Press, 1968, pp.33, 110, 306.

②　Henry de Bracton, George E. Woodbine ed., Samuel E. Thorne tr., *Bracton on the Laws and Customs of England*, Vol.2, Cambridge: Harvard University Press, 1968, p.33.

③　Henry de Bracton, George E. Woodbine ed., Samuel E. Thorne tr., *Bracton on the Laws and Customs of England*, Vol.2, Cambridge: Harvard University Press, 1968, p.305.

④　Henry de Bracton, George E. Woodbine ed., Samuel E. Thorne tr., *Bracton on the Laws and Customs of England*, Vol.2, Cambridge: Harvard University Press, 1968, p.19.

族,贵族通过咨议会对国王加以限制。在现实中,国王要维持罪恶的不公平状态或者宣布非正义之事是行不通的①。只有教俗贵族才能有现实的力量制约国王,将其真正置于法律之下,避免国王凌驾于法律之上带来罪恶和非正义。

实质上,从盎格鲁·撒克逊时期以来,国王和贵族组成的议事机构皆不轻言立法。贵族和民众对既有的习惯和法律有着很强的认同,国王继位之后多以宣布遵循既有的法律来获得其统治的合法性。亨利二世司法改革之后,王室法庭和巡回法庭在司法实践中对王国内的习惯和法律进行了整合与完善,尽管这些法庭在协调统一各地习惯和法律时创制了新的法律,但是为了得到各地贵族的封建法庭和郡法庭的认同,往往申明其司法活动仅仅是对既有习惯和法律的整理。因此,英国人普遍认为议会以及诸多王室法庭和巡回法庭在实践中皆是宣告法律,而非创制法律。

亨利三世统治后期,国王没有贵族广泛的同意则不能变更或订立法律。"尽管国王的意志具有法律效力,但并非任何事情都依国王意志轻率而行。国王必须咨询贵族,经过商讨之后才能定立新法。"②可见,国王需和贵族充分协商之后方可订立新法,而亨利二世时期的大法官格兰威尔则明确主张国王的意志就是法律③。格兰威尔的这一观念不仅源于亨利二世时期的强势王权,也是12世纪罗马法复兴使然,④"乌尔比安所说的'皇帝的命令具有法律的效力'这一国王高于法律的理论并没有静默、湮灭"。⑤ 到了亨利三世时代,订立新法必须经国王和贵族共同商议、反复推敲之后才能完成,只是由国王赋予其效力而已,国王单独立法则没有合法性,盎格鲁·撒克逊"王在法下"的传统获得了新生。因此,亨利三世时期的大法官布拉克顿则提出了"国王在任何人之上,但在上帝和法律之下"这一影响深远的言论,为后世英国有限王权和法治的发展确立了基本原则。

从《大宪章》到《牛津条例》,王权逐渐受制于封建贵族,实质上是贵族

① Brian Tierney,"Bracton on Government",*Speculum*,Vol.38,No.2(Apr.,1963),p.316.

② Henry de Bracton, George E. Woodbine ed., Samuel E. Thorne tr., *Bracton on the Laws and Customs of England*,Vol.2,Cambridge:Harvard University Press,1968,p.305.

③ Ranulf de Glanville,*A Translation of Glanville*,Washington:John Byrne & Co,1900,p.Introduction,17;另参见[美]查尔斯·霍默·哈斯金斯:《12世纪文艺复兴》,夏继果译,上海人民出版社2005年版,第177—179页。

④ Henri Lévy-Ullmann, M. Mitchell tr., *The English Legal Tradition:Its Sources and History*, London:Macmillan and Co.Limited,1935,pp.176-180.作者在书中用大量篇幅论述了格兰威尔受到罗马法和教会法的影响。

⑤ [爱尔兰]J.M.凯利:《西方法律思想简史》,王笑红译,法律出版社2002年版,第123页。

依靠武力优势将王权置于法律约束之下。约翰王与亨利三世都试图打破这一束缚,却在贵族的抵制之下被迫数次重新确认《大宪章》,国王的集权和教俗贵族对王权的制衡相伴而行。国王失去了独立的征税权,再加上封建军役的衰落,[1]王权可支配的财力和武力都受到了贵族的限制。这些限制在议会出现之后更为巩固,议会是在《牛津条例》签订之后由贵族组成的大会议发展而来,并逐渐成为贵族和骑士以及市民限制王权的常设机构。[2]《大宪章》和《牛津条例》使得王国的统治权力在很大程度上由贵族和国王共同分享。尽管这一时期英国王权在城市市民阶层的支持下有所加强,[3]然而,市民阶层作为新兴的社会力量远不足以与教俗贵族相抗衡。贵族仍占有大量地产,掌握了主要的社会财富。教俗贵族为维护自身的特权和利益,依靠其现实力量和传统的法律习惯长期地限制了王权的过分集中。因此,英国既没有出现法国早期封建领主的权势凌驾于国王之上的情况,王权的影响仅仅限于巴黎周围国王的直接领地中,[4]也没有出现后来的绝对主义专制君主统治。长期以来,英国的国王和贵族之间处于动态平衡中,双方的矛盾和武装冲突最后往往诉诸《大宪章》以及其它法律和习惯,这是英国传统法治形成的法律基础。

第三节 议会的形成与上下两院的分立

"在征服诺曼之前的更早时期,王国的议事机构被称为'michel sinoth'、'michel gemote'以及'witena gemote',即国王和贤达之人组成的大法庭或大会议,有时是国王和主教等教会贵族以及贤达之人组成的议事机构。"[5]"michel gemote"即为"大会议(great assembly)","witena gemote"即为"贤人会议(assembly of the Witan)"。贤人会议这一名称在《盎格鲁·撒

---

① 从 1066 年到 1166 年军役采邑提供的是真正的军役,然而,从 1166 年到 1266 年军役采邑主要以缴纳盾牌钱来供养国王的军队。参见 Sir Frederick Pollock and Frederic William Maitland,*The History of English law before the Time of Edward I*,Vol.1,Cambridge:Cambridge University Press,1898,pp.252-253。

② William Stubbs,*The Constitutional History of England in Its Origin and Development*,Vol. II,Oxford:The Clarendon Press,1896,p.258.

③ 朱寰:《略论中古时代的君权与教权》,《东北师大学报》(哲学社会科学版)1993 年第 6 期。

④ 在同时代的法国,法律和司法都是极为分散和混乱的,王权局限于国王领地之内。参见 S. J.T.Miller,"The Position of the King in Bracton and Beaumanoir",*Speculum*,Vol. 31,No. 2 (Apr.,1956),p.296。

⑤ Edward Coke,*The First Part of the Institutes of the Laws of England*,London,1629,p.110a.

克逊编年史》中经常出现,并逐渐成为历史学著作中惯常的用法。① 贤人会议是后世普遍认同的盎格鲁·撒克逊时期的议事机构。议会(parliament)这一名称最早出现是在 13 世纪。"1236 年的《默顿法》被后世的法学家公认为第一部议会制定法(statute of parliament)"②,在《王国法令集》中《默顿法》确实是第一部被收录的议会制定法。③ "1246 年在伦敦召开大会议之后,议会的名称就经常被采用了。"④

英国的议会虽然在 13 世纪末形成,但是其源头可以追溯到盎格鲁·撒克逊时期的贤人会议。"贤人会议具有广泛的权力:能够选任或废黜国王;国王要和贤人会议共同立法,国王在向贤人会议咨询并征得其同意之后才能颁布法律;国王要和贤人会议一起任命郡长和主教、分授公共土地、征税、决定和平与战争以及组织法庭审理刑事和民事案件。贤人会议兼具最高立法的(legislative)、行政的(governmental)和司法的(judicial)权力。"⑤ 显然,在盎格鲁·撒克逊时期贤人会议远非单纯的议事机构,而是拥有管理王国的政治、法律以及对外关系等事务的权力机构。最为重要的是贤人会议还有选任国王的权力⑥,这显示了贤人会议的性质和权威,贤人会议在一定程度上保留了原始民主制的特点。

在诺曼征服之后,威廉依靠征服者的武力确立了异于大陆的封建原则和强势的王权,贤人会议这种兼具各方面事务的权力甚至超越王权的机构已不合时宜。"至诺曼战胜后,贤人会议,不过空文虚式。盖诺曼诸王,乃专制君主。凡立法行政及赋敛等,皆随意行之,专恣横暴,无复有所顾也。"⑦ 在诺曼君主的强势统治之下,贤人会议被搁置一边,由国王的直属封臣组成的御前会议取代了贤人会议。虽然御前会议也兼具立法和司法以及其它方面的权力,但由于其成员皆为国王的直属封臣,所以御前会议不可能拥有选任或废黜国王的权力。"征服之前,英国的国王是由选举产生,而且

---

① Rudolf von Gneist, *History of the English Parliament: Its Growth and Development through a Thousand Years, 800—1887*, London: William Clowes and Sons, 1895, p.17.

② Rudolf von Gneist, *History of the English Parliament: Its Growth and Development through a Thousand Years, 800—1887*, London: William Clowes and Sons, 1895, p.110.

③ *The Statutes of the Realm*, Vol.1, Buffalo: William S. Hein & Co., Inc., 1993, pp.1-4.

④ Rudolf von Gneist, *History of the English Parliament: Its Growth and Development through a Thousand Years, 800—1887*, London: William Clowes and Sons, 1895, p.112.

⑤ F.W.Maitland, *The Constitutional History of England*, London: Cambridge University Press, 1908, p.58.

⑥ [英]比几斯渴脱:《英国国会史》,镰田节堂译,中国政法大学出版社 2003 年版,第 2 页。

⑦ [英]比几斯渴脱:《英国国会史》,镰田节堂译,中国政法大学出版社 2003 年版,第 2—3 页。

这一习惯逐渐成为定制,由贤达之人和贤人会议从已逝国王的近亲中选出新的国王。1066 年之后,王位已经明显地变成世袭制。"①因此,相较于贤人会议,御前会议的权力已显著地缩减。其根本原因就是威廉依靠征服者的武力建立了统一的封建君主国,而且威廉及其后数位国王都维持了较为强势的统治,王国内诸多领域的决策都逐渐集中于国王手中,御前会议的主要职能是审理各类刑事和民事案件,司法权成为其主要权力,并为国王的决策提供咨询。

实际上,诺曼征服之后,国王拥有多个不同的议事机构,其中第一个为"commune concilium",通过令状和司法程序召集。第二个被称为"magnum concilium",即为贵族组成的大会议,这一贵族组成的议事机构在 14 世纪中叶议会上下两院分立后发展成议会的上院。此后,"magnum concilium"有时被用于指称议会的上院,有时在议会会期之外被用来指称王国的贵族,他们被称为"magnum concilium regis"。第三个就是众所周知的国王与之商议国事的"privy councell"。② 国王的三个议事机构是在诺曼征服之后发展而来,其中"'commune concilium'即为'总议事会(general council)',这是由国王的所有直属封臣组成的集会(the assembly of all the tenants-in-chief),起源于诺曼征服早期,是诺曼人创设的贤人会议的替代机构,后来逐渐发展出咨议会(privy council)"。③ 从机构的名称和性质可以断定其存在时期是在诺曼征服之后。

"privy councell"即为咨议会,"咨议会是由国王任命产生,为国王提供建议,是御前会议(Curia Regis)的分支机构。咨议会由国王的直属封臣和王室官员以及国王所选的其他人员组成,以'privy'来命名是因为其为国王提供私密的建议(private advice),但是其缺乏实际的执行权力。"从上述分析可以推断,总议事会(commune concilium)即为御前会议。诺曼征服之后,御前会议取代了贤人会议,御前会议是由国王的直属封臣组成的封建性议事机构,并分为大会议和小会议两种机构。④ 大会议即为"magnum concilium",小会议即为咨议会。

亨利二世司法改革之后御前会议分化出专门的议事机构和王室法庭,

---

① F. W. Maitland, *The Constitutional History of England*, London: Cambridge University Press, 1908, p.97.

② Edward Coke, *The First Part of the Institutes of the Laws of England*, London, 1629, p.110a.

③ Christopher Corèdon with Ann Williams, *A Dictionary of Medieval Terms and Phrases*, Cambridge: D.S.Brewer, 2004, p.81.

④ 程汉大:《文化传统与政治变革——英国议会制度》,辽宁大学出版社 1996 年版,第 7 页。

处理公共事务的议事机构仍然称为御前会议。《克拉伦敦法令》规定国王所有的直系臣属都必须参加御前会议,对国王指控贝克特一案做出判决的北安普顿议事会也被称为御前会议,其成员不仅包括了主教、伯爵和贵族,还包括郡长和次等贵族(secundae dignitatis)。① 显然,这一时期的御前会议已经具备了后世议会的雏形,分化出专门的王室法庭使其职能更为集中,主要对王国的重大事务进行商讨和决策,御前会议的组成人员也更为广泛,包括重要的教俗贵族和地方官员以及小贵族。由于亨利二世维持了较为强势的统治,御前会议逐渐成为国王统治的工具。这一状况在1215年约翰王签署《大宪章》之后出现了转机,贵族联合起来遏制了王权的进一步膨胀,诺曼征服以来的强势王权受到了贵族集团的最为有效的抵制,"王在法下"传统得以写入王国的宪法性文本中。《大宪章》赋予了贵族联合起来扩大势力的机会,为此后贵族约束王权提供了充分的合法性,为议会的形成奠定了基础。

亨利三世统治期间屡次试图抛开《大宪章》进行统治,导致贵族对国王的集权极为不满,最终由西门・德・孟福尔领导贵族们发起了对国王的战争。孟福尔为遏制国王,于1264年召开了议会。为了增强其合法性,孟福尔召集骑士和市民代表参加了议会,这通常被视为英国议会的开端。1275年,爱德华一世国王召开第一届议会时也召集了骑士和市民代表参加。② 1275年这届议会被称为"完整议会(compleat parliament)",它由国王、教俗贵族和骑士与市民代表共同组成。③ 这是骑士与市民等群体的自由和权利得到保障的重要一步。然而,这一时期骑士与市民在议会制定法律的过程中并未起到关键作用。因为在爱德华一世继位之初,议会中骑士与市民的力量非常微弱。

然而,1275年骑士与市民代表进入议会并未形成定制,直到1283年议会,骑士与市民代表才再次进入议会,1290年议会有骑士作为郡代表参加,而1290年之后到1294年间的几届议会都没有郡和自治市代表参加。及至1295年议会,不仅有郡和自治市代表,而且下级教士都有代表参加,此次议会的普遍性比以往任何一届议会都大,所有的阶级都能够参与此次议会,我

① [法]弗朗索瓦・基佐:《欧洲代议制政府的历史起源》,张清津、袁淑娟译,复旦大学出版社2008年版,第262页。

② Harry Rothwell ed.,*English Historical Documents*,*1189—1327*,London:Eyer and Spottiswoode,1975,p.396.

③ Edward Coke, *The Second Part of the Institutes of the Laws of England*, London, 1642, pp.157-158.

们确实可以说它代表了整个国家。因此，一般地说，英国议会正式、完全的建立就是在 1295 年。[①] 孟福尔召集骑士与市民代表参加议会，为骑士与市民代表进入议会开创了先例。爱德华一世国王继位之后仿照孟福尔的做法召开了几届有骑士与市民代表参加的议会，但是直到 1295 年，骑士与市民代表参加议会才成为定制，因此这一届议会被后世称为"模范议会"。

模范议会成为后世英国议会的蓝本。骑士与市民代表参加议会成为惯例，扩大了议会的社会基础。这是英国议会从封建的议事机构向现代代议制机构演变的第一步。随着社会财富的增长突破了农业生产的局限，市民阶层成为社会经济活动的重要主体，并且掌握了越来越多的社会财富。由此，骑士与市民阶层在议会中的影响逐渐扩大，与贵族分庭抗礼的趋势日渐明显。在对爱德华一世在位期间的议会进行总体评价时，柯克认为"议会是为了王国的普遍利益而存在的，议会不仅是王国的总议事会，还为王国的臣民提供充分的正义，任何事情都没有充分地实现正义更为必要。"[②]显然，在柯克看来爱德华一世时期议会已经具有了普遍的代表性，并且明确指出议会是为维护臣民的利益和实现正义而存在。实质上，爱德华一世时期的议会是贵族和王权反复斗争的结果，是双方妥协的产物，贵族依靠议会实现对王权的制约，国王主要依靠议会获得征税的合法性。因此，这一时期的议会绝不是为了王国的普遍利益而存在，也不会为王国的臣民提供充分的正义。

然而，不容否认的是议会在这一历史时期最终形成，贵族在议会的形成和发展过程中起到了决定性的作用，包括骑士与市民代表进入议会也是由贵族促成。《大宪章》使贵族获得了联合起来抵制王权的合法性依据，贵族们不仅扭转了御前会议沦为国王统治工具的发展趋势，而且设计了议会的召开程序和代表组成，以期更为有效地约束王权。《大宪章》签署之后，贵族和国王之间形成了一种动态的均势，这从根本上改变了诺曼征服以来王权相对于贵族的持续优势。议会形成之后成为贵族联合起来遏制王权的基础，骑士与市民代表进入议会使议会更具有普遍性。

骑士与市民代表进入议会一方面归因于贵族对王权的持续抗争，另一方面归因于 13 世纪英国社会经济的发展状况。这一时期，英国出现了渐进的经济分化，持有大块土地的农民亦即"富农"正在崛起。[③] 城市工商业得

---

① [法]弗朗索瓦·基佐：《欧洲代议制政府的历史起源》，张清津、袁淑娟译，复旦大学出版社 2008 年版，第 331—332 页。

② Edward Coke, *The Second Part of the Institutes of the Laws of England*, London, 1642, p.280.

③ [英]艾伦·麦克法兰：《英国个人主义的起源》，管可秾译，商务印书馆 2008 年版，第 203 页。

到了很好的发展,尤其是羊毛纺织和贸易非常繁盛,英国对欧洲市场的羊毛供应甚至超过了意大利和弗兰德斯。① 郡和城市经济的发展使得骑士与市民掌握了可观的社会财富,爱德华一世国王将骑士与市民代表引入议会的直接目的即为征税,即爱德华一世授予臣民特权(franchise)的真正目的是为了获取钱财。② 国王对钱财的需要在客观上扩大了议会的社会基础,骑士与市民代表进入议会最终促成了议会下院的形成,这使得议会的组织结构更加完善。同样,上下两院的分立,也是因为国王需要骑士与市民提供税收和财政的支持。

起初,议会下院的地位和影响是非常次要的。正是随着国王征税需求的增长议会下院才变得日益重要,最终成为独立的机构。1307年,下院并不是议会的必要部分。下院的议员们平常不被召集,即使被召集了也只是回答国王顾问们的问题。直到1399年,下院才有了固定的会期,并单独地召开会议,议员们集中进行商议,提出共同的提案,对赋税法案进行投票表决。下院定期召开会议在爱德华二世统治的后期就开始了,当时国王和权贵们双方正争夺下院的支持。但是只有到了爱德华三世时期,由于国王欲在征税方面和下院合作,这才保证了下院成为议会永久的组成部分。③ 在国王向议会索要税收的过程中,下院逐渐获得了对国王征税的控制权。

英法百年战争迫使国王需要长期大量征税以支撑庞大的军费开支,议会下院的地位和权势由此得以提升。随着农奴制的解体,农业生产衰落,土地贵族占有的社会财富缩水。传统的基于封君封臣关系附着在土地上的税收远不能满足国王的需求,新兴的工商业阶层成为国王征收新型税收的来源,由骑士与市民代表组成的下院成为国王获得各项税收的最好渠道,下院随之掌握了王国内的征税权。为了筹集战争经费,爱德华三世和议会下院之间出现了激烈的冲突,最后议会下院获得了胜利。"1362年,爱德华三世发表声明,今后在没有得到议会许可的前提下不会对毛纺织品征税。议会因而完全控制了赋税,包括直接税和间接税。"④为了进一步控制税收权力,1379年议会发布了一项公告,没有议会下院的同意,国王的大

①　Edward Miller,Cynthia Postan,M.M.Postan,*The Cambridge Economic History of Europe from the Decline of the Roman Empire*,Vol.2:*Trade and Industry in the Middle Ages*,New York and London:Cambridge University Press,1987,pp.674-676.

②　Edward Coke,*The Second Part of the Institutes of the Laws of England*,London,1642,p.280.

③　[美]克莱顿·罗伯茨、戴维·罗伯茨、道格拉斯·R.比松:《英国史》,潘兴明等译,商务印书馆2013年版,第195页。

④　[美]克莱顿·罗伯茨、戴维·罗伯茨、道格拉斯·R.比松:《英国史》,潘兴明等译,商务印书馆2013年版,第196页。

会议（Great Council）无权征收赋税。① 至此，国王个人和王室核心集团都无权绕开议会下院进行征税。

除了征税权之外，下院还逐渐获得了立法权。1315 年，贵族们告知国王未经议会同意，不得制定新的法律。1322 年的《约克法令》规定了凡是关系到国王以及民众财产的法令，应当经由教俗贵族和地方代表同意，国王才能恩准和订立。这是第一次在法律上承认了议会享有参与立法的权力。随后的 1327 年议会进一步明示：未经教俗贵族和地方代表的同意，不得对法律进行变更。依靠对征税权的控制，下院迫使国王做出妥协和让步。如果国王不同意下院的议案，下院就拖延通过国王的征税议案。为了及时地获得所需款项，国王不得不同意下院的请愿和议案。下院逐渐获得了独立的提案权和立法权。随着下院的成长，上下两院分立成为一个发展的必然趋势。

下院议长的出现一般被视为议会上下两院分立的标志。"早期议会中，上下两院坐在一起商议王国事务。亨利四世在位第 8 年（1406 年）通过了一项关于王位继承的议会法令，所有的贵族都分别加盖了印章，下院议长约翰·特贝特（Sir John Tebetot）也以下院的名义加盖了印章。而在爱德华一世在位第 28 年（1299 年）召开的议会中拟定了一封英国贵族致教皇的信，信的结尾申明此信得到了出席本届议会的所有贵族和地方代表的一致同意，并且附有所有贵族的印章。因此，推断当时议会下院还没有议长，上下两院在一起商议事务，如果下院有议长，其会像亨利四世在位时期那样加盖印章。直到爱德华三世在位第 6 年（1332 年）时，下院仍然没有议长，上下两院还是共同商议王国事务。"②将下院议长的出现作为议会上下两院分立的标志确实有其合理性，下院选出议长并在议会法令中加盖印章意味着下院具有了独立性和主体性，而不再依附于上院，在商议王国事务的过程中拥有了独立的参政地位，这成为此后下院权力成长的前提。

实际上，下院真正独立议事到爱德华三世统治末期才得以实现。"爱德华三世在位第 8 年（1334 年），骑士与市民议员联合起来进行了一次单独的议事，并且在最后的答复中署上了'in common'的字样。爱德华三世在位第 25 年（1351 年），骑士与市民议员在牧师会堂举行了独立的会议，此后，骑士与市民议员则具有了固定的议事场所。及至爱德华三世在位第 51 年（1377 年），出现了第一位下院议长，由其宣读下院的共同意见（joint decla-

---

① A.R.Myers ed., *English Historical Documents*, *1327—1485*, London and New York: Routledge, 1996, p.417.

② Edward Coke, *The Fourth Part of the Institutes of the Laws of England*, London, 1644, p.2.

rations）。"①显然,下院的独立经历了一个长期的演变过程,首先是骑士阶层和市民阶层的议员有了自主的联合,并萌发了初步的独立意识,其次是有了固定的议事场所,最后又经历了二十余年的发展才有了第一位下院议长,下院在议会中才真正具有了独立的地位。

14世纪90年代,议会通过的税收法案已经不再有"经上下两院批准"的提法,而改为"征得上议院同意后,由下议院批准"的措辞,这说明当时已经确立了国王不得独自废除或更改议会立法的观念。② 从议会法令的措辞中,能够看到下院的地位已经非常重要,在王国的立法过程中担当着重要的角色。上下两院已经分别单独提及,并且在通过法令时明确强调经过了下院的批准。1414年,下院提出他们不仅是请愿书的提出者,也应该是法律的批准人,因此以下议院的请愿书为蓝本制定的法律在内容和形式上都不应有别于请愿书,也就是说,上议院不能随意变更根据下院提出的请愿书制定的法律。这是下院第一次要求严格意义上的立法权。到15世纪中叶,下院自己拟定法案并通过后,国王可以否决也可以钦准,甚至可以搁置,但不能予以修正。另外,议会立法的序言从原来的"经上、下议院表示意见和同意",变为"依上、下议院的权力",下院的立法权至此得到了正式的承认。③显然,及至这一时期,上院和国王不得随意对下院的请愿书或提案进行变更,这意味着下院真正具有了独立的立法权,这是上下两院分立的重要表现。议会上下两院的分立不仅体现了英国经济发展状况的变化,也反映了英国社会结构的演变。由此,保障"王在法下"的有限王权运行的社会力量则更加强大,这有利于形成国王和议会两院共同分享王国治理权的政治格局,这正是英国"王在议会"原则的本质所在,也是在前现代社会英国特有的基于阶层力量对比而形成的分权与制衡。

第四节　"王在议会"原则的出现与演变

在议会形成之后,"到1307年,议会成了由贵族和政府官员组成的得到了承认的机构,议会和国王共同商议国家大事"。④ 国王和议会两院逐渐被

---

① Rudolf von Gneist, *History of the English Parliament：Its Growth and Development through a Thousand Years，800—1887*, London：William Clowes and Sons, 1895, p.171.
② 余永和：《英国安茹王朝议会研究》,社会科学文献出版社2011年版,第198页。
③ 项焱：《英国议会主权研究》,中国社会科学出版社2010年版,第49页。
④ ［美］克莱顿·罗伯茨、戴维·罗伯茨、道格拉斯·R.比松：《英国史》,潘兴明等译,商务印书馆2013年版,第194页。

视为一个整体。国王是议会的头,教俗贵族和骑士以及市民是议会身体的其它部位,国王决定着何时召开议会以及何时结束议会。国王、教俗贵族以及骑士与市民联合起来具有最高的权威。将议会看作国王和教俗贵族以及其他臣民的联合体的观念反映了英国的"王在议会"原则的萌芽。这一原则在 1322 年的《约克法令》中得以确立。① 此后,"王在议会"经历了长期的发展演变,一直在英国的政治运行中发挥着重要的影响,这根源于英国国王与贵族之间长期以来形成的动态平衡。因此,国王始终无法摆脱贵族的约束来行使王权,只能与贵族共同分享王国的统治权。"王在议会"正是贵族领导的王国内各阶层与国王分享统治权的直接体现,这种基于阶层形成的分权与制衡是英国传统法治发展的基础。

　　1307 年,爱德华二世(Edward II,1284—1327)继位之后与贵族发生冲突。1311 年,贵族制定了一系列"告示"强迫国王接受,企图控制官员的任命权。1322 年,国王在击败了贵族的反抗之后召集了议会,颁布《约克法令》以废除贵族们制定的告示,但贵族的抗衡依然非常强烈,国王不得不接受"必须在议会中行使权力"的原则。《约克法令》规定:"凡是关系到国王及其继承人之财产、王国和人民之财产的任何法令,应当在议会中经高级教士、伯爵、男爵和地方代表的同意,再由国王处理、恩准和制定。"②这是由王国的法律第一次明确规定议会有权参与王国法令的制定,议会与国王共同享有王国的立法权。《约克法令》为"王在议会"原则的形成提供了法律依据。③ 然而,"王在议会"原则的真正形成还需要一个漫长的过程。

　　为了摆脱贵族对王权的约束,爱德华二世与贵族反复较量。尽管爱德华二世曾经依靠武力暂时镇压了对王权不满的贵族,但贵族们最终却通过议会将其废黜了,这是贵族们在对抗王权的过程中取得的巨大胜利。很多学者认为这是体现"王在议会"原则的一次伟大实践,威廉·斯塔布斯认为议会废黜爱德华二世是中世纪宪政革命的桂冠。④ 然而,从事实上追溯,这一事件并非完全是体现议会权力的"宪政案例",在爱德华二世被废黜过程中,除了议会之外王后也起了很关键的作用。不过从外在形式上,这一事件

　　① *The Statutes of the Realm*,Vol.1,Buffalo:William S.Hein & Co.,Inc.,1993,p.189;Carl Stephenson and Frederick George Marcham eds.,*Sources of English Constitutional History*,New York and London:Harper and Brothers Publishers,1937,pp.204-205.

　　② *The Statutes of the Realm*,Vol.1,Buffalo:William S.Hein & Co.,Inc.,1993,p.189.

　　③ 钱乘旦、陈晓律:《英国文化模式溯源》,上海社会科学院出版社 2003 年版,第 32 页。

　　④ William Stubbs,*The Constitutional History of England,in Its Origin and Development*,Vol. II,Oxford:The Clarendon Press,1896,p.382.

确实体现了当时议会所具有的权力和地位,即便是王后要废黜国王,也需要议会通过法案来获得废黜国王的合法性。当时的大主教撰写了爱德华二世六条罪状,并通过议会颁布:"无德无能,远离忠臣,偏袒奸臣,失去辨别是非和纠正错误的能力;国王一直拒绝接受良善的建议,沉溺于日常琐事,忽视王国的政治事务;由于他统治不当,苏格兰、爱尔兰和加斯科因脱离了王国;侵犯教会权益,惩罚牧师,羞辱贵族;尤其违背了给予所有人的公平待遇的承诺;经反复劝谏,仍执迷不悟。"①可见,议会阐明了爱德华二世在位期间出现的诸多问题,国王已经无法维护王国的和平与安宁,在很多领域统治失当,导致各阶层权益受到了损害,并且一意孤行,听不进任何劝谏。因此,议会迫于无奈才将国王废黜。从外在形式上看,议会就是为了维护王国的和平与各阶层的权益才通过法案将国王废黜,这一事件彰显了议会在王国治理中的权力和地位,同时也体现了王国是由国王和议会共同治理的原则。"由此,未来的国王将受到民众的监督,以法律治国,而法律受到议会的保护。"②英国人从此认为国王和议会是一个整体,议会法令由国王和议会上下两院共同制定。

"王在议会"原则反映了国王、贵族以及地方代表共同分享国家的治理权,即"混合君主制"的政治统治模式。实际上,早在爱德华一世统治时期,国王就通过议会来讨论国家的重大事务,如战争、和平以及税收等。国王和咨议会控制着议会,通常是在议会听取各种请愿,而在咨议会做出裁断。③显然,在爱德华一世时期,国王就是通过议会来讨论国家大事,只是在国王与贵族共同商议之后,最后的决定权在国王和咨议会的贵族手中。到了14世纪之后,议会的地位日益重要,且逐渐处于贵族的控制之下。爱德华三世统治时期,贵族在地方代表的支持下坚持议会法令要高于咨议会通过的法令。爱德华三世也表示他必须密切关注贵族的好恶。④ 可见,在《约克法令》之后,贵族逐渐成为议会的主导力量,国王已经无法抛开议会单独治理国家。国王从通过议会商议逐渐转变为依赖议会的支持来解决王国事务,这一变化充分体现了英国"王在议会"原则的成长。

---

① William Stubbs, *The Constitutional History of England, in Its Origin and Development*, Vol. Ⅱ, Oxford:The Clarendon Press,1896,pp.379-380.

② [美]克莱顿·罗伯茨、戴维·罗伯茨、道格拉斯·R.比松:《英国史》,潘兴明等译,商务印书馆2013年版,第187—189页。

③ A.R.Myers ed., *English Historical Documents*, 1327—1485, London and New York:Routledge, 1996,pp.356-357.

④ A.R.Myers ed., *English Historical Documents*, 1327—1485, London and New York:Routledge, 1996,p.357.

　　议会在这一时期成为代表教士、贵族以及平民利益的机构,也是以贵族为首的各方力量与国王合法博弈的平台。然而,议会的召集和解散的权力都属于国王,法律的最终制定权也属于国王,议会召开的主要目的大多都是满足国王征税的需求。比如 1378 年议会,全部时间几乎都被用来讨论赋税问题,以致最后这届议会只通过了一项立法。① 显然,尽管国王掌握着议会的召集和解散的权力,而且国王在和议会的合作中处于主导地位,但是国王需要议会为其提供征税的合法依据,否则就无法获得足够的财政收入以维持王国各项事务的运转。

　　在理查二世统治时期,由于其未能很好地驾驭议会中的贵族,最终被议会废黜。1399 年 9 月 30 日,约克大主教在议会中宣读了理查二世的退位公告,并陈述了其 33 条罪状,其中多条罪状是控诉理查二世对兰开斯特公爵、坎特伯雷大主教阿伦德尔、格洛斯特公爵和沃里克伯爵等贵族的不当行为;侵犯民众的传统自由,颁布邪恶的法律;控制议会,强迫议会屈从于自己的权威;干预郡长的正常选举,委派亲信,擅自延长郡守任期;强征重税,奢侈浪费等。控诉核心是理查二世违背加冕誓言,践踏王国的法律与习惯。② 可见,贵族们认为国王理查二世已经无法正常地治理国家,很多做法已经背离了王国的法律与习惯,因此将其废黜。显然,如果国王不能恰当地行使王权,议会就会通过法令将其废黜。尽管这在本质上是贵族集团对王位的操控,但也能反映出英国的王权是有限王权,国王要想实现对王国的有效统治必须和贵族掌控的议会建立良好的合作关系。“王在议会”实质上就是在国王与贵族力量均势的基础上形成的一种英国特有的分权与制衡,也正是这种国王与贵族之间的分权与制衡使得英国的王权始终无法摆脱贵族集团的约束。因此,“王在议会”在英国有着持久的生命力。

　　在兰开斯特王朝,贵族依然非常强势,以至于国王无法阻止他们强化在议会中的地位。参加议会逐渐成为贵族的一项权利,这种趋势日益增强,甚至发展成为世袭权利。③ 与此同时,下院的影响力也在不断地提高。越来越多的群体或民众要求下院采纳他们的请愿,并且使其变成普遍的或公共的请愿。越来越多的提案通过下院到达国王和贵族面前,下院的同意成为议会法令通过的必要条件,甚至是关系到重要事务的法令亦然。

---

① R.Butt, *A History of Parliament：The Middle Ages*, London：Constable, 1989, p.368.

② A.R.Myers ed., *English Historical Documents*, *1327—1485*, London and New York：Routledge, 1996, pp.407-412.

③ A.R.Myers ed., *English Historical Documents*, *1327—1485*, London and New York：Routledge, 1996, p.356.

1404 年,亨利四世发表演讲直陈:"如果没有'全国各等级'的认可,任何人都无权更改议会法令。"①显然,亨利四世不仅认可了议会的立法权在王国内具有至高的地位,也肯定了议会下院的地位和作用。在下院同意下通过的涉及世俗事务的法令对整个王国都具有约束力,"王在议会"成为王国中最高的权力主体。② 因此,在约翰·福蒂斯丘看来,英国的君主制和法国的不同,在法国最高的权威是国王,而在英国无论是征税还是立法领域最高权威都是"王在议会"。③ 这体现了英国国王与贵族共同治理国家的体制。

都铎王朝时期,亨利七世依靠议会制定法令以打击敌对力量,迅速平定了王国的局势。亨利八世更是全面依靠议会制定法令来推行宗教改革,以对抗教皇和国内的天主教反对力量,从而加深了国王对议会的依赖。因此,亨利八世在 1542 年的议会演讲中声称国王是议会的头,上下两院是议会的身体,只有在议会之中时,国王的权力方为最大。④ 这反映了亨利八世对议会权力和地位的认识,并体悟到了议会之于王权的重要性;同时,也体现了亨利八世对"王在议会"原则具有较为准确而清醒的认识。

亨利八世对"王在议会"原则的理解有着深刻的现实基础。1535 年克伦威尔开始制定计划攫取教会的财富,1536 年议会通过了《解散小修道院法令》(An Act for dissolution of the Lesser Monasteries),这一法令明令王国内的所有小修道院都要将土地和其它财产交予国王及其继承人。⑤ 1539 年议会又通过了《解散修道院法令》(An Act for dissolution of Abbeys)。⑥ 这一法令进一步解散了大修道院,并没收其财产。解散大小修道院不仅削弱了教皇和天主教在英国的力量,还使国王获得了巨额财富,其中主要包括大量的地产。然而,亨利八世从宗教改革中获得的财产很快就被其变卖转手了,获得的收入多数耗费在对大陆的战争中,其后的爱德华六世(Edward VI,1547—1553)和玛丽一世(Mary I,1553—1558)继续出售得自教会的财产,及至 1558 年,已经有四分之三的教会财产被转让。通过贸易崛起的士绅阶

① R.Butt,*A History of Parliament*:*The Middle Ages*,London:Constable,1989,p.465.

② A.R.Myers ed.,*English Historical Documents*,*1327—1485*,London and New York:Routledge,1996,p.361.

③ A.R.Myers ed.,*English Historical Documents*,*1327—1485*,London and New York:Routledge,1996,p.349.

④ G. R. Elton, *The Tudor Constitution*:*Documents and Commentary*, Cambridge: Cambridge University Press,1982,p.277.

⑤ *The Statutes of the Realm*,Vol.3,Buffalo:William S.Hein & Co.,Inc.,1993,pp.575-578.

⑥ *The Statutes of the Realm*,Vol.3,Buffalo:William S.Hein & Co.,Inc.,1993,pp.733-739.

层获得了其中大部分土地。① "这是一场自 1066 年诺曼征服以来英国历史上最大的地产转移。"②修道院土地的世俗化导致了农业技术的进步,于是发生了农业革命。正是在农业革命诱导下,资本主义工业的幼芽遍布农村。③ 农业生产的进步和农村原始工业的发展推动了乡绅阶层的成长。

亨利八世推行的宗教改革在客观上导致了教会的衰落和乡绅等新兴社会力量的成长。在此基础上,乡绅和商人为主的新兴资产阶级又推动了议会下院的发展。都铎时期成为英国议会史上下院人数增长最多的时期,下院逐渐成为限制王权的主要力量。④ 新兴社会力量成为维系"王在议会"原则的现实基础。1539 年议会通过的《公告法》授予国王颁布公告的权力,明示国王公告和议会法令具有同等效力,但公告必须由国王和枢密院共同拟定,且不得与既有的议会法令和普通法相抵触。⑤ 显然,国王在获得发布公告权时仍然受到了枢密院和议会以及既有法律的限制,下院的成长巩固了"王在议会"的原则。

因此,都铎后期英国国内形成了议会法至高无上的社会共识,包括国王、政府大臣和法官都予以承认。⑥ 都铎时期著名政治家和学者托马斯·史密斯爵士(Sir Thomas Smith,1513—1577)在其著作《盎格鲁共和国:英格兰王国政府或政治行为方式》(De Repvblica Anglorvm: the Maner of Governement or Policie of the Realme of England)⑦中阐述了议会的组成及其权力:"英格兰王国最高而绝对的权力在议会之中,国王、贵族以及绅士(Gentilitie)和约曼(Yeomanrie)是王国的力量和权力,贵族组成上院,骑士、从骑士、绅士以及城市代表组成下院,主教等神职人员出席议会为王国事务提供良善的建议。每一法案要在上下两院分别宣读三次,并经过充分地讨

---

① *The Statutes of the Realm*, Vol. 3, Buffalo: William S. Hein & Co., Inc., 1993, pp. 575 - 578, 733-739; Ken Powell and Chris Cook, *English Historical Facts*, 1485—1603, London: The Macmillan Press Ltd., 1977, p.88.

② 王晋新:《15—17 世纪中英两国农村经济比较研究》,东北师范大学出版社 1996 年版,第 221 页。

③ 侯建新:《现代化第一基石》,天津社会科学院出版社 1991 年版,第 25 页。

④ 刘新成:《英国都铎王朝议会研究》,首都师范大学出版社 1995 年版,第 58—66 页。

⑤ *The Statutes of the Realm*, Vol.3, Buffalo: William S.Hein & Co., Inc., 1993, pp.726-728.

⑥ 程汉大:《文化传统与政治变革——英国议会制度》,辽宁大学出版社 1996 年版,第 84 页。

⑦ 托马斯·史密斯爵士 1544 年成为剑桥大学钦定民法教授,后两度出任国务大臣,人们普遍认为他是当时最为优秀的政治家之一,同时还是一位著名的学者,著述颇丰。其著作《盎格鲁共和国:英格兰王国政府或政治行为方式》是一部阐述都铎王朝时期英格兰宪政的最为重要的论著,曾再版多次。参见[英]戴维·M.沃克:《牛津法律大辞典》,李双元等译,法律出版社 2003 年版,第 1042—1043 页。

论。此后,国王出席上下两院的联合会议,并批准其所讨论通过的法案,这意味着国王与整个王国订立了契约,因此任何人不能抱怨其合法性,国王自身也必须遵守。"①史密斯在这里明确阐述了英国议会是由国王和贵族以及绅士等各个阶层组成的,在王国内拥有最高而绝对的权力。订立新的法律要经过上下两院的充分讨论,最后由国王批准生效,显然这一过程需要由国王和上下两院共同完成,而且史密斯将议会通过的法律视为国王和整个王国订立的契约,国王必须遵守。史密斯的阐述较为全面地体现了都铎王朝时期"王在议会"原则的发展状况,而且已经具有了议会主权思想的萌芽。显然,1322 年《约克法令》颁布以来"王在议会"原则有了长足的发展,都铎王朝时期"王在议会"原则不仅得到普遍的认同,而且具有了实际的制度保障。

　　在坚持"王在议会"原则的前提下,议会拥有王国内最高的制定或修改法律的权力。"议会的权力是非常卓越的(transcendent),其能够制定(maketh)、增强(inlargeth)、削弱(diminisheth)、废除(abrogateth)、废止(repealeth)以及恢复(reviveth)法律(lawes)和议会法令(statutes)、法案(acts)及条例(ordinances)。议会管辖的事务涉及到教会、刑事、民事、军事以及海事等领域。除了国王的权威之外,任何人不得召开、延长或解散议会。"②可见,议会拥有广泛的制定或变更法律的权力,而且除了王权之外,没有任何权力主体可以召开或解散议会。"王在议会"原则体现了一种自发形成的权力制衡的模式,这成为英国王权未能走向绝对君主统治的重要因素。权力制衡的结果就是王权真正成为"有限王权",与此同时议会的权力也具有有限性,而"有限王权"是建立传统法治的前提,因为"王在议会"和"有限王权"意味着包括国王和议会在内任何权力主体都不能凌驾于法律之上。

　　议会起源于贵族对王权膨胀的抗争,贵族与国王之间分歧的核心是赋税的征收额度和频率是否符合传统的习惯和封建契约。随着议会的发展,骑士和市民阶层进入议会之后,议会的社会基础更加广泛。社会财富占有总量逐渐增长的骑士和市民阶层的实际政治影响力不断扩大,这最终促成了议会上下两院的分立,而且下院成为参与王国立法和决策的重要力量。由此,王国的治理权就不仅仅由国王和贵族分享,而是由国王和议会上下两

---

①　Sir Thomas Smith,*De Repvblica Anglorvm: the Maner of Governement or Policie of the Realme of England*,London,1583,pp.34-35.

②　Edward Coke,*The First Part of the Institutes of the Laws of England*,London,1629,p.110a.

院共同行使。无论是在经济层面还是在政治法律层面，国王对议会的依赖程度整体上是逐渐加深的，这也就形成了英国特有的"王在议会"原则，这在中世纪欧洲是独一无二的。由此，英国的"有限王权"传统从盎格鲁·撒克逊时期的政治观念转变为政治实践，而且具有深厚的现实基础。议会的形成和发展以及"王在议会"原则的出现是《大宪章》精神的实践，这种权力制衡的运行模式是英国传统法治形成的根本保障。因为仅仅有普通法是不足以保障法治实现的，法治的前提是不存在一方独大的权力主体。

　　议会两院的分立使得下院有了独立的主体地位，在议会商议王国事务的进程中，下院的影响逐渐得以增强。下院独立的标志即为下院议长的出现，下院独立的根源在于英国社会经济结构的变化，富裕农民和工商业者掌握着越来越多的社会财富，并获得了诸多的特权。"王在议会"原则表明国王和教俗贵族以及骑士与市民联合起来才能够具有最高的权威，这实际上根源于英国的"有限王权"传统，即国王、贵族以及骑士与市民代表共同享有王国事务的最高决策权。一直追求"王在法下"的英国贵族和民众对此自然有着高度的认同。"王在议会"意味着国王和议会共同分享王国的治理权，这就形成了中世纪英国特有的在阶层的基础上形成的分权与制衡，在政治领域的分权与制衡是建立法治的前提。因此，议会的形成、议会上下两院的分立以及"王在议会"原则的发展是英国传统法治得以形成的政治基础。

第三章　王权膨胀与传统法治的危机

"王在议会"原则对于亨利八世来说是一把双刃剑，虽然其亲自强调国王只有在议会中权力才是最大的，表面看来王权要受到议会的制约。然而，亨利八世巧妙地利用"王在议会"原则推行了英国的宗教改革，确立了王权至尊的地位。议会通过的一系列法令成为英国宗教改革的根本性的法律依据，在宗教改革进程中，议会成为确立王权至尊的合法性源泉。同时，亨利八世还通过议会法令侵夺了天主教会和修道院的大量地产。激烈的宗教改革导致国内局势异常复杂，甚至一度出现大规模的武装叛乱。为了应对乱局，在整个都铎王朝，国王还通过议会设立了很多特权法庭。这些法庭运用大陆的"纠问制"诉讼模式，以从严从快的理念解决各种纷争，打压反对国王政令的异己力量。特权法庭更好地巩固了王权至尊的地位，造成了王权的进一步膨胀。这一时期，在亨利八世的主导下，议会背离了原初的宗旨，从约束王权的平台转变为王权膨胀的工具，这是英国传统法治遭遇危机的重要原因。议会的转变也说明英国传统法治本身较为脆弱，存在着非常大的不确定性，一旦出现强势的国王，传统法治就有可能遭到破坏。能否实现分权和制衡，继而维持法治的状态，在很大程度上取决于国王个体的属性。

国王通过议会设立的特权法庭与普通法相悖，它们的发展破坏了英国的传统法治。普通法职业共同体与国王的特权法庭进行了持久的斗争，主要武器就是普通法至上传统。特权法庭实质上是在强大王权之下，针对特定领域的诉讼而创设的专门法庭，国王是要在普通法之外逐渐发展出一个直接对其负责的司法体系。特权法庭的兴起必然对普通法的存续与发展构成巨大的威胁，因此，普通法职业共同体要在普通法至上传统的基础上与听命于国王的特权法庭进行抗争。由此，英国的司法体系就出现了分裂，一方是国王及其支持的特权法庭，一方是普通法法庭，英国的传统法治出现了深刻的危机。

第一节　宗教改革与"王权至尊"的确立

都铎王朝是在战乱之后兴起的，为安邦定国巩固王权，亨利七世保持了原有的天主教信仰，亨利八世最初则更加坚定，他曾经因驳斥路德而被教皇利奥十世(Leo X,1513—1521)封为"信仰卫士(Fidei Defensor)"。但由于离婚案他与罗马教廷交恶,由此开启了建立"没有教皇的天主教"即英国国教(Anglican Churches)的改革之路。在此之前,英国是一个典型的天主教国家,即便在离婚案时期,亨利八世还是通过沃尔西与罗马教皇反复交涉,试图以和平的方式解决分歧。这足以说明英国的天主教传统很深厚。

亨利八世在克伦威尔的辅佐下逐渐确立了国王在英国教会的"至尊地位(supreme head of the Church of England)"①,这为后来由国王主导宗教改革进程奠定了基础。在经历了爱德华六世推行"新教"和玛丽企图恢复天主教的反复之后,伊丽莎白一世重启建立英国国教之路。她承袭了亨利八世的理念和政策,较为温和地深化了宗教改革,包括新的《至尊法令》②在内的"伊丽莎白宗教决定(the Elizabethan Religious Settlement)"体现了其对传统和新教的包容,其中1571年的《三十九条信纲》是对《四十二条信纲》的继承,阐明了许多新教思想,英国国教安立甘宗最终得以确立。英国宗教改革过程中虽然始终存在宗教迫害,而且也有许多叛乱发生,但没有发生大规模宗教战争。在更为宏观的层面上这一进程契合了英国保守、渐进的传统。在这一背景下进行的宗教改革仅仅在教会结构上较早实现了民族化,而在教义上除了否定教皇的权威之外,并没有实质性的变化。英国宗教改革的结果就是建立了"没有教皇的天主教",确立了国王的至尊地位。

由于威克里夫和罗拉德派受到教俗双方的长期镇压和迫害,英国未能像欧洲大陆那样从民间兴起并逐渐成长出与天主教相抗衡的力量,但英国国内一直存在着对天主教进行改革和批评的主张。1485年议会通过《授权主教惩罚生活不虔诚的神职人员法令》(An Acte for Busshopps to punnysh Priests and other religious men for dishonest lyffe)以惩戒触犯教会律法的各类神职人员。③ 1489年议会通过《剥夺神职人员特权法令》(An Act to take awaye the benefytt of Clergye from certayne persons),针对作奸犯科的神职人员处以罚没圣俸、烙印记以及投入监狱等刑罚,对其特权进行了限制。④ 这是由议会通过法令从教会和国家两个层面对神职人员进行约束和规范,以使其具有纯洁的信仰和合法合理的生活。议会立法来改变天主教会的不端行

---

① *The Statutes of the Realm*,Vol.3,Buffalo:William S.Hein & Co.,Inc.,1993,p.492.
② *The Statutes of the Realm*,Vol.4,Buffalo:William S.Hein & Co.,Inc.,1993,pp.350–355.
③ *The Statutes of the Realm*,Vol.2,Buffalo:William S.Hein & Co.,Inc.,1993,pp.500–501.
④ *The Statutes of the Realm*,Vol.2,Buffalo:William S.Hein & Co.,Inc.,1993,p.538;Ken Powell and Chris Cook,*English Historical Facts*,*1485—1603*,London:The Macmillan Press Ltd.,1977, p.106.

为和腐化也反映了王权对教会的控制程度很深。

1515 年的"理查德·亨尼案(the Case of Richard Hunne)",①不仅激起了伦敦市民对天主教会的不满,而且引发了对神职人员司法管辖权的争论以及限制其特权的呼声,甚至国王也介入其中,导致教会处于劣势。总之,天主教会由于自身的世俗化而积弊丛生,外在世俗力量的抵制逐渐消蚀着天主教会的权威。在欧洲大陆新教运动不断冲击下,英国天主教信仰体系日趋瓦解。针对天主教进行改革的观念充斥着王室和民间,除非天主教会自身及时做出实质性的改革以求生存,否则宗教改革难以避免。

1527 年亨利八世因为离婚案②与罗马教廷交恶,这一偶然情况促使英国的宗教改革突然开启,而且走上了一条与欧洲大陆迥异的自上而下的改革道路。"英国宗教改革是英国君主所开创,与斯堪的纳维亚之外欧洲其它国家相比更具国家行为(more an act of state)。"③尽管亨利八世仅仅是否定罗马教廷的权威,而对天主教信仰和具体的教义没有太多改变,但自圣奥古斯丁进入不列颠传教以来所建立的和罗马教廷的联系确实被剪断了。这不仅有利于实现英国宗教信仰的民族化,促进国家主体性的成长;而且彻底否定了罗马教廷的权威,为回归基督和使徒时代的信仰打开了大门,从而有利于个体信仰的解放。

亨利八世与罗马决裂不久,于 1529 年召开了"宗教改革议会(Reformation Parliament,1529—1536)"。议会通过法令废除神职人员在谋杀和重罪之上的豁免权,④规范教会对遗嘱的收费,⑤限制神职人员的圣俸,限制其拥有任何地产以及从事商业贸易活动;触犯法令者处以相应的处罚。⑥ 相较之

---

① 1515 年,伦敦富商理查德·亨尼因拒绝为其孩子的去世向教会交纳献金,而遭到天主教会的传唤,后来因为亨尼要反诉教会被指为异端,进而被投入监狱,最后竟莫名地死在狱中。教会声称亨尼为自杀,伦敦市民坚持认为是教会暗杀了亨尼,因此引起了民众对教会的极大的不满。

② 亨利八世第一位王后是阿拉贡的凯瑟琳(Catherine of Aragon)。而凯瑟琳是亨利七世为巩固王权令其长子阿瑟(Arthur)所娶的阿拉贡王室的公主,但阿瑟早亡;亨利七世出于原初的目的促成了亨利八世和凯瑟琳的结合。但亨利八世与凯瑟琳始终无子,仅有玛丽一女存活;亨利八世急于想要一子继承王位,而凯瑟琳因年龄偏大很难再孕。因此,亨利八世则以《圣经》为据向教皇提出离婚之诉,批准此事教皇本无难处;但由于凯瑟琳的侄子查理五世(Charles Ⅴ)既是西班牙国王又是神圣罗马帝国的皇帝,教皇迫于查理的压力拒绝批准亨利八世的请求。

③ Andrew Pettegree ed., *The Early Reformation in Europe*, Cambridge: Cambridge University Press, 1992, p.166.

④ *The Statutes of the Realm*, Vol.3, Buffalo: William S.Hein & Co., Inc., 1993, p.284.

⑤ *The Statutes of the Realm*, Vol.3, Buffalo: William S.Hein & Co., Inc., 1993, pp.285-288.

⑥ *The Statutes of the Realm*, Vol.3, Buffalo: William S.Hein & Co., Inc., 1993, pp.292-296.

前限制豁免权的法令,此法令直接废除了神职人员的部分刑事豁免权;并开始规范教会和神职人员的收入,限制其涉足世俗的产业。迫于亨利八世的压力"坎特伯雷大主教威廉·沃汉姆(William Warham)和其他七位主教于1532年共同签定了《神职人员服从书》(the Submission of the Clergy)承认亨利八世为教会的至尊元首且在属灵的事务上高于教皇"。① 英国教会的神职人员中坎特伯雷大主教地位最为尊贵,因此,上述服从书的签定代表着整个英国天主教会最终屈从于亨利八世。1529年议会的召开标志着英国自上而下的宗教改革进入实质性阶段,即由王室发起,以议会及时地通过各种相关法令逐步展开。

这一时期的宗教改革基本上是在托马斯·克伦威尔(Thomas Cromwell)②主持下进行的。1533年议会通过《限制上诉法令》(the Act in Restraint of Appeals),宣称英国是一个帝国(empire)且仅仅服从于国王,将来所有涉及宗教的上诉应当向国王提起而非罗马。③ 这一法令否定了教皇及罗马教廷在英国宗教诉讼上的最高司法管辖权,从法理上否定了罗马教廷的权威,为后来全面否定罗马打开了缺口;而这一点在后来的议会法令中被反复提及。鉴于"王在法下"的传统和"王在议会"原则,议会及其所通过的法令在整个王国内具有极强的权威。克伦威尔极为巧妙而充分地利用了这一点,议会在克伦威尔主导下成为推行宗教改革的有力的工具。

1534年议会通过了一系列法令进行诸多方面的宗教改革:

《限制圣俸法令》(Act Restraint of Annate)明令担任圣职者第一年圣俸(First Fruit)要交给国王而非教皇,大主教和主教由国王选任。④ 此法令核心不在于圣俸,而在于对大主教及主教的选任权纳入国王手中。教俗之间"圣职任免权"的争执一直存在,格列高利七世所发起的"教皇革命"在很大程度上就是要改变"圣职任免权"长期为世俗力量所掌握的局面。其后教

① Ken Powell and Chris Cook, *English Historical Facts*, *1485—1603*, London: The Macmillan Press Ltd., 1977, p.108.

② 克伦威尔原为亨利八世的权臣托马斯·沃尔西的助手,沃尔西因处理亨利八世的离婚案不力于1529年被迫离职。克伦威尔于1531年进入枢密院,至1533年已成为王室的首席大臣;亨利八世的宗教改革法令大都在克伦威尔主导下由议会通过。

③ *The Statutes of the Realm*, Vol.3, Buffalo: William S.Hein & Co., Inc., 1993, pp.427–429; Ken Powell and Chris Cook, *English Historical Facts*, *1485—1603*, London: The Macmillan Press Ltd., 1977, p.109.

④ *The Statutes of the Realm*, Vol.3, Buffalo: William S.Hein & Co., Inc., 1993, pp.462–464; Ken Powell and Chris Cook, *English Historical Facts*, *1485—1603*, London: The Macmillan Press Ltd., 1977, p.109.

皇权威日盛,逐渐掌控了"圣职任免权",这也是教皇所享有的对教会的"治权(potestas jurisdictionis)"①的核心部分。由此,这一法令直接否定了教皇对英国教会的"治权"。

《赦罪法令》(Dispensation Act)明令有罪之人应向坎特伯雷大主教而非教皇请求赦免,赎罪金交予国王,废除"彼得便士(Peter's Pence)"以及其它交给教皇的税收。② 赦免罪人的权力是教皇从圣彼得那里继承而来,而圣彼得的权柄源于基督所赐。这是教皇属灵性的源泉,也是教皇所享有的"圣秩权"的重要基础。此法令以强制性的国家行为和法律手段否定了教皇源于圣彼得的权柄和属灵性,即否定了其"圣秩权"的基础。

《神职人员服从法令》(Act for the Submission of the Clergy)明令除非在国王同意之下召开评议会(Convocation)否则神职人员不得制定任何法令,国王任命 32 人来审查先前存在的教会法,他们要根据国王的意见赞同或废除之。教会法的执行不得和国王特权相抵触,任何诉讼不得越过国王达致教皇或罗马教廷,并惩罚向罗马上诉之人。③ 这使得 1532 年由坎特伯雷大主教携其他主教所签定的《神职人员服从书》具有了法律效力。这一法令既将教会的立法权置于国王控制之下,又清算了此前已存在的教会法中与国王特权相抵触的部分。

《王位继承法令》(Act of Succession)主要申明国王和凯瑟琳的婚姻无效而离婚有效,相应地国王和安妮的婚姻有效;亨利八世和安妮所生的孩子为合法婚生子女,王位将由他们继承。④ 在离婚案上教皇的作为不能令亨利八世满意,此法令彻底甩开了教皇。亨利八世直接通议会获得了与凯瑟琳离婚以及与安妮结婚的合法性。

《至尊法令》(Act of Supremacy)明令国王为英国教会的最高元首,并有

---

① 主教职位的实质性内容是主教领导教会的权力,这一权力可分为"圣秩权"(potestas ordinis)和"治权"。前者为主教作为神职人员的宗教权力,即主持宗教仪式的权力;后者是主教作为教会领袖的统治管理权,即依照教会法处分教会财产以及审理案件的权力。教皇作为高于其他主教的罗马主教拥有对整个教会的"圣秩权"和"治权",对主教的直接任免权是教皇"绝对权威"的主要体现。参见彭小瑜:《教会法研究》,商务印书馆 2003 年版,第 181—192 页。

② The Statutes of the Realm,Vol.3,Buffalo:William S.Hein & Co.,Inc.,1993,p.465;Ken Powell and Chris Cook,English Historical Facts,1485—1603,London:The Macmillan Press Ltd.,1977,p.109.

③ The Statutes of the Realm,Vol.3,Buffalo:William S.Hein & Co.,Inc.,1993,pp.460-461.

④ 安妮全名为安妮·博林(Anne Boleyn),原为凯瑟琳王后的侍女。1533 年与亨利八世结婚,1536 年离婚,1536 年 5 月 19 日被处死,安妮和亨利八世的女儿后来成为伊丽莎白一世女王。

权纠正一切异端和犯罪。① 此法令虽然文本很短,但是却否定了天主教的核心教义——教皇为教会的最高元首;所以这一法令是对此前英国教俗两方所有违背天主教信仰的总括,奠定了整个英国宗教改革的基础。

《叛逆法令》(Treason Act)明令任何人希望或企图加害于国王、王后及其继承人或者剥夺其名号以及诽谤国王为异端者都将被宣布为最严重的叛逆。② 此法令将对诽谤国王为异端者也定为叛逆罪(High Treason),显然是为了在所推行的宗教改革中惩罚不顺从国王者。不论是忠于教皇的天主教徒还是新教徒,只要不顺服国王的意志提出批评者都在惩罚之列。后来很多人死于该法之下,如剑桥大学的约翰·费希尔和大法官托马斯·莫尔皆因为不支持亨利八世的改革而被判为叛逆罪并处以死刑。

上述一系列法令从司法管辖权、赦罪权、圣职任免权以及定立教义教规权等具体的环节否定了教皇对英国教会和信仰的"圣秩权"和"治权",将教皇的至上权威"合法地"转移到国王手中。但这一改革进程未涉及太多具体的天主教信仰、教义和教会组织的内容。此时英国的宗教已初步成为"没有教皇的天主教"。这一点在1536年议会通过的《消除教皇权威法令》(An Act extinguishing the authority of the Bishop of Rome)③中得到全面地反映。但是亨利八世出于现实利益的考虑极力主张解散修道院,因为很多修道院是由教皇直接控制的。④ 这在客观上将削弱天主教在英国的势力,更为重要的是亨利八世在克伦威尔和克兰默等人的辅佐下推行了简化天主教教义和仪式的改革,并批准了英语本《圣经》的出版和使用。

亨利八世成为英国教会的至尊元首,获得了对教会的绝对控制权并得到国内教会力量的认同,教皇将其开除教籍已没有任何实际意义,丝毫不能动摇亨利八世在教俗两界的至尊地位。随后他开始针对国内的修道院和天主教教义及礼仪进行改革。1535年克伦威尔开始制定计划攫取教会的财富。1536年和1539年议会分别通过了《解散小修道院法令》(An Act for dissolution of the Lesser Monasteries)⑤与《解散修道院法令》(An Act for dissolution of Abbeys)⑥。这两项法令明令修道院的土地和财产都要交予国王和其继承人。由此,国王先后解散了英国几乎全部的大小修道院,这一持续数

---

① *The Statutes of the Realm*, Vol.3, Buffalo: William S.Hein & Co., Inc., 1993, p.492.

② *The Statutes of the Realm*, Vol.3, Buffalo: William S.Hein & Co., Inc., 1993, pp.508−509.

③ *The Statutes of the Realm*, Vol.3, Buffalo: William S.Hein & Co., Inc., 1993, pp.663−665.

④ 彭小瑜:《教会法研究》,商务印书馆2003年版,第190—192页。

⑤ *The Statutes of the Realm*, Vol.3, Buffalo: William S.Hein & Co., Inc., 1993, pp.575−578.

⑥ *The Statutes of the Realm*, Vol.3, Buffalo: William S.Hein & Co., Inc., 1993, pp.733−739.

年的掠夺性改革为国王带来了丰厚的收入,其中包括大量的地产,这几乎彻底肃清了修道院的力量。

显然,亨利八世的所谓改革更多的是出于现实利益的考虑:一方面是要打击继续效忠教皇的修士,另一方面解散修道院所没收的地产和其它财富可以解决王室财政困难。但解散修道院在客观上确实极大地削弱了英国天主教的力量,并培养了一股强大的反天主教势力。由于原属修道院的地产等现实利益经亨利八世之手转移到世俗贵族和乡绅手中,他们作为既得利益集团自然极力维护其丰厚的收益而反对恢复天主教。这不仅为后世实现信仰解放的宗教改革培养了新生力量,而且由于社会财富的大洗牌,新兴社会阶层得以成长起来。

亨利八世之后,英国经历了爱德华六世与玛丽一世的反复,最终在伊丽莎白一世时期确立了安立甘宗的国教地位。伊丽莎白一世于1558年继位。1559年1月第一次议会召开,议会通过的第一个法令就是《恢复王权至尊法令》(*An Act restoring to the crown Jurisdiction over the State Ecclesiastical and Spiritual*)。该法令恢复了《限制圣俸法令》、《赦罪法令》、《王位继承法令》以及《至尊法令》等几乎所有亨利八世时期所通过的宗教改革的法令,并反复申明国王享有对教会和属灵事务的最高权威,废除所有来自国外的对英国教会的权威。特别明令大主教、主教以及其他教俗臣属都要宣誓王权至尊,拒绝宣誓者将失去晋升机会甚至失去职务。如果神职人员在王国内保持任何国外的在属灵事务上的管辖权,第一次触犯则罚没其财物,如不足20镑则处一年监禁,并剥夺其圣职;到第三次触犯则上升到叛逆罪。[①] 伊丽莎白一世继位之后通过的第一个法令就直接恢复了亨利八世的一系列的宗教改革法令,尤其是通过《王位继承法令》申明了亨利八世和安妮的婚姻合法,其子女为合法的王位继承人。这一法令的颁布则昭告世人其王权是先王及先王议会所定,拥有充分的合法性。然而,之前罗马教廷曾否定亨利八世和安妮的婚姻合法,因此伊丽莎白继位为女王等于否定了罗马教廷在英国的权威。恢复《至尊法令》等法令重新确立了王权在教会和属灵事务上的至尊权威,也就是否定了玛丽一世天主教回潮。这表明伊丽莎白一世倾向于较为保守的宗教政策,继承亨利八世的路线断绝英国教会与罗马教廷的关系,在英国建立王权至上的教会。

鉴于国内外复杂的信仰状况,伊丽莎白一世更多地考虑寻求较为稳妥的宗教信仰政策,以达到巩固王权和安邦定国的目的。所以其并非单纯地

---

① *The Statutes of the Realm*, Vol.3, Buffalo: William S. Hein & Co., Inc., 1993, pp.350-355.

基于宗教信仰来确定整个王国宗教走向,而是顾及到诸多复杂的教俗状况,这是伊丽莎白一世比爱德华六世和玛丽一世更为英明之处,甚至其驾驭各种力量的能力和包容性超过了亨利八世。议会通过的第二个法令就是《统一法令》(*The Act of Uniformity*),明令恢复使用 1552 年的《公祷书》。教士根据《公祷书》进行圣事,惩罚拒绝使用此《公祷书》者,且针对有无圣职者的不同触犯程度,规定了具体而详细的处罚方式。① 强制使用 1552 年的《公祷书》表明伊丽莎白一世在坚持王权至上的教会组织形式的同时,在信仰的内容上接受新教的教义和信仰。这一兼容并包的原则贯穿伊丽莎白一世的整个执政历程。

由国王主导的自上而下的宗教改革在教义和信仰上接受了大量的新教教义,但是在教会结构和管理上却具有很强的天主教色彩。这是由亨利八世所开创的宗教改革路径所决定的,也是符合英国宗教改革历史发展的自然逻辑的。强势的王权在控制教会和信仰之后必然不能自我否定进而放弃对教会的权力,以真正实现信仰的自由。国王成为教会的最高元首,掌握着主教的任免权。教会的公会议如若没有国王的命令则不能召开,更不能制定有关教会和信仰的法令。其实,英国国教形成的过程中又逐渐强化了王权,藉此国王能够合法有效地控制教会的"圣秩权"和"治权"。这既有利于杜绝罗马天主教权威的渗透,同时也有利于防止国内和大陆激进的新教力量威胁到英国国教的存续,进而危及国王对教会的控制,乃至对整个王国的有效统治。英国的宗教改革建立了国教安立甘宗,实现了宗教信仰的国家化,也确立了王权的至尊地位。"王权至尊"才是亨利八世和伊丽莎白一世真正追求的目标。"王权至尊"打破了英国历史上长期存在的"有限王权"传统,随之而来的是国王对司法领域的深度干预。在国王的主导下,英国引入了罗马法的很多因素,除了将衡平法庭转变为听命于国王的法庭之外,还设置了一系列特权法庭,这些法庭的发展挤压了普通法法庭的生存空间,这给英国传统法治的发展带来了巨大的危机。

第二节　人文主义法学的传入与普通法的危机

随着文艺复兴运动的兴起,15、16 世纪意大利、法国以及德国先后兴起了罗马法的人文主义法学派。该学派是罗马法复兴进程中一个重要流派,是在注释法学派和评论法学派之后出现的,主张用历史的方法来研究罗马

---

① *The Statutes of the Realm*, Vol.3, Buffalo: William S.Hein & Co., Inc., 1993, pp.355-358.

法,反对注释法学派局限于原始文本对罗马法所做的机械注释以及评论法学派立足于现实对罗马法的过度解释。实质上,人文主义法学是人文主义对古典文献的回归在法学领域的表现。人文主义法学派主张对罗马法的研究也要回归罗马法最初的文本。这是 12 世纪罗马法复兴潮流与 13、14 世纪文艺复兴运动对接的产物。更为确切地说,这是罗马法复兴的潮流与文艺复兴运动中所倡导的回归古典的人文主义相融合的结果。

在意大利,这一学派的开创者是意大利法学家安德里亚·阿尔恰托(Andrea Alciatus,1492—1550),但是阿尔恰托后期主要在法国阿维农(Avignon)等地讲学。这使人文主义法学在法国逐渐兴盛,法国随后出现了许多著名的人文主义法学家,法国成为这一学派的中心。① 由于亨利八世对罗马法研习的大力支持,人文主义法学也很快从欧洲大陆传入英国。虽然英国没有像法国那样出现有影响的人文主义法学家,但由于国王对人文主义法学家的支持和重用,人文主义法学深刻地影响了英国法律和司法机构的发展,冲击了普通法和普通法法庭的地位。

1485 年都铎王朝建立,由此开始英国逐渐实现了较长期的和平,文艺复兴运动也在战乱之后逐渐展开。实际上,都铎王朝建立之前英国已经开始向意大利学习人文主义知识,②15 世纪中后期意大利人文主义已经有了长足的发展,而且在英国国内先后由意大利人文主义者和学成归国的英国本土的人文主义者逐渐展开了对人文主义的讲授和学习。这为 16 世纪人文主义的繁盛奠定了基础,而人文主义在英国的发展直接影响着教育的走向,许多新兴的学校打破了教会对教育和知识的垄断,这一方面在教会之外逐渐孕育了世俗的知识体系,另一方面在神职人员之外慢慢培养了一个世俗知识阶层。这在本质上是在重新塑造着整个社会,从贵族到王室的官员,乃至神职人员中都有很多的人文主义者,这为人文主义法学的传入创造了条件。

---

① 法国先后产生了纪尧姆·布代(Guillaume Budé,1467—1540)、雅克·居雅斯(Jacpues Cujas,1552—1590)、弗朗索·霍特曼(Francois Hotman,1552—1590)、胡果·唐奈斯(Hugo Donellus,1527—1591)、弗朗索·康农(Francois Cannon)、杜阿兰(Duarenus)以及布里梭尼(Brissonius)这些杰出的人文主义法学家。参见[英]昆廷·斯金纳:《近代政治思想的基础》,奚瑞森、亚方译,商务印书馆 2002 年版,第 314—316 页;[英]戴维·M.沃克:《牛津法律大辞典》,李双元等译,法律出版社 2003 年版,第 540 页。

② 1450 年左右英国学者开始前往意大利学习人文主义学科(humanities),此后不久,众多意大利人文主义者到英国以新的方式讲授人文主义……牛津大学于 1450 年前后开始对人文主义学术表现了特别的倾向,剑桥大学在 15 世纪 80 年代的课程改革中强调人文主义学科。参见 Ronald H. Fritze ed., *Historical Dictionary of Tudor England*, *1485—1603*, New York:Greenwood Press,1991,pp.254-255。

　　梅特兰认为"人文主义使罗马法得以重生"①。梅特兰所指就是罗马法的人文主义法学派对罗马法的注释法学派和评论法学派的扬弃与发展。人文主义法学派运用人文主义中的文献考订和修辞等方法,分析判定先前存在的对罗马法的注释和评论,认为以前人们对罗马法原始法律文本存在误解。因此,他们倡导对罗马法的研习和"继受(Reception)"要回归文本。②这一复归罗马法原本的过程使先前对罗马法理解中存在的偏差得以纠正,并促使罗马法以一种本原的形式为世人所接受。

　　然而,昆廷·斯金纳认为经过人文主义法学派的努力,"查士丁尼罗马法典开始作为'被用旧的遗物'出现……习惯法应该作为评价法律义务和权利的正确分配的唯一可供选择的基础来加以系统化和应用"。③这或许是人文主义法学派中的一些学者的思想取向,但在实践中许多国家因为加强王权等现实需要对罗马法采取积极的态度,尤其德国对罗马法进行了全面的继受。在德国,"继受所依据的理论是不断增长的一个确信的观念,也即德意志民族的神圣罗马帝国乃是古罗马帝国的继续,因此罗马皇帝是德意志国王的前辈,他们的法律在德意志仍然有权要求有效……在罗马法训练下的法学家在德国受到重用……帝国最高司法法院于 1495 年成立时,半数成员均须精于法律,且一切成员都必须宣誓将按照帝国的普通法律——《民法大全》——进行判决。下级各法院效仿这一做法……不断地引用罗马法而排除日耳曼法的适用"。④可见,德国对罗马法的继受是以罗马帝国法统继承人的身份直接而全面地适用罗马法,且受到罗马法训练的法学家能够得到重用。虽然德国由于一直处于四分五裂的状态,缺乏统一的中央权力在帝国境内强力推行适用罗马法,并整合日耳曼习惯法。但是,德国对罗马法的继受并未因此无果而终,反而一直持续到后世。⑤这

---

①　Frederic William Maitland, *English Law and the Renaissance*, Cambridge: Cambridge University Press, 1901, p.8.

②　Frederic William Maitland, *English Law and the Renaissance*, Cambridge: Cambridge University Press, 1901, p.8.

③　[英]昆廷·斯金纳:《近代政治思想的基础》,奚瑞森、亚方译,商务印书馆 2002 年版,第318—319 页。

④　[英]戴维·M.沃克:《牛津法律大辞典》,李双元等译,法律出版社 2003 年版,第 944 页。

⑤　18、19 世纪德国历史法学派(Historical Jurisprudence)兴起,以胡果(Gustav von Hugo, 1764—1844)和萨维尼为主的力量坚持对罗马法以历史的方法进行研究和适用,他们因此成为德国历史法学派中的罗马学派;与此相对的是日耳曼学派,其坚持对传统的日耳曼法进行研究和适用。通过萨维尼的努力使德国对罗马法的继受得以延续,并因此影响了整个德国法发展的进程和现代德国法的罗马法化的程度。参见[英]戴维·M.沃克:《牛津法律大辞典》,李双元等译,法律出版社 2003 年版,第 521—522、537、1000—1001 页。

使得罗马法在德国法律制度发展的历史进程中起着决定性的作用,德国只是罗马法继受运动中的一个代表,长达数百年的罗马法继受运动遍及欧洲各国,英国尽管有着完备的普通法体系,但是也未能避免罗马法继受运动的冲击。

红衣主教雷金纳德·波尔(Cardinal Reginald Pole,1500—1558)由于在意大利受到了长期的人文主义教育,他推崇罗马法,并对英国普通法进行了严厉批判。他认为:"普通法没有稳固的基础,《法律年鉴》(The Year Books)中充满了诸多的矛盾,而且法官也没有被强制要求将这些年鉴作为法律的规则来遵循。法官有自由裁量权,这使得我们法律的程序和判决没有限制,诉讼要在很久之后才得以裁决。因此,必须对我们的法律进行改善,就像查士丁尼对罗马法所做的改善一样;以结束这种无限制的诉讼程序、简化冗长的法律,而且所有法律要以英语或拉丁语来书写。"①显然,波尔基于人文主义的知识背景敏锐地指出了普通法的僵化,包括实体法本身的繁杂和诉讼程序的拖沓。在波尔看来,普通法的诉讼过程是在没有确定章法下的任意而为,根本不足以有效地实现法律本应具备的确定性的正义,因此必须仿照查士丁尼改善罗马法的方式彻底改善普通法。"波尔主张在法律领域也进行一场宗教改革似的改革,以纯粹的古典的《查士丁尼摘要》(Justinian Digest)来取代中世纪的用法语、拉丁语及英语都不能恰当表述的普通法。"②波尔基于人文主义法学的学术背景审视了普通法的实体法和诉讼程序中存在的问题,并且希望英国的法律能够走向"罗马法化",甚至主张直接以罗马法取代普通法。

波尔除了对英国法律制度和司法实践进行尖锐批判之外,他极力主张,罗马法的学习是贵族教育中必不可少的,并指出罗马法是所有基督教国家的普通法,要接受罗马法以清除掉蛮族法……将罗马法作为英国的普通法。③波尔的理想是使英国的法律具有确定性,以实现法律和司法应该具有的效率和正义。这一理想含有对法律理性的追求,即对罗马法"成文的理性"④的向往。但是,波尔仅仅是在普通法之外对其进行批判,没有能够

①　Frederic William Maitland, *English Law and the Renaissance*, Cambridge: Cambridge University Press, 1901, p.42.

②　Theodore F.T. Plucknett, *A Concise History of the Common Law*, New York: Aspen publishers, Inc., 1936, pp.43-44.

③　Frederic William Maitland, *English Law and the Renaissance*, Cambridge: Cambridge University Press, 1901, pp.43-44.

④　[英]昆廷·斯金纳:《近代政治思想的基础》,奚瑞森、亚方译,商务印书馆2002年版,第318页。

真正理解普通法内在的理性。他主张将罗马法作为英国的"普通法",无疑忽视了普通法从亨利二世以来的坚固传统,更忽视了现实中庞大的普通法法官和律师群体对普通法的坚决捍卫力量。显然,波尔的理想和诉求在当时的英国明显太过激进了,但是人文主义法学却得到了英国国王的支持,尤其亨利八世和伊丽莎白一世从加强王权的需要出发巧妙地利用了人文主义法学派的观点和主张。此后,罗马法深刻地影响了英国的法学教育和司法机构的格局。

英国人文主义法学的兴起,并得以在大学中讲授,这很大程度上得益于亨利八世的直接支持。他认识到罗马法对加强王权的价值,大力支持对罗马法的研习。"亨利八世禁止对教会法的研习,鼓励研习罗马法并在牛津大学和剑桥大学设立教授席位讲授罗马法。人文主义者托马斯·斯密斯(Thomas Smith)成为剑桥大学的教授,他具有很高的希腊文造诣,而且是帕多瓦大学(the University of Padua)法律博士。在被任命为剑桥大学的教授之后,他访问了法国,并将那里正在传播的新的法学引入了英国。"①斯密斯所引入的所谓新的法学就是在法国盛行的人文主义法学。

然而,人文主义法学在英国的发展远没有像法国那样,在意大利人文主义法学传入之后法国就逐渐成为这一学派活动的中心。在英国,仅仅是在国王的支持下引入了人文主义法学派,英国国内并未涌现有影响的人文主义法学家。伊丽莎白一世时期,女王"邀请了人文主义法学家弗朗索·霍特曼(Francois Hotman,1524—1570)到牛津讲学"。② 之后,国王又邀请了几位欧洲大陆的人文主义法学家来英国讲学,但是英国有着深厚的普通法传统,缺乏罗马法学家成长的土壤和环境。显然,在学术研究层面,英国国内对罗马法的人文主义法学派的继受和发展远不如欧洲大陆。尽管如此,但人文主义法学家在英国司法和政治实践中却得到了重用,这一时期罗马法的精神和原则也被应用以改革司法和加强王权。这也符合英国政治和法治发展进程中的经验主义的传统,不注重形而上的学理探究,更看重形而下的制度变革。

在亨利八世邀请下任剑桥大学教授的斯密斯,后来在英国担任了一系列的教俗职务,广泛参与了这一时期英国世俗和教会法律实践。"斯密斯

---

① Frederic William Maitland, *English Law and the Renaissance*, Cambridge: Cambridge University Press, 1901, pp. 9 - 10; Henri Lévy-Ullmann, M. Mitchell tr., *The English Legal Tradition: Its Sources and History*, London: Macmillan and Co. Limited, 1935, p.185.

② Frederic William Maitland, *English Law and the Renaissance*, Cambridge: Cambridge University Press, 1901, p.13.

成为小额债权法院主事官（Master of Requests），①按照罗马法的程序进行审理和判决诉讼案件。他还相继担任了卡莱尔教区长（Dean of Carlisle）、伊顿公学校监（Provost of Eton）、驻法国王室大使（Ambassador to the Court of France）以及伊丽莎白女王的国务大臣（Secretary of State to Queen Elizabeth）。"②斯密斯不仅得到国王的延聘以讲授人文主义法学，而且受到国王的重用在王室中担任要职，甚至成为伊丽莎白女王的国务大臣。这表明了亨利八世和伊丽莎白一世等国王对人文主义法学家的肯定、接受和重用。

正是在人文主义法学的影响下，英国对罗马法的继受更加明显了。只是应当注意，英国对罗马法的继受与德国和法国迥异。德国以罗马帝国继承人的身份，在司法实践中力主全面继受罗马法，这一过程持续了数个世纪。法国虽然在南部地区一直适用罗马法，但其对罗马法的继受最突出的表现是培养了一大批优秀的人文主义法学家，他们对人文主义法学的发展做出了卓越的贡献，极大地推动了人文主义法学的发展。英国由于有着深厚的普通法传统，既不可能像德国那样在司法实践中全面接受罗马法，也没有土壤孕育出有卓越影响的研习罗马法的人文主义法学家。英国对罗马法的继受正如宫本正雄所说，是"无形而继受其思想，非有形而输入其制度"。③ 英国人继受了罗马法的原则和精神，并运用罗马法的原则和精神改变了英国的法律和政治制度。

英国对罗马法的继受主要表现在国家政治制度和司法机构变革方面，尤其是衡平法的发展和诸多特权法庭的设立。亨利七世和亨利八世等国王利用罗马法的精神和原则，依靠对议会的掌控逐渐强化了王权，设立了一系列的特权法庭。这在客观上重塑了英国的法律和司法结构，冲击了普通法的传统地位。除了新兴特权法庭对普通法司法管辖权的侵蚀之外，普通法出现危机还有其自身的原因。普通法自身的程序逐渐趋于僵化，普通法法官和律师也比较保守。当然，英法百年战争以来英国长期的动荡不安也是普通法日趋衰落的重要原因。都铎王朝建立后，亨利八世宗教改革使得国内再度处于动荡甚至恐怖之中，而外部也面临着欧洲大陆天主教力量的威

---

① 小额债权法院主事官，最初是小额债权法院的法定陪审员，后为该法院法官，小额债权法院是处理穷人和国王雇员诉讼案的枢密院常设委员会。小额债权法院主事官也是苏格兰王国官员之一。在 16 世纪小额债权法院主事官的职责是接受臣民请愿书，提醒大法官注意可呈交国王予以审议的国家事务、待决事务及请愿书。参见［英］戴维·M.沃克：《牛津法律大辞典》，李双元等译，法律出版社 2003 年版，第 742 页。

② Frederic William Maitland, *English Law and the Renaissance*, Cambridge：Cambridge University Press, 1901, p.10.

③ ［日］宫本正雄：《英吉利法研究》，骆通译，商务印书馆 1934 年版，第 111 页。

胁。长期的战乱和动荡的局势导致普通法失去了正常发展的外部环境。

对于普通法的衰落,梅特兰曾经指出,"1535 年莫尔被处死,年鉴(the Year Books)停止编纂。也就是说从爱德华一世起流淌了两个半世纪的判例汇编的清溪走向干涸","埃德蒙·伯克(Edmund Burke)认为'终结了判例汇编就是终结了英国法'";1547 年亨利八世去世后,学习普通法的学生抱怨普通法被弃置不顾,罗马法受到了众人的青睐,"普通法法庭几乎没有任何诉讼。十年后,在玛丽统治末期法官无事可做,对于很少的几位法官来说威斯敏斯特宫有着充足的活动空间","总之,16 世纪中期在都铎王朝治下我们古老的法律(指普通法引者注)绝无生气"。① 在梅特兰看来,从亨利八世到玛丽统治期间,普通法法庭冷清,普通法法官没有任何诉讼要审理。尽管梅特兰的评价有些言过其辞,②但他所引伯克的"终结了判例汇编就是终结了英国法"的论断,在一定程度上反映了 16 世纪上半叶普通法的衰落。普通法的实体法由浩如烟海的判例构成,而判例正是对所有先前的诉讼和法庭辩论以及判决所做的事无巨细的记录,没有了判例汇编的持续编纂普通法本身也就会止步不前。这也为巴黎大学比较法教授亨利·莱维·于尔曼所关注。③ 作为判例汇编的年鉴在 1535 年停止编纂,是普通法衰落的重要标志。

普通法衰落的自身原因是其诉讼程序日益繁杂以及普通法法官和律师的保守性。当时的人们"对普通法的实体法和诉讼程序存在着诸多抱怨,包括过分地强调技术性、繁琐的形式体系以及充满着混淆"。④ 从本质上讲,普通法的实体法和诉讼程序是一体的,因为普通法的实体法即判例就是对法庭辩论的记述,也就是对其诉讼程序的记述。更具实体法性质的法庭判决不是判例的主要部分,每一个判决都是从繁杂的诉讼程序中析出的。这就使得普通法本身变得日益繁杂,充满了混淆和不确定性,常人难以把握

---

① Frederic William Maitland, *English Law and the Renaissance*, Cambridge: Cambridge University Press, 1901, pp.21-22.

② 在都铎王朝时期普通法法庭的诉讼总量较以前有显著的增长,亨利七世治下增长较为缓慢;此后,从 16 世纪初到 16 世纪 30 年代之前由于伦敦的瘟疫、农业歉收以及民众动乱使其遭遇了严重的挫折,但是从 16 世纪 50 年代开始以及整个伊丽莎白一世时期诉讼数量获得了稳步的增长。参见 Ronald H.Fritze ed., *Historical Dictionary of Tudor England*, 1485—1603, New York: Greenwood Press, 1991, pp.114-115。

③ Henri Lévy-Ullmann, M. Mitchell tr., *The English Legal Tradition: Its Sources and History*, London: Macmillan and Co.Limited, 1935, p.187.

④ Henri Lévy-Ullmann, M. Mitchell tr., *The English Legal Tradition: Its Sources and History*, London: Macmillan and Co.Limited, 1935, p.187.

普通法的具体内容,不知道如何恰当地进行诉讼。

普通法案件的诉讼十分漫长而拖沓。16 世纪上半叶,普通法的地位受到挑战,"尽管普通法有着悠久的历史和稳固的地位,但是普通法法庭已不能有效地完成其任务;这根源于其复杂而拖沓的程序规则、高度发达的而只有内行才懂得诉讼技巧以及早已远离日常生活的制度"。① 普通法的法官和律师主导了每个案件的诉讼过程,诉讼当事人就像局外人一样等待着律师辩论之后的判决。尤其是普通法律师依靠所掌握的高超的诉讼技巧垄断着所有的普通法诉讼,这给他们带来可观的收入,自然这一普通法职业的诉讼群体会极力地维护这一法治体系。正如梅特兰所言:"天可以塌,玫瑰战争可以肆虐无道,但是他们要追求法庭辩论的程序。"② 尽管由此他们要在律师会馆(the Inns of Court)经年累月地研习先前的浩如烟海的判例。③ 显然,律师和法官的保守性也是普通法法庭日渐远离人们的日常生活而趋于僵化的重要因素。所以当高效快捷的新兴特权法庭出现后,人们自然会抛弃僵化的普通法法庭。

普通法的衰落与当时英国社会发展的实际进程紧密相连。从亨利八世开启宗教改革之后,英国就处于急剧社会变革中。国王依靠议会和特权法庭强力推行自上而下的宗教改革并残酷地镇压异己力量,从而引发了地方叛乱。此外,从 16 世纪初到 16 世纪中叶,英法之间先后于 1512—1514 年、1522—1525 年、1543—1546 年、1549—1550 年以及 1557—1559 年爆发了五次战争。④ 内外战乱必然使得普通法无从发展而走向衰落。可以说普通法在 12、13 世纪获得初步的发展之后,从英法百年战争开始直到 16 世纪中叶始终在内外战乱之中寻求生存和发展。这也正是从格兰威尔和布拉克顿之后直到柯克之前,英国再也没有出现能够对普通法做出全面而系统总结和整理的普通法法学家的重要原因。

随着国内商业和海外贸易的发展,英国社会经济生活日益繁杂,对新兴

---

① C.H.Williams ed.,*English Historical Documents*,*1485—1558*,London and New York:Routledge,1996,p.562.

② Frederic W.Maitland,Francis C.Montague and James F.Colby,*A Sketch of English Legal History*,New York and London:G.P.Putnam's Sons the Rnickerbocker press,1915,p.111.

③ 律师会馆发展出了一个非常复杂的法律教育体系,每一位学生都要在获准从业之前花上很多年的时间来听演讲、做演讲以及模拟辩论等。参见 Frederic W.Maitland,Francis C.Montague and James F.Colby,*A Sketch of English Legal History*,New York and London:G.P.Putnam's Sons,1915,p.111。

④ Ronald H.Fritze ed.,*Historical Dictionary of Tudor England*,*1485—1603*,New York:Greenwood Press,1991,pp.12—21.

的社会经济领域进行制度性规范和调整日益必要,而普通法是从根源于农本经济基础上的日耳曼习惯法发展而来的,在本质上是调整土地关系和纠纷的一套法律体系。由于普通法固守传统而愈发落后于时代,从客观历史条件来看,特权法庭是在普通法无法为社会发展提供恰当的司法救济的情况下出现的,是英国在继受罗马法基础上的创新。然而,衡平法庭和诸多特权法庭大多直接听命于国王,破坏了普通法一直固守的相对独立的司法地位,英国原有的"王在法下"的有限王权传统受到前所未有的挑战和冲击,在《大宪章》和普通法基础上发展而来的英国传统法治面临着巨大的危机。衡平法庭的畸变和特权法庭的兴起成为英国王权膨胀的有力工具,同时也成为英国法治发展进程中的巨大障碍。

第三节　衡平法庭的畸变

衡平法庭最初是作为普通法法庭的有益补充而存在的,主要处理普通法法庭未能给予适当审理或救济的案件。衡平法庭在诉讼的价值追求、法律原则以及具体的法律规则等很多方面都受到罗马法的深刻影响,但它是植根于英国的历史实际逐渐发展出来的一套完备的法律体系和诉讼模式。然而,在亨利八世发起的宗教改革之后,衡平法庭经历了一个世俗化的过程,后来逐渐受制于国王,为王权的绝对性和神圣性而摇旗呐喊。而且衡平法庭还借助国王的支持盲目扩张,造成了司法秩序的混乱。到斯图亚特时期,衡平法庭已经逐渐成为王权膨胀的工具,完全失去了其原有的追求公平与正义的司法理念。这一时期,衡平法庭已经成为英国传统法治的破坏性力量。

衡平法庭的前身是大法官庭(Court of Chancery),由大法官(Lord Chancellor)主持的司法活动逐渐在普通法之外发展出来一个独立的法律体系,被称为衡平法。"在不列颠和撒克逊时期大法官与大法官庭就已经存在,而且大法官庭是签署起始令状的唯一法庭。"[1]实际上,大法官的名称源于罗马帝国,后为基督教会所继承。在罗马帝国的废墟上建立起来的国家都保留了大法官一职。英国大法官早期的职权主要包括掌管国玺、起草签署普通法诉讼的起始令状(original writ)以及指导普通法的诉讼等。[2] 因此,

---

[1]　Edward Coke, *The Fourth Part of the Institutes of the Laws of England*, London, 1644, p.78.

[2]　Wayne Morrison ed., *Blackstone's Commentaries on the Laws of England*, Vol.3, London: Cavendish Publishing Limited, 2001, p.40.

在普通法诞生之后,大法官庭开始负责起草与发布普通法诉讼的起始令状,以此直接参与普通法的诉讼。

大法官庭适用两种法律,一种是王国的制定法,一种是衡平法(the rule of equity)。① 大法官庭适用的衡平法在本质上与罗马裁判官法(jus praetorium)相近,②"裁判官法生动地反映着公平原则(aequitas),是对社会的具体要求的灵活适应……裁判官法与市民法的划分使得后者得以根据自己的逻辑和传统发挥作用,同时也使得裁判官得以采用诉讼手段和制裁手段灵活地发挥作用,这些手段表面上不使市民法受任何损伤。恰恰是裁判官法使得罗马法在共和国时代经历了最广泛的变革,并且使之充分适应着罗马社会的各种发展"。③ 衡平法之于普通法就正如裁判官法之于市民法,裁判官法是以所谓公平、正义的判决弥补市民法的不足,衡平法同样是弥补普通法的不足,以更好地调整不同社会主体之间的利益纠纷。大法官以"国王良心的守护者(the keeper of the king's conscience)"的身份来主持诉讼以实现公平和正义,这一过程和结果也正是罗马裁判官所遵循与追求的。因此,英国衡平法很好地承继了罗马法的司法理念和法律原则。

"这一法庭经常处于开庭期,如果某人在闭庭期遭到不当的监禁,大法官可以授予其人身保护令(habeas corpus),并根据法律对其做出适当的处理。即便在开庭期王座法庭或普通民事法庭都不能授予这一令状,但是大法官庭无论在开庭期或闭庭期都能够授予这一令状。"④大法官庭比王座法庭和普通民事法庭都要灵活,能够及时地纠正司法中存在的不当之处,为民众提供适当的司法救济。实际上,大法官庭即是依据国王的授权,对普通法诉讼中存在的缺陷进行纠正和完善。如果诉讼当事人在普通法法庭受到非正义的对待,可以直接向作为"正义的源泉(fons justitiae)"的国王及其咨议会寻求救济。"大法官从12世纪以来就是咨议会的核心成员,其经常主持国王咨议会的会议,并以司法性的方式处理这些呈递上来的请愿(petitions)……国王是'正义的源泉',这也是国王的特权……大法官则是代表国王为臣民实现正义。"⑤可见,大法官最初是在国王咨议会进行司法

① Edward Coke,*The Fourth Part of the Institutes of the Laws of England*,London,1644,p.79.

② Wayne Morrison ed.,*Blackstone's Commentaries on the Laws of England*,Vol.3,London:Cavendish Publishing Limited,2001,pp.39-40.

③ [意]朱塞佩·格罗索:《罗马法史》,黄风译,中国政法大学出版社1994年版,第257页。

④ Edward Coke,*The Fourth Part of the Institutes of the Laws of England*,London,1644,p.81.

⑤ Henri Lévy-Ullmann,M. Mitchell tr.,*The English Legal Tradition:Its Sources and History*,London:Macmillan and Co.Limited,1935,p.301.

活动的,从本质上说大法官领导下的咨议会就是普通法的"上诉法庭",虽然因其直接源于国王特权而更具行政性,但却在一定程度上弥补了普通法初创时期的不足。大法官在这些司法活动中处于核心地位。由于是为实现国王之于臣民的"正义"而进行司法,大法官也就当然地成为"国王良心的守护者",大法官主持之下的诉讼也就成为依据良心进行的诉讼。这一特性奠定了后世衡平法和衡平法庭最为根本的司法理念。

到了 14 世纪,"1340 年,在爱德华三世治下议会通过的一项法令将大法官庭作为法庭和普通法法庭相提并论"。[1] 这一法令通常被认为是大法官庭作为真正意义上的司法机构出现的标志,也是大法官庭向衡平法庭转变的开端。但此后很长时间里大法官并未获得真正独立的司法权,"根据威廉·霍兹沃斯爵士(Sir William Holdsworth)所言,1474 年大法官作为大法官庭的首脑第一次行使独立的司法权,在 15 世纪的绝大部分时间里,大法官庭司法权的行使仍然和咨议会以及普通法法庭保持着紧密的联系⋯⋯审理案件仍要在咨议会而不能仅仅在大法官面前进行"。[2] 显然,直到 15 世纪末大法官和大法官庭才拥有了真正独立的司法权。从 1340 年大法官庭作为法庭被议会法令认可开始,经历了近一个半世纪的发展,衡平法庭最终得以产生。

15 世纪末至 16 世纪初,衡平法庭还没有规范的诉讼程序,依靠大法官个人进行诉讼。布莱克斯通认为:"16 世纪早期,这一法庭还没有规范的司法制度,当诉讼者遭遇不公正时,将依据大法官个人观点得到一个超越程序的救济,而大法官一般是一位教士,有时(尽管极少)是一位政治家(statesman)。从爱德华三世治下 1372 年或 1373 年索普(Thorpe)和尼维特(Knyvet)担任大法官直到 1530 年[3]托马斯·莫尔被亨利八世擢升为大法官,这期间在这一法庭上从没有律师参与诉讼。"[4]显然,衡平法庭在 16 世纪早期还处于草创阶段,根本不存在规范的司法程序。此外,大法官大都由教士担任,而且法庭诉讼也没有律师。由此可见,这一时期衡平法庭仅仅依靠大法官的个体的理性或者说凭借其"良心"进行诉讼。这虽然

---

① *The Statutes of the Realm*, Vol.1, Buffalo: William S. Hein & Co., Inc., 1993, pp.282–283.

② Henri Lévy - Ullmann, M. Mitchell tr., *The English Legal Tradition: Its Sources and History*, London: Macmillan and Co. Limited, 1935, pp.296–297.

③ 托马斯·莫尔在 1529 年至 1532 年之间担任大法官,此处布莱克斯通认为托马斯·莫尔被亨利八世擢升为大法官在 1530 年应为 1529 年之误。

④ Wayne Morrison ed., *Blackstone's Commentaries on the Laws of England*, Vol.3, London: Cavendish Publishing Limited, 2001, pp.42–43.

使其针对具体的诉讼有着充分的灵活性以弥补既有法律的缺陷,但伴随
着灵活性的是不确定性与不可预期性。另外,由于大法官多为教士,他所
受的教会教育使其仅仅具有罗马法和教会法的知识,无从掌握普通法,又
没有律师参与诉讼,这使得衡平法庭更具有罗马法和教会法的特质。在
这一时期,衡平法庭还仅仅是普通法法庭的补充,二者之间没有出现司法
权之争。

在英国宗教改革之后,衡平法庭经历了明显的世俗化过程。这主要表
现在大法官的变化上。"直到宗教改革之前,大法官多为教士担任,沃尔西
是最后担任大法官的教士之一。托马斯·莫尔担任大法官开创了世俗律师
充任大法官的先河。其后的里奇(Rich,1547—1551)、尼古拉斯·培根
(Nicholas Bacon,1558—1579)、托马斯·埃杰顿、弗朗西斯·培根都是律师
出身的大法官,仅有詹姆斯一世时期的威廉姆斯(Williams,1621—1625)是
教士出身。"①可见,宗教改革对衡平法庭的发展产生了巨大的影响,大法官
一职从教士转移到世俗律师之手。这些律师长期受到普通法的浸润,将普
通法的诸多特性融入衡平法的发展中。尤其是在弗朗西斯·培根等人的努
力下,衡平法的诉讼程序和实体法规则日益系统化,衡平法逐渐走向成熟。
这在更深层面反映了国王主导下的宗教改革销蚀了教会的力量,以国王为
核心的世俗力量掌握了衡平法庭。

王权控制下的衡平法庭逐渐沦为国王的奴仆,尤其是在詹姆斯一世时
期,衡平法庭在埃杰顿和培根的主持下为维护国王特权而摇旗呐喊,埃杰顿
和培根的言论直接体现了这一点。埃杰顿认为,"国王是法律的创造者,这
是上帝在《圣经》中所讲明的",培根则认为"王国内的 12 位法官就像所罗
门王座下的 12 只雄狮,法官就是国王的雄狮,他们必须谨小慎微,不能在任
何方面妨碍或反对国王"。② 很显然,埃杰顿和培根作为衡平法庭的大法官
已经完全臣服在詹姆斯一世的王权之下,并以《圣经》中王权神圣的观念来
捍卫国王的绝对权力和"君权神授"观念。衡平法庭和大法官从上帝的正
义与善走向了对世俗王权的屈服,与其它特权法庭一样成为加强王权统治
的工具。正是衡平法庭自身的转变和国王的支持促使其开始与普通法法庭
争夺司法权。

1615 年,普通法职业共同体的领袖爱德华·柯克与衡平法庭展开了抗

---

① Henry Lévy-Ullmann, *The English Legal Tradition : Its Sources and History* , London : Macmillan and Co.Limited ,1935 ,pp.292-293.

② Catherine Drinker Bowen, *The Lion and the Throne* , Boston and Toronto : Little, Brown and Company ,1957 ,p.294.

争,结果遭到了惨败。① 柯克要面对的衡平法庭大法官是埃尔斯米尔男爵
(Baron Ellesmere),②即极力维护王权神授的埃杰顿。"埃尔斯米尔通过重
新审理普通法法庭已做出判决的案件来扩张衡平法庭的司法权,干预普通
法法庭的司法活动。实际上,衡平法庭应当是对普通法没有审理的不当行
为给予纠正,但是埃尔斯米尔鼓励普通法法庭已经做出判决的案件当事人
向衡平法庭求助。因此,很多败诉的诉讼者转而寻求另外的途径,这导致了
成千上万的案件积压起来。于是,王座法庭决定衡平法庭不得干预普通法
已经做出判决的案件,除了议会上院之外,王座法庭审理的案件不得进行上
诉。"③显然,衡平法庭和普通法法庭的司法权之争已经到了非常激烈的状
态,主要原因是在埃杰顿主导下衡平法庭的盲目扩张,这对原有的司法秩序
造成严重的破坏,衡平法庭成为英国法治存续与发展的障碍。

　　大法官埃杰顿(Sir Thomas Egerton)曾亲自撰写著作宣扬衡平法庭的特
权,书名即为《衡平法庭的权利与特权》(*The Priviledges and Prerogatives of
the High Court of Chancery*)。埃杰顿声称:"衡平法庭如同议会一样是处于
第二位的法庭,提供正义惩治犯罪,衡平法庭仅在国王及其枢密院之下,要
在王座法庭以及其它法庭之上。"④埃杰顿将衡平法庭与议会并列,地位仅
次于国王及其枢密院;实际上,议会上院是王国内最高的上诉法院,依据传
统的"王在议会"原则,国王及其枢密院不能超越议会。不过,埃杰顿的这
一主张符合其王权神授观念。公开表明衡平法庭要在王座法庭以及其它法
庭之上,这是对普通法法庭的公然挑衅。埃杰顿的这种态度和其政治取向
紧密相关,"埃杰顿是一位狂热的保王主义者,他宣称:'君主就是法律,像
罗马皇帝一样。我们的制度就是需要服从和敬畏,而非在饮酒或抽烟时轻
率地谈论。'埃杰顿签署了大量的强制性命令以限制诉讼当事人在普通法

①　F. W. Maitland, *The Constitutional History of England*, London: Cambridge University Press, 1908,
　　p.270.
②　埃尔斯米尔男爵,原名为托马斯·埃杰顿(Thomas Egerton),1572 年获得律师资格,拥有丰
　　富的衡平法庭诉讼经验。1581 年担任副总检察长,1592 年任总检察长,1594 年成为案卷
　　保管法官(任期至 1603 年),1596 年成为掌玺大臣。他深受女王信任并成为其顾问委员
　　会成员。1603 年他被封为埃尔斯米尔男爵,并出任大法官一职。在同柯克进行的普通法
　　法庭和衡平法庭地位之争中,埃尔斯米尔男爵成功地维护了衡平法庭的最高地位。1616
　　年被封为布雷克利子爵。参见[英]戴维·M.沃克:《牛津法律大辞典》,李双元等译,法律
　　出版社 2003 年版,第 358 页。
③　John Hostettler, *Sir Edward Coke: A Force for Freedom*, Chichester: Barry Rose Law Publishers
　　Ltd., 1997, p.85.
④　Sir Thomas Egerton, *The Priviledges and Prerogatives of the High Court of Chancery*, London,
　　1641, p.Part C.

法庭进行诉讼,如果他们已经获得普通法法庭的判决,埃杰顿则限制判决的执行"。① 在埃杰顿的主导下,衡平法庭与普通法法庭之间已经不是单纯的司法权之争,其中包含着明显的政治取向之争,埃杰顿要立足于衡平法庭为王权膨胀摇旗呐喊,并强硬地阻碍普通法法庭进行正常的司法活动。

衡平法庭的做法违背了爱德华三世在位期间的议会法令,即1353年议会通过的第一项法令,该法令明确规定:在得到国王法庭给予的判决之后,王国内任何人不得在其它法庭对已做出的判决提出控告。否则当事人要在两个月之内向国王及其枢密院、大法官庭或者王座法庭等做出合理的解释。在规定期限未能做出解释者将被逐出法外,不再受到国王的保护,其土地和动产要罚没归于国王,其人身要受到监禁,随后,要按照国王的意愿缴纳赎金。② 显然,早在爱德华三世时期就通过议会法令来禁止恶意的重复诉讼了,埃杰顿的做法正是鼓励诉讼者进行重复诉讼。但埃杰顿得到了詹姆斯一世的支持。维护国王特权的培根又对詹姆斯一世做出了倾向性的引导,培根直言衡平法庭是君主制的根基,直接依附于国王。因此,衡平法庭是王室权力安全而稳妥的守护者。于是,詹姆斯一世就直接干预此事并极力反对柯克,最终导致了柯克的努力归于失败。③ 在与衡平法庭的斗争中,以柯克为代表的普通法职业共同体并非仅仅面对衡平法庭的法官。因为衡平法庭的背后是国王的强力支持,以及以培根为代表的维护国王特权的政治力量,要遏制衡平法庭的发展实质就是对王权的抗争。国王不愿妥协时,普通法职业共同体的处境必然非常艰难,甚至会遭到国王和埃杰顿以及培根等人的强烈打压。显然,衡平法庭已经与国王成为利益共同体,其宗旨是维护国王的权益,而非实现司法的公平和正义。衡平法庭从"国王良心的守护者"转变为"王权的守护者"。

第四节 诸多特权法庭的兴起

除了衡平法庭之外,英国还出现了为数众多的特权法庭,其中包括星室法庭(Star Chamber)、宗教事务高等法庭、小额债权法庭(Court of Requests)、海事法庭(Court of Admiralty)等。此外,还有为加强对北部和西

---

① John Hostettler, *Sir Edward Coke: A Force for Freedom*, Chichester: Barry Rose Law Publishers Ltd., 1997, p.85.

② *The Statutes of the Realm*, Vol.1, Buffalo: William S.Hein & Co., Inc., 1993, p.329.

③ John Hostettler, *Sir Edward Coke: A Force for Freedom*, Chichester: Barry Rose Law Publishers Ltd., 1997, p.86.

部以及威尔士边境的控制而设置的北部委员会(Council of the North)、威尔士委员会(Council of the Wales)以及西部委员会(Council of the West)这些集司法和行政于一体的特权机构。英国国王对罗马法采取了比较务实的态度,并不是以罗马法直接取代普通法,而是在普通法体系之外按照罗马法的原则和精神,设置了许多特权法庭。这既避免了与普通法的直接冲突,又在强大王权控制下,针对特定领域的诉讼创设了专门法庭。实质上,特权法庭的出现肯定要削弱普通法法庭的司法管辖权,因此,双方之间必然存在着司法管辖权之争,这种竞争会随着特权法庭的增多和兴盛变得愈加激烈。特权法庭是为了应对新的形势而设立的,为了迅速整合与平定混乱局面,这些特权法庭多采用"纠问制"诉讼模式,从快从严处理各类案件,因此必定出现背离英国传统法治的现象。

实际上,早在都铎王朝创立之初,亨利七世为巩固王权就设立了星室法庭。亨利八世统治时期为推行宗教改革更是广设特权法庭,这导致了普通法和特权法庭之间的司法管辖权之争。在詹姆斯一世统治时期,16世纪的司法权的竞争演变为法庭之间激烈的斗争。普通民事法庭与王座法庭的法官皆力图削弱特权法庭的司法权。普通法高级法官群体是与特权法庭斗争的核心力量,在1606年至1616年长达十年的斗争中,他们都在致力于捍卫普通法至上的传统。① 这在根本上遏制了王权的无限膨胀,为英国保存了宪政与法治的薪火。

都铎王朝建立之后,为了肃清国内的敌对力量,恢复王国的和平与秩序,亨利七世积极推动议会通过惩治各种刑事犯罪的法令,其中最为核心的举措是设立了星室法庭。1487年,亨利七世通过议会法令创设了星室法庭,并授权其惩罚各种作奸犯科者。② 关于星室法庭这一名称的起源存在不同的说法,"柯克和托马斯·斯密斯以及其他人将其归因于该法庭大厅的屋顶饰有星形图案"。③ 这是得到普遍认同的观点。星室法庭的管辖权包括刑事和民事两方面,旨在惩治那些未能效忠国王,甚至阴谋叛乱的贵族。普拉克内特则认为:"1487年法令创设了一个专门实施议会所制定涉

---

① Harold J.Berman, *Law and Revolution*, *Vol.II*: *The Impact of the Protestant Reformations on the Western Legal Tradition*, Cambridge: Belknap Press of Harvard University Press, 2003, p.214.

② *The Statutes of the Realm*, Vol.2, Buffalo: William S.Hein & Co., Inc., 1993, pp.509−510; F.W. Maitland, *The Constitutional History of England*, London: Cambridge University Press, 1908, p.219.

③ Edward Coke, *The Fourth Part of the Institutes of the Laws of England*, London, 1644, p.65; Harold Potter, *An Introduction to the History of English Law*, London: Sweet & Maxwell Limited, 1926, p.69.

及刑事法令的机构。该法令分别于 1529 年、1535 年以及 1536 年进行了修改，以加强其权力……后来其又获得执行国王公告的权力。"①可见，星室法庭的管辖权主要在于刑事方面，并成为"刑事衡平法院（Court of Criminal Equity）"，"其司法管辖权不仅从混乱和无序中拯救了英国，使其实现了安定与和平。而且，通过对诽谤、阴谋反叛、伪造文书以及各种欺诈的处理丰富和发展了普通法"。② 在亨利七世结束了长达两个世纪的战乱创建都铎王朝之时，星室法庭在王权支配之下及时地惩治了地方和中央的敌对力量，为巩固王权和尽快实现和平起到了至关重要的作用。

尽管星室法庭在都铎王朝初创时期发挥了重要的作用，很好地稳定了王国内的政治局势和社会秩序。但是随着王权的不断强化，星室法庭的职权也出现了膨胀。在亨利八世开启宗教改革之后，它在国王推行宗教改革进程中发挥了很大的作用。"星室法庭在约克大主教、大法官沃尔西的努力下权力和影响大增，为了镇压北方贵族和乡绅的叛乱，在当时这一举措是非常必要的。"③随着宗教改革的深入，星室法庭逐渐转变为维护国王专制统治的工具。这一时期，星室法庭实行残酷的诉讼模式，甚至存在严刑逼供，这无疑与普通法的"抗辩式"诉讼模式相悖。斯图亚特王朝早期，它已经成为维护王权的利器。梅特兰认为，"在斯图亚特王朝最初两位国王的治下，星室法庭变得臭名昭著，以至于没有人怀疑长期议会（Long Parliament）将其废除是做了一件功德无量的好事。因为它已经变成了一个政治的法庭，一个残忍的法庭，变成了一个拥有神圣权力者依靠重刑强制推行宗教信条和仪式的法庭。在其协助之下，国王实行没有议会的统治，致力于赋予他的公告以议会法令的效力，征收议会下院所拒绝的税收"。④ 可见，星室法庭在斯图亚特王朝早期已经发展为王权走向专制的工具，而且利用严苛的刑罚强制王国内的臣民服从国王的专横统治。

宗教事务高等法庭是宗教改革的直接产物。伊丽莎白一世继位之后在议会通过的第一项法令就是恢复国王在英国教会中至尊地位的《恢复王权至尊法令》（An Act restoring to the crown Jurisdiction over the State Ecclesiastical

---

① Theodore F.T.Plucknett, *A Concise History of the Common Law*, New York：Aspen publishers, Inc.,1936,p.183.

② Harold Potter, *An Introduction to the History of English Law*, London：Sweet & Maxwell Limited, 1926,p.71.

③ Lan W.Archer and F.Douglas Price eds., *English Historical Documents*, *1558—1603*, London：Routledge,2011,pp.378-379.

④ Frederic W.Maitland, Francis C.Montague and James F.Colby, *A Sketch of English Legal History*, New York and London：G.P.Putnam´s Sons,1915,pp.118-119.

and Spiritual)。这一法令明确规定,废除英国之外的一切属灵的司法管辖权,王国内所有属灵的司法管辖权都归于王权之下。由国王任命一个专门的委员会来执行对宗教事务的最高司法管辖权。[1] 显然,宗教事务高等法庭是伊丽莎白一世为了继续推行确立英国国教的宗教改革而设立的最高宗教法庭,主要依靠现实中强大的王权来维护国王在教会中的至尊地位,代表王权惩罚不服从王国的宗教法令的信仰者。宗教改革期间议会通过的法令显著增多,伊丽莎白一世在位时期,议会通过了大量的法令,以推行宗教改革。包括改革和规定国教的教义、信仰以及宗教仪式等方面的法令,皆由宗教事务高等法庭在王国内强制实行。这在根本上否定了教皇和罗马教廷在英国境内的司法权,其合法性直接表现为议会通过法令的授权,实质上是源于国王的强权和特权。

宗教改革之前教会法庭是属于天主教会的,现在它们成为王国司法系统的组成部分,尽管是以主教的名义举行审判,但是与国王控制的其它世俗法庭并无实质性区别。教会法庭直接从属于国王的权威。[2] 宗教事务高等法庭就是为推行国王的宗教改革政策提供保障,惩罚违背国王宗教改革主张的臣民。在随后的发展中,宗教事务高等法庭分为北方宗教事务高等法庭(the Northern High Commission)和南方宗教事务高等法庭(the Southern High Commission)。北方宗教事务高等法庭主要应对天主教力量的威胁,但是其在 17 世纪早期就衰落了。相反南方宗教事务高等法庭却日益强大,尤其是在坎特伯雷大主教约翰·惠特吉夫特(John Whitgift)和伦敦主教约翰·阿利默(John Alymer)领导之下,其权势达到顶峰。该法庭主要为惠特吉夫特用来镇压和迫害清教徒。[3] 1591 年惠特吉夫特将宗教事务高等法庭的诉讼程序赋予星室法庭,并任命其亲信克里斯托弗·哈顿(Christopher Hatton)主持星室法庭的运行,这一进程促使星室法庭变得比宗教事务高等法庭更为高效。

惠特吉夫特及其控制下的宗教事务高等法庭遭到清教徒的非议和反抗。他们认为宗教事务高等法庭已经超越了 1559 年《恢复王权至尊法令》

---

[1]　*The Statutes of the Realm*, Vol.4, Buffalo: William S.Hein & Co., Inc., 1993, pp.352-355.

[2]　Christopher Hill, *Intellectual Origins of the English Revolution*: *Revisited*, New York: Oxford University Press, 1997, p.220.

[3]　清教产生于 16 世纪后半期,"不服从国教者"中有一部分人提出清除国教中的天主教的残余因素,他们的主张被称为"清教(Puritanism)",他们则被称为清教徒。实质上,清教是一个广泛的、不确定的名称,它包括着许多不同的集团和派别。16 世纪末,英国清教形成了两个主要派别,即长老派(Presbyterian)和独立派(Independents)。参见蒋孟引:《英国史》,中国社会科学出版社 1988 年版,第 336 页。

对其所授权的范围。但得到的答复是,女王陛下依据其特权创设了宗教事务高等法庭,那么女王陛下想要其权力有多大,其权力就有多大。① 宗教事务高等法庭的职能主要是镇压北部的天主教力量和南部的清教徒,并且其诉讼程序后来直接应用于星室法庭之中。因此,无论其是被定性为宗教法庭还是世俗法庭,在本质上都是源于国王的特权并成为王权进一步膨胀的工具。可见,宗教事务高等法庭与普通法法庭性质迥异。

对于宗教事务高等法庭存在的合法性,普通民事法庭的法官提出了质疑,并否定其司法管辖权。"普通民事法庭的法官否认宗教事务高等法庭为记录法庭(Court of Record),②即其没有权力处以罚金或监禁,仅仅剩下严刑逼供。他们认为无论伊丽莎白女王颁发什么样的特许状来建立这个宗教事务高等法庭,其都必须按照王国内可接受的教会法来运行。国王委任的法庭不能变更王国内的世俗法或教会法。""普通法和教会法都未允许宗教事务高等法庭有处以罚金或监禁的权力,只有议会法令而非王权才能授予其如此广泛的权威,而议会并没有通过这样的法令。"③在普通民事法庭法官看来,宗教事务高等法庭并不是记录法庭,不具有充分的合法性与完整的管辖权。他们认为宗教事务高等法庭处以罚金或监禁的权力既没有普通法和教会法的依据,也没有议会法令的授权,仅仅得到了国王的支持和授权。

北部委员会既没有议会的批准,也没有根据惯例,仅仅依据亨利八世的授权而设立。1536 年至 1538 年间,林肯郡(Lincolnshire)和约克郡(Yorkshire)先后爆发了大规模的宗教叛乱。其中,林肯郡的叛乱人数达到了四万。为了镇压叛乱,避免未来的危险,也为了保持北方各郡的安宁,亨利八世于 1537 年设立了北部委员会,并授予其很大的权力,以处理约克郡、诺森伯兰郡(Northumberland)、坎伯兰郡(Cumberland)以及威斯特摩兰郡(Westmorland)等北方地区的诉讼。④ 实际上,北部委员会的授权是源于特许状

---

① Ronald H.Fritze ed., *Historical Dictionary of Tudor England*, 1485—1603, New York: Greenwood Press, 1991, pp.238-239.

② 记录法庭是指其活动和程序均被登记以作为永久记录的法庭,而且有权惩罚蔑视其权威的人。这类法庭不仅包括高级法庭,还包括郡法庭和某些依法律而设立的具有特殊管辖权的法庭。参见[英]戴维·M.沃克:《牛津法律大辞典》,李双元等译,法律出版社 2003年版,第 278 页。

③ John Hostettler, *Sir Edward Coke: A Force for Freedom*, Chichester: Barry Rose Law Publishers Ltd., 1997, p.66.

④ C.H.Williams ed., *English Historical Documents*, 1485—1558, London and New York: Routledge, 1996, p.551.

或盖有国玺的委任状。然而,这一授权形式与既有的法律相悖,因为授予其权力的公文不应是私密的特许状,而应该是由议会通过的公开的法令。①显然,北部委员会的设立源于亨利八世的授权,并未得到议会的授权,因此其合法性是存在瑕疵的,该委员会与英国传统法治秩序相悖。

威尔士委员会全名为威尔士边区委员会(the Council in the Marches of Wales),这一机构的早期历史是不清晰的,因为关于这一机构在亨利八世继位之前的大多数档案都遗失了。威尔士边区的这一委员会可能起源于爱德华四世在位期间,它是由威尔士亲王咨议会发展而来。而威尔士亲王咨议会早在第一位威尔士亲王时期就已经存在,只是到了亨利七世时期才成为一个永久性的机构。亨利七世为其儿子亚瑟所设立的威尔士亲王咨议会,在1502年亚瑟逝世之后就变成了威尔士边区委员会。1534年,威尔士边区委员会获得了议会法令赋予的权力。1543年,它的司法权得到了另一个议会法令的确认。②显然,威尔士委员会存在的合法性很充分,有两次议会法令的授权,但其管辖范围存在问题。"赫里福德郡(Herefordshire)、伍斯特郡(Worcestershire)、希罗普郡(Shropshire)以及格洛斯特郡(Gloucestershire)被置于这一委员会的管辖之下,并伪称这四郡在威尔士边区之内。这四郡并非威尔士边区的组成部分,而是英格兰王国中非常古老的郡。"③威尔士委员会管辖范围超出了威尔士边区,扩展到了属于英格兰的四郡,这体现了国王对地方统治的强化,也体现了都铎王朝时期王权的膨胀。

实际上,北部委员会、威尔士委员会以及西部委员会都是集司法和行政于一体的特权机构,它们直接隶属于国王。16世纪30年代宗教改革之后,它们分别在王权统治较为薄弱的王国北部和威尔士边境以及西部地区发展成为强有力的统治机构。1537年亨利八世仿照改革后北部委员会建立了西部委员会。④"早在1530年,亨利八世就已经在威尔士设立了一个正式的委员会,用于维护威尔士及其边区的秩序,其权力来自国王的委任,而非枢密院的下属机构。"⑤北部委员会和威尔士委员会皆为直属于国王的特权

---

① Edward Coke, *The Fourth Part of the Institutes of the Laws of England*, London, 1644, pp. 245-246.

② C.H.Williams ed., *English Historical Documents*, 1485—1558, London and New York: Routledge, 1996, p.552.

③ Edward Coke, *The Fourth Part of the Institutes of the Laws of England*, London, 1644, pp.242-243.

④ [英]戴维·M.沃克:《牛津法律大辞典》,李双元等译,法律出版社2003年版,第269页。

⑤ Ronald H.Fritze ed., *Historical Dictionary of Tudor England*, 1485—1603, New York: Greenwood Press, 1991, pp.124-126.

机构,具有广泛的管辖权。虽然它们在稳定王国秩序方面起到了一定的作用。然而,它们存在的合法性存在瑕疵,管辖权也存在问题,它们的出现明显不符合王国的法律与传统。在设立初期,这些机构确实强化了对边远地区的管理,巩固了王权,但后来这些机构日益成为王权膨胀的工具。

不过,也有少数特权法庭有助于实现司法正义,弥补普通法法庭的不足,小额债权法庭和海事法庭就是典型代表。1493 年亨利七世从咨议会中选出一部分人由沃尔西在白厅组建了最初的小额债权法庭。掌玺大臣(The Lord Privy Seal)担任该法庭的庭长(president),主要受理穷人和国王仆人的诉讼。[①] 这一法庭主要是针对下层臣民,以简洁的司法程序处理小额民事案件。这弥补了普通法在这一领域的不足。因此,布莱克斯通认为它有衡平的色彩(colour of equity)。[②] 小额债权法庭纠正普通法法庭对于某些诉讼过于严厉的判决,在性质上它与衡平法庭相似,其权力源于国王个人的授权。[③] 因此,在伊丽莎白一世统治时期,"普通法法庭通过禁令禁止小额债权法庭诉讼的进行,并且宣布其没有从议会法令和普通法中得到任何权力进行诉讼。但是这一法庭仍得以持续发展,在詹姆斯一世在位时期还任命了四位主事法官(Masters Ordinary)"。[④] 显然,小额债权法庭的发展损害了普通法法庭的利益,因而遭到了普通法法庭的限制,但却得到詹姆斯一世国王的支持。对于小额债权法庭的发展,普通法法庭的态度与詹姆斯一世截然相反,这反映了普通法职业共同体并非单纯地维护英国的传统法治,以限制王权的膨胀。他们捍卫普通法至上的地位在一定程度上还蕴含着维护自身既得利益的目的,小额债权法庭显然能够弥补普通法司法的缺陷,这从深层次反映了普通法自身的局限性。可见,普通法的危机除了特权法庭的出现等外部原因之外,其自身的保守性和封闭性也是重要原因。

海事法庭是由爱德华三世在位时创建的,依据罗马法来审理诉讼。实际上,欧洲大陆的海事法典《奥列隆法典》早在亨利二世时期就已经传入英国,以弥补英国本土的法律在海事领域的缺失,不过并未创建专门的海事法庭。1337 年,英国人的海盗劫掠使得爱德华三世陷入了外交困境,国王需

[①] Harold Potter, *An Introduction to the History of English Law*, London: Sweet & Maxwell Limited, 1926, p.68.

[②] Wayne Morrison ed., *Blackstone's Commentaries on the Laws of England*, Vol.3, London: Cavendish Publishing Limited, 2001, p.40.

[③] Lan W. Archer and F. Douglas Price eds., *English Historical Documents*, *1558—1603*, London: Routledge, 2011, p.384.

[④] Harold Potter, *An Introduction to the History of English Law*, London: Sweet & Maxwell Limited, 1926, p.69.

要向佛兰德(Flemish)、热那亚(Genoese)以及威尼斯(Venetian)的商人支付赔偿金。为了处理海盗劫掠的赔偿问题,爱德华三世设立了一个专门处理海事纠纷的临时机构,之后又创建了专门的海事法庭。① 在王权的主导下,海事法庭作为专门的司法机构逐渐趋于成形,并由于现实的需要而渐趋完善。而且海事法庭的法官还曾经向国王提议禁止其它法庭受理海事案件,国王随后发布了符合这一提议的命令。实际上,其它法庭受理海事案件有着充分的合法依据,且在海事法庭审理的诉讼在普通法法庭一样能够得到裁判。反而依据既有的法律,海事法庭是无权审理王国内所有的契约或交易纠纷,无论交易是发生在陆地还是海洋。② 显然,海事法庭在发展过程中出现了和普通法法庭的司法管辖权之争,二者之间的司法管辖权之争在本质上是王权和普通法职业共同体之间的冲突。

都铎王朝时期,海事法庭的司法管辖权得到了进一步加强。"1524年,出现了海事法庭的庭审记录。1540年,亨利八世通过议会法令再次扩展了其司法权,尤其是对关涉船货的运输和损害的案件的管辖权。"③随着海外贸易的发展,海事法庭的管辖权逐渐从海盗活动发展到常规的海上运输领域,这也表明了海事法庭在王权主导下能够灵活地适应社会发展的现实需求。后来,海事法庭的司法管辖权不仅包括海上事务,而且包括陆地上一定范围内的商事。在16世纪末所有的商事法律关系都落在海事法庭的司法管辖权之下,其原则就是罗马法或者说大陆法。④ 其管辖权从单纯的海上事务扩展到所有的商事,海事法庭也就成为了英国专门的"商事法庭"。16世纪以来,海事法庭的迅速发展既源于王权的支持,也得益于国内商业和海外贸易的迅速发展。同时,海事法庭也促进了海外贸易的繁荣,弥补了普通法法庭在这一领域的不足。尽管存在如小额债权法庭和海事法庭这样能够有利于实现司法正义的特权法庭,但是它们的影响仅仅局限在特定的领域,更多的是处理债务和商事纠纷,对国家的公共秩序影响很小。然而,上述其它特权法庭却是直接从属于国王,为国王推行宗教改革与加强地方统治服务,成为王权膨胀的工具,这些特权法庭多数是与英国的传统法治

① Henri Lévy-Ullmann, *The English Legal Tradition Its Sources and History*, trans. M. Mitchell, London: Macmillan and Co. Limited, 1935, p. 190.

② Edward Coke, *The Fourth Part of the Institutes of the Laws of England*, London, 1644, p. 134.

③ Henri Lévy-Ullmann, *The English Legal Tradition Its Sources and History*, trans. M. Mitchell, London: Macmillan and Co. Limited, 1935, p. 191.

④ Henri Lévy-Ullmann, *The English Legal Tradition Its Sources and History*, trans. M. Mitchell, London: Macmillan and Co. Limited, 1935, pp. 191-192.

背道而驰的。

实际上，英国特权法庭的大量出现正是源于遍布欧洲的罗马法继受运动。欧洲许多国家因为加强王权的现实需要对罗马法采取积极的态度，这是人文主义法学在西欧各国得以兴盛的现实基础。亨利八世认识到罗马法对加强王权的价值，大力支持对罗马法的研习。① 由于亨利八世对罗马法研习的大力支持，人文主义法学很快从欧洲大陆传入英国，并深刻地影响了英国法律的发展。伴随着罗马法的复兴以及英国对罗马法的继受，在王权主导下英国设立了一系列特权法庭，罗马法的精神和原则重塑了英国的法律和司法体系。国王利用罗马法巩固王权、推行宗教改革以及发展海外贸易。

特权法庭造成了王权过分膨胀，诸多的特权法庭由于始终处于国王的直接控制之下而未能发展为具有独立司法权的机构，而成为执行国王意志的工具。面对特权法庭的兴起，普通法职业共同体试图遏制特权法庭的发展，但是特权法庭背后有着国王的强力支持。因此，普通法职业共同体的努力有时会遭遇对方的猛烈反击，而归于失败。不过，他们的努力在一定程度上制约了特权法庭的发展，维护了普通法至上的传统。霍兹沃斯对柯克给予了很高的评价，他认为："柯克的著作赋予了普通法至上观念和其它中世纪的观念以现代的形式。由于柯克著作的巨大影响，这些中世纪观念已经成为我们现代法律的一部分。如果说它们的影响还未能尽如人意，我们仍然需要牢记，正是它们使得英国人免遭严刑拷打式的刑事审判程序的迫害，并为英国乃至世界保留了法治的根本原则（the constitutional doctrine of the rule of law）。"②显然，以柯克为代表的普通法职业共同体的贡献不仅是在一定程度上遏制了特权法庭的发展，主要还在于传承了中世纪法律观念，并塑造了后世的司法体系，为英国现代法治的发展创造了条件。

从本质上看，新兴特权法庭的出现，与普通法的形成过程具有相似性。普通法起初就是在王权的基础上发展起来的，它依靠王权的支持逐步地侵夺了庄园法庭、封建法庭以及郡法庭等各类法庭的司法管辖权。普通法本身的成长同时又促进了国王对王国的有效统治，实现了国家法律的统一。特权法庭也是在王权主导下发展起来的，同样为国王的统治提供了有利的条件。所不同的是，普通法成熟之后反而成了限制王权的力量，它具有日益

---

① Frederic William Maitland, *English Law and the Renaissance*, Cambridge：Cambridge University Press, 1901, pp.9-10.

② William Searle Holdsworth, *A History of English Law*, Vol.5, London：Methuen & Co.Ltd., 1956, p.439.

明显的独立性,摆脱了王权的直接控制,逐渐成为维系国内自由和法治的力量。这正是国王企图摆脱普通法束缚,在普通法之外另起炉灶建立一套由国王直接掌控的司法体系的根本原因。但新兴特权法庭直接受制于国王,随着王权的膨胀它们逐渐成为王权走向专制的工具,由于王权的支持,特权法庭得以较快成长起来,逐渐和普通法法庭展开司法权之争,并取得一定的优势,国王和特权法庭成为利益共同体。衡平法庭的发展是最好的证明。它早期依靠源于罗马法和教会法的独特的诉讼程序,弥补了普通法的不足,但在宗教改革之后,衡平法庭在国王的支持下开始盲目扩张,大肆侵蚀普通法法庭的司法管辖权,打破了王权和普通法法庭之间长期以来形成的平衡,给英国以普通法为基础的传统法治带来了深刻的危机。

第四章　多元力量对王权膨胀的抗争与
传统法治的初步胜利

英国的传统法治在都铎和斯图亚特两朝经历了长期的危机。尤其是斯图亚特王朝的詹姆斯一世继位之后就致力于在英国实行绝对君主统治。在司法、生产贸易以及税收等领域王权大肆膨胀,侵犯了各阶层民众在传统上就享有的权利和自由。面对王权的膨胀,普通法职业共同体和新兴社会力量以及清教徒等多元力量在议会下院进行了持续的抗争。以柯克为代表的普通法法官对特权法庭的司法权扩张进行了抗争,对普通法的法律体系做了重新阐释,以适应新的社会环境。在普通法法官的努力下,普通法恢复了在英国法律体系中的至高无上的地位,实现了复兴。除了司法领域之外,王权的膨胀也延伸到了社会生产领域。为了获得可观的财政收入,国王颁授了大量的垄断特许权,这扰乱了社会生产和贸易的正常秩序,影响了社会经济的发展和民众的生活。垄断大量存在,不仅引发了通货膨胀,而且导致很多商品的质量非常低劣。为了改善这一状况,议会通过了《反垄断法》,以规范垄断特许权的颁授,保障民众的权利与自由。

查理一世继位之后延续了詹姆斯一世在位时期的统治方式,依然致力于在英国推行欧洲大陆式的绝对君主统治。在对外政策方面,查理一世也非常强硬,先后对法国和西班牙等国发动了战争。为了筹措战争经费,查理一世在王国内强行征税,甚至强行借款,并对不愿借款者施以刑罚,这显然是有悖《大宪章》和英国传统法治秩序的,国王侵犯了臣民长久以来就享有的自由和权利。议会下院抵制王权膨胀的反对派领袖爱德华·柯克起草了《权利请愿书》,旨在迫使查理一世回到《大宪章》签订以来的英国传统法治秩序中,以约束王权并维护臣民自由和权利,并推动议会下院通过了这一法令。多元力量对绝对君主取向的抗争扭转了王权过度膨胀的发展趋势,保留了英国传统法治的薪火。

第一节　对王权干预司法的抵制与普通法的复兴

长期的内外战乱之中蕴含着历史进步的辩证法,尤其是宗教改革开始之后,以国王为首的世俗力量剥夺了天主教会以及修道院的土地和财产,这些财富经由国王之手流向了社会。在这一过程中,社会财富出现了大洗牌,新兴的乡绅阶层获得了数量可观的土地。此后,社会财富的流转变得多样化,针对土地的法律诉讼也随之增多。因此,普通法在 16 世纪中叶之后得以慢慢复兴,"从 16 世纪 50 年代开始以及整个伊丽莎白一世时期诉讼数量出现了稳步的增长。尽管精确的数字很难得出,但在伊丽莎白一世统治末期王座法庭(the Court of King's Bench)和高等民事法庭(the Court of Common Pleas)每年总共审理 50000 件新的诉讼,这至少是 15 世纪末期诉讼数量的十倍。这主要源于诉讼程序的改革、土地买卖的繁荣、信用(credit)的广泛使用以及其它社会经济的变化"。[1] 可见,除了土地财富交易的繁荣和信用等商业手段的发展之外,普通法自身诉讼程序的变革适应了社会经济发展的新形势。

普通法的复兴还得益于伊丽莎白一世继位之后实行宽容的宗教政策,并且实现了王国的和平与稳定。新兴的社会阶层在获得大量土地财富之后,得以在和平的环境中成长。从这一时期普通法法庭诉讼当事人的组成上可以看出新兴阶层力量的发展状况,"1600 年前后普通法法庭的诉讼超过之前的任何时期,诉讼的原告和被告来自臣民中的各个阶层,大约 30%属于拥有土地的乡绅(the landed gentry),其余的包括自耕农(yeoman)、农夫(husbandman farmers)、城市商人(urban merchants)以及工匠(artisans)等。在地域上涵盖了几乎整个英国,由于北方委员会的存在,王国北部地区是个特例。"[2]很显然拥有土地的乡绅成为这一时期诉讼当事人的主要组成部分,自耕农和商人以及工匠在内的下层民众也成为诉讼的主体。可见,社会经济发展的新气象从根本上促进了普通法在 16 世纪中叶之后的复兴。

然而,普通法法庭仍然面临着特权法庭的竞争,尤其是衡平法法庭在这一时期获得了长足的发展并成为普通法法庭强有力的竞争对手。为了维护普通法在王国内传统的优势地位,柯克等人与国王及其特权法庭进行了持续的斗争。以柯克为代表的捍卫普通法司法权的斗士们的不懈努力,使普通法在理论与实践上得以复兴。柯克在伊丽莎白一世统治时期曾经是国王特权的拥护者,但"在担任高等民事法庭首席法官(Chief Justice)满三个月前夕,柯克开始攻击特权法庭"。[3] 为此,柯克一方面否定特权法庭的合法

---

[1] Ronald H. Fritze ed., *Historical Dictionary of Tudor England, 1485—1603*, New York: Greenwood Press, 1991, p.115.

[2] Ronald H. Fritze ed., *Historical Dictionary of Tudor England, 1485—1603*, New York: Greenwood Press, 1991, p.115.

[3] Catherine Drinker Bowen, *The Lion and the Throne*, Boston and Toronto: Little, Brown and Company, 1957, p.292.

性,另一方面坚决反对国王干涉普通法法庭的司法活动,这是柯克捍卫普通法地位的重要举措。他首先反对最高委员会法庭的特权,最高委员会法庭"在伊丽莎白一世时期被用来处罚触犯宗教法令者是有存在的必要的,但16世纪90年代之后其权力开始膨胀,许多清教徒和不服从国教者也反对这一法庭的存在"。① 除了最高委员会法庭之外,柯克还与威尔士委员会法庭、北方委员会法庭等一系列特权法庭展开了斗争。② 显然,柯克坚信普通法在英国具有至高无上的地位,其它新兴的特权法庭均不得挤压普通法法庭的司法管辖权,为此他不惜冒着得罪国王的风险与这些特权法庭展开长期的斗争和博弈,柯克的努力影响了英国法律体系的发展和法庭的格局。

正是由于柯克的努力,普通法法庭才走出危机,保持了普通法在英国法律体系中的至高地位。通过调整和重新阐释,普通法实现了向现代法律的转化。关于柯克之于普通法的这一巨大贡献,霍兹沃斯曾经有过专门的论述:

"16世纪是那些在不同法庭实施的众多法律与普通法争雄的世纪,这些法律在这一时期获得了飞速的发展。在那个世纪末期,衡平法庭、海事法庭、星室法庭、教会法庭纷纷主张,要行使更大的司法管辖权。在这些法庭中,唯一成功地实现了自己所有诉求的法庭是衡平法庭,它成功地获得了独立的、某些方面甚至优于普通法法庭的司法管辖权。其成功的结果就是:英格兰法律系统被一分为二。如果所有与普通法法庭竞争的其它法庭都取得了同样的成功,那么英格兰的法律体系将被肢解为许多细小的碎片。柯克使英格兰法避免了这一厄运,他成功地宣示了普通法的至高无上性,并成功地重述、调整了普通法原则,使之适应了现代需要,并使英格兰法律体系变成了一个比可能的情形更统一的体系。正如霍尔特大法官曾经说过的,柯克使普通法'在法律领域获得了压倒性的司法管辖权'。如果没有柯克的努力,普通法就会成为众多具有同等地位的法律之一员;并且,如果这种情况真的发生了,我们的商法、刑法以及宪法将会变得完全不同。"③

---

① Catherine Drinker Bowen, *The Lion and the Throne*, Boston and Toronto: Little, Brown and Company, 1957, p.295.

② David Chan Smith, *Sir Edward Coke and the Reformation of the Laws: Religion, Politics and Jurisprudence, 1578—1616*, Cambridge: Cambridge University Press, 2014, p.92.

③ [英]威廉·塞尔·霍尔斯沃思:《英国法的塑造者》,陈锐等译,法律出版社2018年版,第141—142页。

　　显然,在特权法庭逐渐兴起之后,普通法处于诸多特权法庭的重重包围之中,其司法管辖权受到很大程度的侵蚀,普通法法庭的生存空间被严重挤压。柯克一方面维护了普通法在英国法律体系中的至高无上的地位,抵挡住了特权法庭的压制;一方面适时地调整了普通法自身的法律原则使其适应了当时的社会现实,避免了普通法因为落后僵化而被历史淘汰,也避免了普通法法庭坠落为王国诸多法庭中的一部分,彻底被特权法庭边缘化。在霍兹沃斯看来,正是由于柯克的努力,普通法才得以突破重围,获得了新生。

　　在抵制特权法庭的同时,柯克还坚决抵制了国王对普通法法庭司法的干预。1607 年的一天,国王詹姆斯一世召集普通法法庭的大法官们开会,命令大法官们商议一下允许他本人亲自审理普通法法庭的诉讼。① 柯克援引许多法令以证明国王历来无权直接干涉普通法的诉讼,而且通过对普通法的传统和特性的细致而精湛的分析,从根本上否定了詹姆斯一世妄图干涉普通法司法的合法性。他指出:"从诺曼征服以来就没有任何国王在普通法诉讼中做出过判决,国王可以在法庭上听取诉讼双方的辩论,然而判决却只能由普通法法官做出。国王认为既然法律是建立在理性之上,那国王本人与法官一样也具有理性。对此我的回答是:的确上帝赋予了国王陛下杰出的智慧和伟大的禀赋,但国王陛下并未研习过英格兰王国的法律,也不了解关于臣民的生活(life)、继承(inheritance)、动产(goods)以及财产(fortunes)的案件。判决不是由'自然理性(natural reason)',而是由'技艺理性(artificial reason)'和法律的判断来裁定的。法律是一门艺术,一个人在能够真正认知法律之前要经历长期的研习与实践。法律是审理臣民案件的绝好的手段,且其保护国王陛下处于安全与和平之中。针对国王应在法律之下,认为这是对国王的最为严重的冒犯,即属叛逆。对此,我要表明的正是布拉克顿所说的:'国王不应在任何人之下,但在上帝与法律之下(Quod Rex non debet esse sub homine, sed sub Deo et Lege)'。"② 这是柯克反对国王詹姆斯一世干涉普通法司法诉讼的经典对话,它广为流传,被世代英国人称道。

　　首先,在历史上普通法形成之前的习惯法一直拥有独立于国王的地位,这一点为诺曼征服以来的所有国王所遵循。先前存在的法律和政治的传统一直得到英国从国王到贵族以及下层臣民的无上的尊崇。显然,柯克在这

---

① Edward Coke, Steve Sheppard ed., *The Selected Writings and Speeches of Sir Edward Coke*, Vol.1, Indianapolis: Liberty Fund, Inc., 2003, p.479.

② Edward Coke, Steve Sheppard ed., *The Selected Writings and Speeches of Sir Edward Coke*, Vol.1, Indianapolis: Liberty Fund, Inc., 2003, pp.480–481.

里从历史传统上否定了国王干涉普通法司法的合法性。其次,在现实中,普通法是一门艺术并蕴含着技艺理性,需要经过长期的研习和诉讼实践才能掌握。那么未曾学过普通法的詹姆斯一世国王针对具体的诉讼则根本无法合理地适用普通法做出判决,即国王干涉普通法司法不具有现实的可行性。再次,国王应在上帝和法律之下。这仍然是诉之于"有限王权"的传统,来寻求制约现实中詹姆斯一世王权的膨胀。上帝是至高的理性和完美的善,法律是根源于传统的"人"的理性和正义,国王在上帝和法律之下也就是在理性与善以及正义之下。柯克对普通法以及英国"有限王权"政治传统的体悟是深入骨髓的。普通法蕴含着很强的理性,而且这一理性自其诞生以来就在无数人的努力下不断地成长和完善。普通法所具有的高超的技艺理性,是任何仅仅具有自然理性的"人"不经历长期的研习都无从认知的。因此,国王作为个体的人不仅不能妄图干涉普通法的司法,而且要处于法律之下并依据法律行事、依靠法律获得安全与和平。柯克抵制国王干涉普通法诉讼的勇气和言辞受到后人称赞,甚至被认为是影响英国法律发展史的具有里程碑意义的事件。通过柯克的努力,才避免了国王对普通法法庭诉讼的肆意干预。

　　正是柯克对普通法宗教般虔诚的信仰以及对普通法独立于国王的地位的捍卫,①普通法的复兴才被注入了高贵不屈的精神力量。很多人甚至认为,柯克的主张蕴含着现代法治和法律观念,实质上是英国传统法治和普通法本身有着现代法治和法律的精神特质。英国传统法治与现代法治有着相通之处,如二者都是建立在分权与制衡的基础上,只是英国传统法治建立的基础是"阶层意义上的分权与制衡",而英国现代法治建立的基础是"职能意义上的分权与制衡"。"阶层意义上的分权与制衡"源于国王和贵族之间形成的长期的动态均势和力量平衡,"职能意义上的分权与制衡"源于司法权、立法权以及治理权等各项公权力之间的分立。普通法本身的司法原则和诉讼模式都蕴含着尊重个体理性与权利的精神。普通法无罪推定的司法

①　1606 年,柯克成为高等民事法庭的首席法官,并因主张扩大普通法庭的管辖权而与国王发生冲突。随后他首次与基督教法庭发生争论,主张普通法法庭有权决定基督教法庭的管辖权范围。1610 年,柯克提出王室诏书不能变更法律的观点。1611 年他与高等委员会法庭发生冲突,至此他成为普通法的象征和王权的对抗者。1613 年柯克成为王座法庭的首席法官,他仍然坚持与国王特权的斗争并于 1616 年被解除了职务。1620 年柯克以议会中反对派领袖的身份出现,建立了议会与普通法的联盟以反对国王的特权。1623 年他再次被枢密院除名并一度成为伦敦塔监狱的囚犯。1628 年柯克在议会中主持起草权利请愿书,此后再没有参与公共事务。参见[英]戴维·M.沃克:《牛津法律大辞典》,李双元等译,法律出版社 2003 年版,第 219—220 页。

原则有利于保护当事人的合法权利,减轻当事人的举证负担;普通法诉讼中的抗辩制有利于双方当事人充分举证,陪审团制有利于还原案件的真相。因此,英国传统法治和现代法治是一脉相通的,二者之间有很强的延续性。

在普通法的发展过程中,普通法诉讼由国王任命的法官和诉讼当事人以及陪审团共同完成。从当事人在法庭上的辩论和举证到陪审团成员对当事人的宣誓助诉以澄清事实,再到法官听取整个的辩论和助诉之后寻找先前存在的合适的习惯和法律做出最后的判决,这些诉讼环节更多的是基于人的理性来进行的。先前的庭审和判决所形成的判例遂成为后世普通法诉讼中具有实体法效力的根据。因此,可以说不仅普通法法官,而且普通法诉讼的当事人和陪审团成员均参与了普通法的司法和立法活动。每一方在这一过程中都充分发挥着个体的能动性,从而使普通法的发展和完善具有开放性。随后出现的专门代为他人进行诉讼的职业律师,则更加深入而持久地参与了普通法的司法和立法活动。一般认为在普通法中是“法官造法”,这一判断未能准确阐明普通法发展的实际进程和特质。普通法的立法蕴含在司法实践之中,或者说普通法的“实体法”是从其司法程序中析出的,甚至可以认为普通法的正义是源于人的理性的长期积累。

普通法的这一发展模式发端于诺曼征服。当时的征服者鉴于王权的弱势,[①]在继承英国历史上早已存在的“王在法下”传统基础上,在王权主导下进行的司法改革中诞生了普通法。国王宣称其司法改革不是进行立法,而是要发现和搜集王国内既有的习惯和法律以使其更好地适用于臣民。由此孕育了普通法独特的发展模式,其中蕴含着对个体的人及其理性的充分尊重,而且这一特性在后世一直得以延续。虽然它在后来的发展中走向了过分技术化,司法和立法的主体仅仅剩下法官和律师,而他们也是因为在律师会馆中对普通法判例经年累月地研习以及长久的诉讼实践才掌握了普通法诉讼的高超的技艺理性。但是,从根本上看,这仅仅是律师代替当事人成为诉讼中更为重要的角色,而普通法司法程序中对人及其理性的充分尊重的特性并未改变。因此,16世纪下半叶普通法的复兴,适应了英国社会经济发展的现实需要。普通法对个体人的权利及其理性的充分尊重,恰恰契合了社会财富的增长以及由此带来的社会中个体力量的成长这一历史进程,成为英国走向现代法治社会的重要推动力量。普通法复兴的历史必然性就

---

① 在蛮族入侵和征服过程中新建的蛮族王国以及其它由野蛮阶段刚过渡到文明社会的新兴国家,其国王的权力是相当有限的,他们的权力在很大程度上受到贵族会议和亲属团体的限制。参见朱寰:《略论中古时代的君权与教权》,《东北师大学报》(哲学社会科学版)1993年第6期。

在于此,从这个意义上而言普通法不仅是中世纪的,也是现代的。

第二节　对过度颁授特许权的抗争与
《反垄断法》的颁布

　　颁发特许状是国王的一项重要特权,同时也是国王的重要收入来源。都铎王朝和斯图亚特王朝早期,英国国王颁发了越来越多的特许状,导致很多商品的生产和流通领域出现了严重的垄断。在伊丽莎白一世统治早期,由于垄断特许权多授予拥有新发明和新技术者,国王颁授垄断特许权与《大宪章》以及其它法律并不相悖。詹姆斯一世继位之后,颁发了过多的垄断特许权,这遏制了民众的贸易自由,阻碍了社会经济的正常发展,也给民众的现实生活带来很大的负担。议会下院对国王的特许权进行了长期的抗争,最终于1624年通过了《反垄断法》,否定了大多数国王特许权的合法性,保障了民众的贸易自由,并创设了世界上最早的专利制度以保护和鼓励发明创造。

　　16世纪之后,英国发生了深刻而全面的变革,即英国社会经济在资源配置结构、经济生产组织体制、财富分配方式和经济活动空间上发生了质的变化,而且这些变化遍及社会经济的各个领域。这使得英国社会出现了前后判若两样的巨大改观。[①] 早在都铎王朝时期,新的经济因素已经萌生,工场手工业开始发展起来。16世纪70年代以后,采矿业、冶金业、采煤业、金属加工业、造船业等手工工场发展迅速。17世纪之后,英国全力以赴开拓世界市场。[②] 由此,英国国内社会经济发展的同时,海外贸易也出现了长足的发展。国家壮大海军实力,有力地保护并推动了海外贸易的发展。[③] 因此,英国自给自足的自然经济逐渐被较为发达的商品经济所取代,这就要求不同的社会主体都具有贸易的自由,以推动贸易的繁荣。国王颁授垄断特许权实际上是保护了少数人的贸易自由,强制性地剥夺了绝大多数社会主体的贸易自由。

　　当时英国正处于从传统封建社会向现代资本主义社会转型的进程中。旧的经济运行模式逐渐衰退,新的经济运行模式开始孕育成长。资本主义的原始积累在这一阶段的英国表现得尤为典型。[④] 为了促进国内经济与海

---

① 王晋新、姜德福:《现代早期英国社会变迁》,上海三联书店2008年版,第11页。
② 朱寰:《学思录》,中央广播电视大学出版社2008年版,第405页。
③ 张乃和:《大发现时代中英海外贸易比较研究》,吉林人民出版社2002年版,第264页。
④ 马克思:《资本论》(第1卷),人民出版社2004年版,第823页。

外贸易的发展,英国国王尤其是伊丽莎白一世颁授了大量的特许状。后来,为了解决财政危机,伊丽莎白将出售特许状变成迅速聚敛财富的重要手段。过度颁授特许状扰乱了正常的经济秩序,造成严重的通货膨胀,引起了民众的普遍不满。

在伊丽莎白一世继位之前,英国社会经济的发展水平落后于欧洲大陆的西班牙等国。尽管从都铎王朝创建之初英国就开始实行重商主义政策,亨利七世通过缔结条约将英国廉价的呢绒等商品销往尼德兰,推动了英国呢绒业的发展。但是亨利七世对寻找新航路的海外探险并不热衷,此后六十余年间英国在新航路开辟领域无所作为。英国的海外贸易主要局限于尼德兰的安特卫普。① 亨利八世继位之后为了插手欧洲大陆事务与法国常年交战,随后的宗教改革和信仰冲突又造成国内局势动荡不安,②这严重影响了英国社会经济的正常发展。"英法之间的常年交战使得英国对法国的贸易仅限于弗兰德斯(Flanders)和布列塔尼(Brittany)两个地区,因为这两个地区处于半独立(semi-independent)状态。"③此外,亨利八世在宗教改革期间解散了五百余所修道院并将其地产转售给世俗地主,从中得到了巨额的财富。④ 但是亨利八世将这些财富消耗在了对外战争中,这在很大程度上延缓了英国的社会财富向资本转化的进程。

玛丽女王继位之后支持汉萨同盟的商人,实行对本国冒险商人不利的政策。伦敦金融家托马斯·格雷沙姆(Thomas Gresham)曾对伊丽莎白女王写信直陈玛丽女王支持德国人的政策极大地损害了王国和商人的利益。尽管在玛丽女王统治后期英国商人恢复了对羊毛贸易的控制,但是这一政策使得商人彻底孤立了王室,王室收入锐减,甚至传统的王室向商人的借贷都无从进行。⑤ 在伊丽莎白继位之前,英国王室背负着巨额的财政亏空。

为改善玛丽女王统治时期财政亏空与经济发展滞缓的状况,伊丽莎白继位之后致力于促进英国工商业的发展,尤其鼓励英国商人从事海外贸易

---

① 张乃和:《大发现时代中英海外贸易比较研究》,吉林人民出版社2002年版,第102—103页。

② Jack A.Goldstone,*Why Europe? The Rise of the West in World History 1500—1850*,New York:McGraw-Hill Higher Education,2008,p.50.

③ George F.S.Bowles,*The Strength of England:A Politico-Economic History of England From Saxon Times to the Reign of Charles the First*,London:Methuen,1910,p.217.

④ 1536—1554年间,王权通过出卖来自于修道院的地产至少筹集了1,260,000镑,而且另外还出卖数量未知但肯定非常庞大的地产。参见[英]劳伦斯·斯通:《贵族的危机:1558—1641年》,于民、王俊芳译,上海人民出版社2011年版,第77页。

⑤ Susan Frye,*Elizabeth I:The Competition for Representation*,Oxford:Oxford University Press,1996,p.27.

和殖民。为了增强英国的独立性,不再依赖来自国外的进口商品,伊丽莎白鼓励新兴产业和贸易的发展。① 伊丽莎白为推动英国社会经济与海外贸易的发展,向商人或商人组织颁发了很多特许状。通过颁发特许状,国王授予特定的主体在某一商品生产或流通领域垄断经营权,以此推动和控制市场的运行与贸易的发展。事实上,在 16 世纪之前,国王颁授特许状是为了保护新发明者,尤其为了保护来到英国的外国工匠。随着经济状况的变化,国王扩展了特许状颁授的范围;伊丽莎白继位之后颁授了大量的特许状,其中有一部分给予了新的化学产品或机械的发明者,其余有很多是出口许可。② 伊丽莎白实施这一政策显然是为了推动海外贸易的发展,拓展英国商品的海外市场。伊丽莎白支持英国商人挑战西班牙和葡萄牙在西非、美洲以及东方的贸易垄断地位。并且鼓励他们在俄国与中东从事探险和贸易。③ 16世纪 70 年代之后,涉及各个领域的工场手工业迅速发展起来,海外贸易也有了很大程度的发展。"探险、贸易以及迈出海外殖民的第一步成为伊丽莎白一世时代的显著特征"。④ 这无疑得益于伊丽莎白通过颁授特许状对商品生产和贸易的激励。

16 世纪 80 年代,为了进一步拓展英国的海外贸易市场,伊丽莎白发动了对西班牙等国家的战争,这些对外战争耗费了英国巨额的财富,导致了严重的财政危机。由此,伊丽莎白不得不愈加依靠臣民们为战争提供费用,颁授垄断特许权则成为主要的聚敛财富的方式。⑤ 国王通过颁授垄断特许权获取战争费用的同时,却影响了国内贸易的发展。⑥ 从本质上讲,颁授垄断特许权是一种经济控制手段,是为了推动贸易和市场的发展而实施的一种规范经济生活的制度。然而,"或者是为了出卖变现,或者更通常是为了奖赏那些孜孜以求的廷臣们,很快就堕落为一堆随意发放的特许专营状"。⑦授予廷臣和商人的垄断特许权涉及销售或生产肥皂、扑克牌以及食盐等商品。在 16 世纪 60 年代经济发展时期,这些专卖权是具有正当性的。然而,

①　Carole Levin,*The Reign of Elizabeth I*,Basingstoke:Palgrave,2002,p.14.

②　Ken Powell and Chris Cook,*English Historical Facts*,*1485—1603*,London:The Macmillan Press Ltd.,1977,p.196.

③　Carole Levin,*The Reign of Elizabeth I*,Basingstoke:Palgrave,2002,p.58.

④　Carole Levin,*The Reign of Elizabeth I*,Basingstoke:Palgrave,2002,p.1.

⑤　Carole Levin,*The Reign of Elizabeth I*,Basingstoke:Palgrave,2002,pp.106-107.

⑥　Catherine Drinker Bowen,*The Lion and the Throne*,Boston and Toronto:Little,Brown and Company,1957,p.172.

⑦　[英]劳伦斯·斯通:《贵族的危机:1558—1641 年》,于民、王俊芳译,上海人民出版社2011 年版,第 163 页。

在 16 世纪 90 年代专卖权的数量激增,这为王室带来丰厚收入的同时也导致了普遍的怨愤。[1] 从更深层面来看,国王大量地颁授垄断特许权以获取财富也是根源于英国社会经济的变化,为了拓展英国的海外贸易空间,需要通过颁授特许状获得财政补充。然而,这一政策反过来又阻碍了国内经济的正常发展。

尽管国王颁授特许状具有鼓励发明与规范贸易的愿望,但是财政方面的考虑使其遭到了普遍的反对。[2] 伊丽莎白统治后期所颁授的特许状涉及国内贸易的各个领域。国王通过颁授垄断特许权获得了可观的收入,却扼杀了整个社会经济发展的生机与活力。新兴的工商业者因为国王对特定的主体颁授垄断特许权而失业乃至破产,这引起民众的普遍不满。被授予垄断特许权者需要支付高昂的价款来获得特许状,诸多商品的垄断阻碍了自由竞争的市场秩序的发展,导致商品价格的虚高,造成通货膨胀。这直接影响了普通民众的生活,必然会引起民众的普遍不满。议会中出现了很多反对国王过度颁授垄断特许权的声音,1597 年至 1598 年,议会就国王颁授垄断特许权的问题发生了激烈的争论,在议会的外面聚集了为数众多的臣民,要求议会考虑他们的疾苦。[3] 民众已经深受垄断特许权之害,利用到议会外面请愿的方式表达对垄断特许权的不满。普通民众根本不在意垄断特许权的积极作用,或者说他们能直接感受到的就是垄断特许权带来的种种弊病。

1601 年,在伊丽莎白召开的最后一届议会中,国王颁授垄断特许权的问题成为辩论的中心。议会下院议员们不仅对国王颁授垄断特许权不满,而且对枢密院未能积极改善这一状况怨声载道。[4] 罗伯特·塞西尔(Robert Cecil)抱怨议会中辩论的事情和其在大街上听到的讨论是一回事,大家都在诅咒获得垄断特许权的人,认为上帝会抛弃他们这些贪婪之徒。[5] 显然,国王颁授垄断特许权已经造成很大的民怨,垄断特许权的负面影响已经引起普遍的抗议。

---

[1] Paul E. J. Hammer, *Elizabeth's Wars: War, Government and Society in Tudor England*, 1544—1604, Basingstoke: Palgrave Macmillan, 2003, p.217.

[2] Ken Powell and Chris Cook, *English Historical Facts*, 1485—1603, London: The Macmillan Press Ltd., 1977, p.196.

[3] A. N. McLaren, *Political Culture in the Reign of Elizabeth I: Queen and Commonwealth*, 1558—1585, Cambridge: Cambridge University Press, 1999, p.161.

[4] Carole Levin, *The Reign of Elizabeth I*, Basingstoke: Palgrave, 2002, pp.106-107.

[5] A. N. McLaren, *Political Culture in the Reign of Elizabeth I: Queen and Commonwealth*, 1558—1585, Cambridge: Cambridge University Press, 1999, p.161.

伊丽莎白考虑到议会下院反映的民意和普通民众的现实疾苦,向下院承诺消除垄断特许权带来的祸患。"在 1601 年 11 月 20 日至 25 日期间,下院对此的抱怨达到了最为严重的程度。随后,罗伯特·塞西尔宣布女王陛下将颁布一项公告取消诸多特许权。"①1601 年 11 月 28 日,伊丽莎白颁布了《改革特许权公告》(Reforming Patent Abuses),公告宣称女王陛下颁授的特许权已经遭到了一些人的滥用,危害了臣民们的利益,并引起了臣民们的普遍不满。鉴于此,女王陛下决定废除一些领域的特许权。② 伊丽莎白比较灵活地处理了垄断特许权引发的危机,废除了关系到民众基本生存必需品的垄断特许权。"在伊丽莎白统治的最后十年,关系到民生的物品几乎不再受到垄断特许权的影响。"③然而,伊丽莎白的策略更像是权宜之计,只是为了缓和社会矛盾,解决了最为关键的关涉民生物品的垄断特许权问题,但在其它领域依然广泛存在着垄断特许权。真正要废除垄断特许权,实现贸易自由还有很长的路要走。

除了通过议会限制国王颁授垄断特许权之外,有很多涉及垄断特许权的诉讼也提交到普通法法庭,普通法法官们依据普通法对这些诉讼进行了裁断,否定了诸多特许权的合法性。"达西诉阿莱恩案(Darcy vs. Allein)"恰好发生在《整顿特许权滥用公告》颁布之后的 1602 年,在此案的审理过程中,王座法庭裁定国王授予达西的扑克牌垄断特许权无效,还否定了国王单独授予垄断特许权的合法性,并且倾向于由议会来参与规范垄断特许权的颁授。王座法庭法官对于否定垄断特许权给出了两个理由,一是垄断特许权与普通法相悖,二是垄断特许权与议会制定法相悖。④ 柯克和律师傅乐(Fuller)、弗莱明(Fleming)等站在原告一边,他们认为国王授予原告在王国内扑克牌垄断特许权并无不妥之处。首先,扑克牌并非重要的贸易货物,仅仅是用于消遣的无价值之物;其次,涉及娱乐的事务,女王拥有法律赋予的特权,并且可以依照对其有利的方式运用这一特权。⑤ 从柯克等人的辩护词中可以看出,他们明显考虑到了 1601 年的《整顿特许权滥用公告》。他们强调扑克牌并非重要的贸易物品,只是用来消遣的物品,并且声明法律赋

① Paul L. Hughes and James F. Larkin eds., *Tudor Royal Proclamations*, New Haven and London: Yale University Press, 1969, p.235.
② Paul L. Hughes and James F. Larkin eds., *Tudor Royal Proclamations*, New Haven and London: Yale University Press, 1969, pp.235-236.
③ S. T. Bindoff, *Tudor England*, Harmondsworth: Penguin Books Ltd., 1950, p.288.
④ Edward Coke, *The Eleventh Part of the Reports of Sir Edward Coke*, London, 1658, pp.86a-87b.
⑤ Edward Coke, *The Eleventh Part of the Reports of Sir Edward Coke*, London, 1658, p.85b.

予了国王在娱乐领域的特权,因此伊丽莎白一世授予达西扑克牌垄断特许权完全合法。

　　然而,这一辩护遭到了王座法庭的直接否定。王座法庭的法官们不仅明确表示国王颁授垄断特许权违背了普通法和议会制定法,而且历数了垄断特许权违背法律、侵害臣民自由的原因。首先,如果没有垄断所有人则能够自由从事贸易,这有利于青壮劳力为他们自身和家庭创造财富,提高他们的生存条件,为女王和我们的王国服务;其次,任何行业的专卖都将导致商品价格的上涨,因为垄断特许权所有者会为了一己私利随意提高价格;再次,垄断特许权会使得商品质量下降;最后,垄断特许权的存在将导致能工巧匠的数量日益减少。① 王座法庭的法官们较为全面地阐述了垄断特许权的种种弊病和消极影响,王座法庭对"达西诉阿莱恩案"的裁定影响了以柯克为代表的普通法职业共同体对垄断特许权的态度。此后,他们成为抵制垄断特许权的核心力量。

　　1610 年,柯克参与了"邦汉姆医生案(Dr. Bonham's Case)"的审理,他明确指出伦敦医师协会尽管拥有特许状,但特许状并未授权医师协会能够处罚或监禁未获得许可的医生。"伦敦医师协会具有议会授予的特许状;因此,该协会拥有对伦敦行医者颁发许可的权力。托马斯·邦汉姆系剑桥大学的医学博士,1606 年开始在伦敦行医,先是被医师协会处以 5 英镑的罚金,后来又被监禁。因此,邦汉姆控告医师协会非法监禁。"②柯克认为医师协会所拥有的特许状仅仅授权其惩罚那些未经系统医学训练的游医,而像邦汉姆这样的医学博士医师协会则无权对其处以罚金,更无权将其监禁起来。即便拥有议会的授权,医师协会的行为仍然违背了普通法。③ 柯克认为授予医师协会特许状的初衷是为了规范伦敦城的医疗秩序,禁止不具备系统的医学知识者行医,邦汉姆这样的医学毕业生并不受医师协会特许状的限制。即便医师协会声称是根据议会制定法的授权才对邦汉姆做出处罚,也属无效。因为这一议会制定法违背了普通法,不具有约束力。在"邦汉姆医生案"的审理中,柯克依据普通法打破了医师协会对伦敦医疗行业的垄断,否定了议会颁授的垄断特许权的效力。

① Edward Coke, Steve Sheppard ed. , *The Selected Writings and Speeches of Sir Edward Coke* , Vol.1, Indianapolis: Liberty Fund, Inc. , 2003, pp.398-400.

② Edward Coke, Steve Sheppard ed. , *The Selected Writings and Speeches of Sir Edward Coke* , Vol.1, Indianapolis: Liberty Fund, Inc. , 2003, p.264.

③ Edward Coke, *The Eighth Part of the Reports of Sir Edward Coke* , London, 1658, p.117a.

在1614年"伊普斯威奇裁缝案（The Case of the Tailors of Ipswich）"[1]中，柯克进一步指明了垄断特许权存在的社会危害性。他认为普通法保护任何臣民从事合法贸易的自由，任何垄断特许权如果禁止臣民从事合法的贸易则与普通法相悖。因为普通法憎恶懒惰，而懒惰乃所有罪恶之母，对于年轻人来说更是如此。年轻人能够从事合法的贸易对于王国是有利的，到了晚年他们才能够积累一定的财富。否则，年轻人容易无所事事，年老之后将陷入贫穷。因此，普通法憎恶所有的垄断，这些垄断禁止任何人从事合法的贸易。[2]"伊普斯威奇裁缝案"表明垄断特许权不仅仅是在法律层面与普通法相悖，而且在现实的民生和社会发展中存在着很大的社会危害性。垄断会导致为数众多的臣民无法从事合法的贸易，进而使得很多人年老时缺乏生活基础，这将对整个王国不利。

实际上，在詹姆斯一世继位之后颁授的垄断特许权的数量比伊丽莎白时期翻了数倍。伊丽莎白在1601年所作的改善荡然无存，1606年、1610年以及1614年，连续三届议会都在抗议特许状的泛滥，但是情况却愈加糟糕。[3]以柯克为代表的维护英国传统法治的力量在议会下院展开了对国王大肆颁授垄断特许权的斗争。1621年议会，柯克在时隔28年之后再度成为议会下院议员，并很快成为下议院反对派领袖（a leader of the Parliamentary opposition）。在这届议会中，"柯克全力支持自由贸易与反垄断议案，并推动了对两位垄断者的弹劾"。[4]针对国王过度颁授垄断特许权的现状，柯克于1621年2月19日在下议院发表了专题发言。在议会发言中，柯克认为国王的特权有的无可争议，有的是可商议的。发动战争是国王无可争议的特权，可商议的特权皆与王国的法律关联。其中涉及垄断的特权都是与法律相悖的，大致可以分为三类：第一种是颁授时直接与法律冲突；第二种是颁授时符合法律，在随后的实施中产生了弊病；第三种是在颁授时

---

[1]　"伊普斯威奇裁缝行会"是基于国王的特许状成立的，特许状授权该行会管理他们的行业。除非经由行会领袖的批准，该行会禁止任何人在伊普斯威奇从事裁缝工作。威廉·谢宁（William Seninge）移居伊普斯威奇并从事裁缝工作。裁缝行会起诉了谢宁，要求其支付3英镑13先令4便士。普通民事法庭声明普通法不允许任何人被禁止从事合法贸易，法律保护那些公共职业而非家庭仆从，原告不得从此次诉讼中获取任何收益。参见Edward Coke, Steve Sheppard ed., *The Selected Writings and Speeches of Sir Edward Coke*, Vol.1, Indianapolis: Liberty Fund, Inc., 2003, pp.390-391。

[2]　Edward Coke, *The second Part of the Reports of Sir Edward Coke*, London, 1658, p.53a.

[3]　Godfrey Davies, *The Early Stuart, 1603—1660*, Oxford: Oxford University Press, 1937, p.23.

[4]　Edward Coke, Steve Sheppard ed., *The Selected Writings and Speeches of Sir Edward Coke*, Vol.3, Indianapolis: Liberty Fund, Inc., 2003, p.1195.

和实施中都与法律不符。① 显然,在柯克看来国王的特权不是当然存在的,除了少数毋庸置疑的特权之外,国王的绝大多数特权都要有法律依据。国王授予垄断的特权无一例外都是与法律相悖的,只是违背法律的环节存在差异而已。柯克基于王国的法律否定了国王授予垄断特许权的合法性与合理性。

在发言中,柯克还指出垄断特许权当下就像水螅动物一样增长非常迅速。有些垄断甚至涉及风与太阳,在德文郡和康沃尔郡存在一项特许权,即除了获得特许权者之外任何人不得从事晾晒沙丁鱼的工作。这些与法律相悖的特许权有辱国王陛下的名声,国王对此很可能从不知晓。因此,必须起草一个议案来处理此事。② 可见,柯克已经明确意识到垄断特许权的状况十分严重,并且很有策略地回避了对国王的直接指责,主张在维护国王声誉的前提下起草议案处理这一现象。

在 3 月 8 日下院讨论具体的垄断案例时,柯克主张制定法律来禁止颁授垄断特许权,任何获得垄断特许权者都将遭到严厉的处罚,这样就会将毒蛇杀死在卵中。③ 随后,在 3 月 15 日的议会发言中,柯克提出了议会废除单一垄断特许权的先例:在玛丽女王时期,南安普顿享有进口甜酒的垄断特许权,即所有进口到英国的甜酒必须先运到南安普顿,没有人对此表示反对。及至伊丽莎白在位时期,议会通过法案取消了这一垄断特许权,将进口甜酒的自由还给了臣民。④ 柯克主张通过议会来解决垄断特许权的问题,一方面是通过立法处罚获得垄断特许权者,以实现对垄断特许权的普遍预防;一方面是通过议会直接废除已经存在的某一垄断特许权,从而实现特定领域的贸易自由。

从表面看来,对于垄断特许权问题柯克立足于议会提出了较为全面的解决途径。而且,在议会发言中柯克还明确指出“贸易自由是贸易的生命”。⑤ 然而,柯克提出的方案不是指向国王这一垄断特许权的源头,而是

---

① Edward Coke, Steve Sheppard ed., *The Selected Writings and Speeches of Sir Edward Coke*, Vol.3, Indianapolis: Liberty Fund, Inc., 2003, p.1199.

② Edward Coke, Steve Sheppard ed., *The Selected Writings and Speeches of Sir Edward Coke*, Vol.3, Indianapolis: Liberty Fund, Inc., 2003, pp.1199-1200.

③ Edward Coke, Steve Sheppard ed., *The Selected Writings and Speeches of Sir Edward Coke*, Vol.3, Indianapolis: Liberty Fund, Inc., 2003, p.1202.

④ Edward Coke, Steve Sheppard ed., *The Selected Writings and Speeches of Sir Edward Coke*, Vol.3, Indianapolis: Liberty Fund, Inc., 2003, p.1207.

⑤ Edward Coke, Steve Sheppard ed., *The Selected Writings and Speeches of Sir Edward Coke*, Vol.3, Indianapolis: Liberty Fund, Inc., 2003, p.1212.

针对接受垄断特许权者设定了较为严苛的处罚方式。这显示了柯克在实际解决垄断特许权问题时的保守性。"在对待垄断特许权时,以折中的方式处理是最为安全的,如果采取过激的方式我们就会有损国王的特权,如果过于温和我们就会背叛我们的国家。"①在较为中庸的导向性发言中,可以看出柯克希望以较为温和而保守的态度来解决垄断特许权问题:既要实现维护贸易自由的目标,又要避免损害国王的特权。这再次体现了柯克要在法律的框架下约束王权,而非通过政治的方式削弱王权的思想。

实际上,鉴于下院对垄断特许权的强烈批判,詹姆斯一世早在1620年就任命了一个审查委员会(referees)来调查特许状的颁授是否合法,看其管理是否公平得当。培根是审查委员会的成员,负责对酒馆垄断特许状的审查,议会下院对审查委员会的工作并不满意。② 事实上,多数特许状都是经由国王亲自颁授的。③ 詹姆斯一世正是特许状泛滥的罪魁祸首,由国王任命的一个临时的审查委员会根本无从解决这一积重难返的问题。④ 在1621年议会中,下院虽然谋求限制国王颁授特许状的特权,倡导臣民的贸易自由,但是仅仅阐明了垄断特许权的弊病,并未敢于直言詹姆斯一世滥发特许状的责任。下院在这届议会中反对垄断特许权的态度较为保守。尽管如此,他们的策略还是未能得到詹姆斯一世的认可,下院通过的反对垄断倡导贸易自由的法案遭到了国王的否决,"柯克等人还被送进了伦敦塔"。⑤ 詹姆斯一世远没有伊丽莎白的治国谋略,以专横来应对反映民意的议会法案只会使得危机更加严重,这反而会促使下院在反对垄断特许权问题上态度更为坚决。

及至1624年议会,柯克再度进入议会下院,并推动下院提交了废除垄断的议案,并且设计了一套专利制度来保护发明者的权利。⑥ "反垄断议案最终获得通过,下议院宣布垄断特许权是不合法的,将受到普通法的审查,

① Edward Coke,Steve Sheppard ed.,*The Selected Writings and Speeches of Sir Edward Coke*,Vol.3,Indianapolis:Liberty Fund,Inc.,2003,pp.1202-1203.

② Catherine Drinker Bowen,*The Lion and the Throne*,Boston and Toronto:Little,Brown and Company,1957,p.425.

③ Godfrey Davies,*The Early Stuart,1603—1660*,Oxford:Oxford University Press,1937,p.328.

④ David M.Bergero,*King James and letters of homoerotic desire*,Iowa City:University of Iowa Press,1999,pp.115-116.

⑤ John Hostettler,*Sir Edward Coke:A Force for Freedom*,Chichester:Barry Rose Law Publishers Ltd.,1997,p.113.

⑥ Edward Coke,Steve Sheppard ed.,*The Selected Writings and Speeches of Sir Edward Coke*,Vol.1,Indianapolis:Liberty Fund,Inc.,2003,p.Chronology of Events lxi.

国王被迫接受了下院的主张。"①反垄断议案最终成为了《反垄断法》,这一法令能够在议会两院通过并被国王接受不仅源于下院的努力,也根源于当时的社会经济发展趋势。从斯图亚特王朝建立到光荣革命,英国重商主义政策主要反对王室特权,这表明商业化社会反抗专断权力、保障财产权、要求自由的实践和主张。② 新兴社会力量在获得一定程度的发展之后开始冲击落后的生产关系和贸易秩序,希望打破垄断特许权对其从事贸易的束缚。

《反垄断法》在第一部分阐明垄断特许权已经被过度颁授,并且遭到了非法利用,引起了臣民们的怨恨,这不仅违背了王国的法律,也违背了国王陛下的良善愿望。鉴于此,所有的垄断特许权与王国的法律相悖者皆归于无效,其效力和有效性必须经由普通法严格审查。③ 该法令以普通法为依据,不合乎普通法者一律归于无效,这是对垄断特许权相当激进的处理方式。该法令还专门规定对那些遭到垄断特许权侵害者给予赔偿,财产和权益受到侵害者要在本届议会结束之后的四十天内提起诉讼,经过王座法庭、普通民事法庭以及财政署法庭依据普通法审理之后,那些利益和动产遭到剥夺者将得到高达其损失价值三倍的赔偿。随后,该法令规定对于那些不当或延迟执行本法令者要严加处罚。④ 法令还对保留垄断特许权的领域做出了明细的规定,主要包括新的发明和一些特殊的行业。⑤ 显然,《反垄断法》并非武断地废除所有领域的垄断特许权,其中关涉王国利益与安全的特殊行业的垄断特许权予以保留,而且对新发明者颁授垄断特许权并不违背法律与臣民的利益。《反垄断法》在很大程度上缩小了授予垄断特许权的范围,授予新发明者的垄断特许权具有很强的积极意义,发明者所获得的垄断特许权实际上已成为专利保护权。这对于促进技术进步和社会经济的发展具有很强的积极意义。

1624 年《反垄断法》是世界上第一部消除垄断、倡导贸易自由的法律。然而,被废除的垄断特许权中有一部分由国王的臣属所掌握,还有很大一部分是特许权所有者花费巨额财富购买的,在《反垄断法》将其垄断特许权废除之后必然陷于困境,法令中只字未提对这些人的妥善处理方式。显然,议会下院并未考虑到这一群体的利益和可能面临的生存危机。从根本上讲,

---

① John Hostettler, *Sir Edward Coke: A Force for Freedom*, Chichester: Barry Rose Law Publishers Ltd., 1997, p.116.

② 张乃和主编:《现代公民社会的起源》,黑龙江人民出版社 2007 年版,第 47 页。

③ *The Statutes of the Realm*, Vol.4, Buffalo: William S. Hein & Co., Inc., 1993, p.1212.

④ *The Statutes of the Realm*, Vol.4, Buffalo: William S. Hein & Co., Inc., 1993, p.1212.

⑤ *The Statutes of the Realm*, Vol.4, Buffalo: William S. Hein & Co., Inc., 1993, pp.1213-1214.

他们的损失是由詹姆斯一世及其臣属造成的,尽管议会为了维护王国内贸易的正常发展,需要纠正国王之前的错误,废除垄断特许权是契合普遍民意的,但是议会下院在颁布法令时仅仅考虑到了遭受垄断特许权侵害者的利益,而未顾及到因购买特许状而蒙受巨大损失者,他们的巨额投入和未来的预期收入被《反垄断法》毁于一旦,却得不到王室或议会给予的任何补偿,这种状况显失公平,冲击了既有的生产秩序,影响了社会财富的正常积累。显然,这部《反垄断法》在推动贸易自由时未能考虑到多元社会主体的权益,存在着受制于时代的局限性。然而,这部法律仍然不失为英国走向现代法治进程中的重要一步。

伊丽莎白一世时期,颁授特许状还有一部分是有利于鼓励新发明和新技术的产生,能够促进对外贸易的发展。然而,詹姆斯一世所颁授的特许状已经涉及到王国内贸易的各个领域,国王通过颁授垄断特许权更多的是为了获得可观的收入,这扼杀了整个社会经济发展的生机与活力,成为社会经济发展的障碍。新兴的工商业者会因为国王对特定的主体颁授垄断特许权而失业乃至破产,这必然引起民众的普遍不满。《反垄断法》从根本上否定了垄断特许权存在的合法性,不仅废除了已有的垄断特许权,还限制了国王颁授新的垄断特许权,给予了民众从事贸易的自由。

国王颁授垄断特许权实质上是传统封建关系的延续,垄断特许权类似于封建领地,由国王封授给特定的主体,垄断特许权拥有者每年向国王缴纳一定额度的年金,这相当于领地上的封建贡赋。垄断特许权拥有者可以授权其他人从事同类商品的贸易,以获取相应的年金,同时禁止未经其许可而擅自进行同类商品的贸易,这类似于国王的直接封臣将其领地进行再次分封以获取收益。这使得贸易像农业生产一样具有封闭性,违背了贸易发展规律。以柯克为代表的普通法职业共同体立足于普通法传统来保护臣民的贸易自由,以法律约束国王颁授垄断特许权的行为。在他们看来,普通法是臣民自由的保障,保护任何臣民从事合法贸易的自由。国王授予垄断特许权违背了普通法和1225年《大宪章》的第29条。"如果授予任何人唯一的制造扑克牌的权利,或者授予其独有的贸易权利,这些授权都与臣民的自由相悖,也违反了《大宪章》。总之,所有的垄断特许权都与《大宪章》相悖,因为其侵犯了臣民的自由,与王国的法律背道而驰。"①在司法实践和议会活动中,柯克始终秉持这一核心观念,最终推动议会通过了《反垄断法》。尽管这一部《反垄断法》有着传统而保守的一面,但在客观上有利于消除贸易

---

① Edward Coke, *The Second Part of the Institutes of the Laws of England*, London, 1642, p.47.

中的封建因素,引入自由竞争机制,为促进英国自由贸易的发展提供了法律基础,有利于促进新的资本主义因素的成长。

推动贸易自由主张打破少数人对贸易的垄断,让更多的人参与到生产和贸易中,这有利于更多的社会财富转化成资本。由于"资产阶级生存和统治的根本条件,是财富在私人手里的积累,是资本的形成和增殖"。① 因此,打破普遍存在的垄断推行自由贸易必将使更多的人转化为资本的持有者,推动英国资产阶级的形成。而资产阶级的形成是英国从传统农业社会向现代资本主义社会转型的核心因素。推动贸易自由就是要排除王权对经济生产领域的垄断,摆脱王权对社会经济运行的肆意干预,以使其在法律的框架下实现良性发展。这在本质上就是要限制王权以保护工商业者的自由与权利,恢复社会生产领域的法治秩序。

第三节　对强制借款的抗争与《权利请愿书》的颁布

1625 年,查理一世继承了王位的同时也继承了詹姆斯一世的君权神授思想,试图推行专制集权的统治。然而,"查理一世继位时期,整个国家的气氛已经改变,清教徒已在下院拥有了较大的影响力,由于他们不喜欢国王,因此他们从未打算容忍查理的专制行为"。② 17 世纪初,包括清教徒在内的新兴的社会力量已经得到了很大的成长,并且在议会下院的影响逐渐增强。查理一世屡屡抛开议会,直接通过枢密院强行借款或征税,这引起了各阶层民众的普遍不满,查理一世的做法不仅侵犯了民众的财产权利,而且违背了英国固有的"王在议会"原则,这是贵族和骑士以及市民代表都不愿看到的局面。鉴于此,议会下院反对派领袖爱德华·柯克以七十六岁高龄起草了《权利请愿书》,以限制国王任意征税,保障臣民的人身自由和财产权利。经过柯克等人的努力,1628 年议会通过了《权利请愿书》,并迫使查理一世签署了这份英国法治和宪政发展进程中的重要法令。

查理一世继位之后并未意识到英国内外形势的变化,依然推行强硬的内政外交政策,对欧洲大陆法国和西班牙等国频繁发动战争。对外战争必

---

① 《共产党宣言》,《马克思恩格斯选集》第 1 卷,人民出版社 1995 年版,第 284 页。
② [英]布伦达·拉尔夫·刘易斯:《君主制的历史》,荣予、方力维译,三联书店 2007 年版,第 131 页。

然要耗费巨额的财力物力。1625 年秋,查理对西班牙加的斯(Cadiz)海军基地的远征花费高达 50 万英镑,却因为准备不充分和舰队训练不足遭到了惨败,随后对西班牙的再次远征甚至在未到达对方海岸之前就因准备不充分被迫返航。① 显然,查理一世仍然是在奉行其前人伊丽莎白和詹姆斯的强硬外交政策,却远没有他们的韬略,对外战争屡遭败绩,一味地盲目征战,不仅没有取得前人的战功,反而导致了严重的财政危机。查理一世这种一意孤行的处事方式成为其以后和议会冲突的重要原因。

对外战争迫使查理向议会提出征税的要求,“议会拒绝批准新国王征税,因此查理一世诉诸强制借款,并监禁拒绝借款者”。② 查理一世在 1626 年 10 月 7 日颁布了《国王陛下向臣民借款公告》(*A Declaration of His Majesties cleare intention, in requiring the Ayde of His loving Subjects, in that way of Loane which is now intended by His Highness*),国王声明:“在枢密院的建议之下,鉴于捍卫我们的荣耀、信仰和王国的需要,我们以借款的形式向臣民们寻求帮助,为了较为迅速地完成这一计划,我们会派出专员到各郡和城市,他们会携带我们所颁布的公告,以向众臣民明示我们借款的目的。”③ 查理一世在议会拒绝其征税的要求之后,就直接绕开议会通过枢密院颁布国王公告向臣民借款,并拿出了冠冕堂皇的理由:为捍卫我们的信仰和王国以及臣民的安全,国王陛下才不得不向臣民们借款。在代表国王去各地征税的专员的努力下,借款取得了很好的成效。但是不幸的是国王在 17 世纪 20 年代晚期反复借款,并且对议会和臣民的反对置之不理。④ 查理性格高傲且处事缺乏弹性,这成为其和臣民沟通的障碍。⑤ 查理一世对臣民的借款实际上就是违背臣民的意志强行借款,本身就缺乏合法性,并且还挥霍无度频频借款,再加上其蛮横高傲的态度,这必然引起臣民对查理一世借款的抵制。

查理一世对不愿提供借款者处以监禁的惩罚,这最终酿成了“五骑士案”,托马斯·丹尼尔(Sir Thomas Darnel)与其他四名贵族因抗拒借款令被

①　Angus Stroud, *Stuart England*, London and New York: Taylor & Francis e-Library, 2002, p.48.

②　Harold J. Berman, *Law and Revolution, Vol. II: The Impact of the Protestant Reformations on the Western Legal Tradition*, Cambridge: Belknap Press of Harvard University Press, 2003, p.15.

③　James F. Larkin, *Stuart Royal Proclamations: vol. II, Royal Proclamations of King Charles I, 1625—1646*, Oxford: Clarendon Press, 1983, pp.110—111.

④　Derek Hirst, “The Privy Council and Problems of Enforcement in the 1620s”, *The Journal of British Studies*, Vol.18, No.1(Autumn, 1978), pp.47—48.

⑤　Angus Stroud, *Stuart England*, London and New York: Taylor & Francis e-Library, 2002, p.46.

枢密院监禁,他们向王座法庭申请人身保护令,①但得到的答复却是:监禁他们是依据国王的命令,所以他们不能依照普通诉讼程序申请人身保护令,因而也就不能寻求交保释放。② 王座法庭对五位被监禁者的回复实际上关系到国王命令是否能够超越普通法。王座法庭赞同枢密院能够凭借国王的命令对自由臣民处以监禁的刑罚,这显然是违背《大宪章》第39条所规定的任何自由的臣民未经同等地位者或王国法律的合法审判不得被监禁或剥夺财产等。

　　1627年11月22日,该案在威斯敏斯特宫审理,议员约翰·塞尔登担任主要辩护律师,塞尔登声称除非触犯了议会通过的法律,否则丹尼尔他们不能被监禁,《大宪章》禁止枢密院未经议会法令授权监禁自由的臣民。③塞尔登正是依据《大宪章》来否定枢密院监禁臣民的合法性,他进一步指出:国王的特殊命令不是法律,更何况是理由不明的拘留。总检察长回应道:国王的命令就是法律,公平正义的精髓都在国王身上体现,对不缴纳赋税的人进行理由不明的监禁是一种国家行为,是法院不能干涉的王室特权。王座法庭首席法官尼古拉斯·海德(Nicholas Hyde)也赞同总检察长的观点。柯克认为这种行为削弱了《大宪章》的效力,《大宪章》是不受君王主宰的。④ 海德坚持这五位被监禁者不能被保释。⑤ 显然,这一时期的王座法庭已经臣服于国王,王座法庭和普通法不仅不能抵制王权的膨胀和肆意,反而赞同“国王命令就是法律”这样完全背离英国传统法治的主张。在这种局势下,议会成为能够制约国王的主要力量。

　　1627年秋,查理一世为消灭拉罗谢尔的胡格诺派(Huguenots of La Rochelle)远征法国,因准备不足再遭败绩。国库收入被消耗殆尽,查理一世被

---

① 人身保护令是指一种为保护臣民自由而颁发的法庭令状,颁发这种令状是为了保证释放被非法监禁的人。根据普通法,任何自由人如果不是因为犯有刑事罪行或者由于民事负债而被监禁,均有权要求王座法庭向实施监禁的监狱颁发人身保护令,要求解交被监禁者,并说明监禁的理由,以便法庭对其适当性予以裁断,从而确定将被监禁者或移送监狱、或准予保释、予以释放。这种人身保护令在《大宪章》之前即已存在,它是在17世纪时作为审查非法监禁的正当程序而确立。参见[英]戴维·M.沃克:《牛津法律大辞典》,李双元等译,法律出版社2003年版,第494页。

② 齐延平:《自由大宪章研究》,中国政法大学出版社2007年版,第216—217页。

③ Edward Coke, Steve Sheppard ed., *The Selected Writings and Speeches of Sir Edward Coke*, Vol.1, Indianapolis:Liberty Fund, Inc., 2003, p.Chronology of Events lxiii.

④ [英]杰弗里·罗伯逊:《弑君者:把查理一世送上断头台的人》,徐璇译,新星出版社2009年版,第25页。

⑤ Chris Cook and John Wroughton eds., *English Historical Facts*, 1603—1688, Totowa:Rowman and Littlefield, 1980, p.29.

迫于 1628 年重开议会。①"1628 年议会召开之初,议员们就批评国王强制借款及其制裁侵犯了臣民的人身自由,下议院一致通过决议谴责国王没有合法原因监禁臣民、拒斥人身保护令、拒绝臣民保释、未经议会授权进行征税、允许士兵进入私人住宅、以军事管制法(martial law)审理案件以及其它强制借款的手段。"②查理连年对外发动战争,却因准备不足屡遭惨败,致使国家面临严重的财政困境,这使得议会和国王之间的关系更趋紧张。在 1628 年议会中,国王成为众矢之的,议员们指控国王强制借款侵犯了臣民的人身自由和财产权利。

在 1628 年议会中,爱德华·柯克为保护臣民自由与权利对王权进行了持续而有力的抗争,连续发表了多次重要的演讲,谴责了国王侵犯臣民自由与权利的做法,起草了《权利请愿书》,并推动议会通过了这一英国法治发展进程中的重要法令。1628 年议会是在 3 月 17 日开幕,3 月 21 日柯克就提交了《反对长期不公正地监禁臣民议案》(An act against long and unjust detainment of men in prison),③并于当天在下院发表了维护臣民人身自由和财产权利的演讲。柯克讲道:"议长先生,对于任何人而言没有什么比自由更为宝贵了,监禁在很多案件中都是非常重的刑罚。如果一匹马或一只羊被盗,法律应当给予救济,如果一个人被监禁,这是上帝所禁止的,法律更应当给予救济,这就是法官不能拒绝的人身保护令,不仅如此,还有依据《大宪章》所确立的释放令(de homine replegiando)。但是,现在这令状消失了。"④柯克向议长直言对于任何人而言自由都是最为宝贵的,自由要高于财产权利。臣民的财产得到法律的保护,那么人身自由应当得到法律更加完善的保护,但原有的保护臣民自由的人身保护令和释放令都已被弃之不顾。

随后,为了阐明没有合法根据监禁臣民与王国法律相悖,柯克进而讲道:"法律不应使一位臣民长期被监禁,如果一位监狱的监狱长不能从法院申请到合法的根据,就应当释放被监禁者,不然,难道要在没有确凿依据的情况下持久监禁一位臣民吗? 这与王国的法律相悖,也是上帝所禁止的。

---

① Graham E.Seel and David L.Smith, *The Early Stuart Kings*, *1603—1642*, London and New York: Taylor & Francis e-Library, 2005, p.48.

② Harold J.Berman, *Law and Revolution*, *Vol.II: The Impact of the Protestant Reformations on the Western Legal Tradition*, Cambridge: Belknap Press of Harvard University Press, 2003, p.215.

③ Ellis Sandoz ed., *The Roots of Liberty: Magna Carta, Ancient Constitution, and the Anglo-American Tradition of Rule of Law*, Indianapolis: Liberty Fund, Inc., 1993, pp.152-153.

④ Edward Coke, Steve Sheppard ed., *The Selected Writings and Speeches of Sir Edward Coke*, Vol.3, Indianapolis: Liberty Fund, Inc., 2003, p.1227.

因此我起草了一个议案,其题名为《反对长期不公正地监禁臣民议案》。毋庸置疑这一议案会受到非难或攻击。"①柯克从根本上否定了国王及其枢密院在强制借款中肆意监禁臣民的做法,因为这一举动既不符合王国的法律,也是上帝所禁止的,鉴于这种情况柯克起草了议案,试图消除这种背离法律和上帝意志的现象。

在这一议案中,柯克主张根据王国的法律,应当没有人被监禁或者被送进监狱,无论已经犯了或者将要犯何种罪行,应当被扣押,在适当时间进行审判,如果是无辜的应当判定无罪并释放之。希望在此次议会之后没有人因为命令或其它的授权被监禁或限制自由,被监禁者如果不能在两个月之内释放,就应当在提起控诉之前给予自由。否则他们无论犯了什么罪行都应当被判无罪。② 从柯克的这些主张中,我们可以发现柯克不是单纯地指出国王及其枢密院监禁臣民的行为与法律相悖,还提出了对待犯罪嫌疑人的合法程序,即在未经适当审判定罪之前,任何臣民不能因命令或特殊的授权被监禁,只能被短暂地扣押。此外还阐明了对已经被监禁者的妥善补救措施,要么尽快释放,要么在提起合法地控诉之前给予自由。可见,柯克试图从各个环节来限制国王对臣民人身自由的侵害,并为已被监禁者努力争取人身自由。柯克的主张中既包含着实体正义的诉求,也包含着程序正义的诉求,而且程序正义是实体正义的前提和保障,这是现代法治的核心精神。

在提交《反对长期不公正地监禁臣民议案》以维护臣民人身自由的第二天,柯克在议会下院发表了限制国王征税和借款的演讲。柯克讲道:"尽管面临警告,我绝对不会向国王陛下提供借款,无论是国外的危险还是国内的邪恶力量,我都会置之不顾。这个国家正在走向奢华,我不惧怕国外的敌人,上帝会赐予我们和平。对于这样的弊病,我将提出解决办法,我所说的内容并非出自我的头脑,而是出于我的内心和议会法令,我不能攻击所有的弊病,只针对借款一事。"③显然,柯克对待国王借款一事态度非常激烈,在议会演讲中公开声明绝对不会向国王提供借款,并指出国王所讲的借款理由都是不足为信的,而所借之款有可能用于奢华的消费,柯克还阐明自己要

---

① Edward Coke, Steve Sheppard ed., *The Selected Writings and Speeches of Sir Edward Coke*, Vol.3, Indianapolis: Liberty Fund, Inc., 2003, p.1227.

② Edward Coke, Steve Sheppard ed., *The Selected Writings and Speeches of Sir Edward Coke*, Vol.3, Indianapolis: Liberty Fund, Inc., 2003, p.1228.

③ Edward Coke, Steve Sheppard ed., *The Selected Writings and Speeches of Sir Edward Coke*, Vol.3, Indianapolis: Liberty Fund, Inc., 2003, p.1228.

依据议会法令提出解决这一问题的办法。

柯克认为："国王不能以借款的形式向任何人征税。""根据爱德华三世在位第 25 年(1351 年)通过的法令,违背臣民意志的借款与王国的理性相悖,侵犯了臣民的自由和权利。""而《大宪章》也明确规定了臣民的自由和权利不被剥夺。亨利三世在位第 10 年(1225 年)通过的《大宪章》第 29 条已被历代贤明的国王确认了 33 次。1228 年,亨利三世又依据《大宪章》制定了一些统治规则,并称其为《自由大宪章》(carta libertates et franchisae)。亨利三世在位第 21 年(1236 年)通过的法令宣称《大宪章》使人获得自由,推翻《大宪章》就会使人成为奴隶。爱德华三世在位第 42 年(1368 年)通过的法令阐明所有与《大宪章》相悖的法律都属无效。"[1]柯克先是直接认定国王不能通过借款的形式向臣民征税。随后依据数位国王在位期间的议会法令,柯克指出强制借款侵犯了臣民的自由和权利,违背了被反复确认的《大宪章》,而违背《大宪章》的法律会使臣民受到奴役,应归于无效。因此在柯克看来,查理一世的强制借款由于违背了《大宪章》而缺乏合法性。

柯克接下来阐明国王无论是征税还是借款都要经由议会授权。"爱德华一世在位期间通过议会法令确认《大宪章》时申明:恩税(benevolence)和贡金都须征得王国的普遍同意,没有贵族的一致同意不能对其征收封建租税(tallage)和贡金。征服者威廉统治时期从未征收过强制税,所有的自由臣民皆和平地拥有土地,而没有强制税负担,因此除非经过普遍的同意,国王不能索取任何财物。"在柯克演讲时有人提出质疑:在外敌入侵时国王也不可以借款吗?柯克立即回答道:"亨利四世在位第 13 年(1411 年)时通过议会法令,申明用于保卫王国和海洋的强制税与特别津贴未经议会同意不得征收。亨利七世在位期间曾向臣民征收恩税,遂向议会承诺下不为例。亨利八世在位第 34 年(1542 年)也通过法令规定未经议会同意不能征收强制税。"[2]在阐明国王强制借款侵犯了臣民的自由与权利而不具有合法性之后,柯克指出国王借款或征收各类赋税需要征得王国的普遍同意,在实践中表现为议会的授权,先前多位国王都在议会法令中对此做出了规定。

在柯克看来议会的授权代表着王国的普遍意志,经由议会授权之后国王借款或征税则具有了合法性,而不再是对臣民自由和权利的侵犯。在接下来的议会辩论中,柯克多次阐明了上述观点。实质上,柯克已将议会视为

---

[1]　Edward Coke, Steve Sheppard ed., *The Selected Writings and Speeches of Sir Edward Coke*, Vol.3, Indianapolis: Liberty Fund, Inc., 2003, pp.1228-1229.

[2]　Edward Coke, Steve Sheppard ed., *The Selected Writings and Speeches of Sir Edward Coke*, Vol.3, Indianapolis: Liberty Fund, Inc., 2003, pp.1229-1230.

臣民自由和权利的屏障,凭靠议会来阻止国王对臣民自由和权利的侵犯。因此,柯克起草了《权利法案》,试图推动其在议会两院通过,以约束王权保障臣民自由和权利,这个法案赋予了《大宪章》高于一切的法律约束力。①后来为使其更容易被查理一世接受,柯克将《权利法案》改为《权利请愿书》,《权利请愿书》在议会两院经历了数次讨论,最终在 1628 年 6 月 7 日获得了查理一世的批准。②《权利请愿书》主要申明了臣民的财产权利和人身自由,其中特别强调了人身自由中住宅不受国王兵卒侵犯,国王不得根据军事管制法对臣民肆意监禁甚或处以死刑,禁止国王未经议会同意擅自征税,尤其是强行借款和恩税。③ 尽管《权利请愿书》仅仅是对《大宪章》和既有议会法令中臣民自由和权利的集中申明,但它也直接对查理一世及枢密院强行借款和监禁臣民的行为提出了合法而集中的抗议,成为其后臣民与国王斗争的法理依据。

《权利请愿书》首先强调国王未经议会授权不得征税或借款。根据爱德华三世在位第 25 年(1351 年)通过的《禁止随意征收捐税法》(*Statutum de Tallagio non concedendo*),违背臣民意志的借款与王国的理性相悖,侵犯了臣民的自由和权利。依据王国的其它法律,任何人不应承担强制借款和恩税等。根据前述法令以及王国中的其它良法和议会法令,未经议会普遍的同意,臣民不应被强迫向国王提供任何普通税收、强制税、贡金以及其它特别税。④《权利请愿书》仍然是从既有的议会法令和王国的其它法律中寻找国王征税或收取贡金的合法性,以此表明并非要求国王赋予臣民新的自由和权利,仅仅是重申臣民所享有的传统的自由和权利。因此,国王不能轻易拒绝这些植根于传统的合法的诉求,即便国王想要拒绝这些要求,也必须给出合理的解释或理由。

随后,《权利请愿书》申明在最近一段时期内出现了有悖前述法律的情况:有很多专员被派往各郡,他们强迫臣民向国王提供借款,凡拒绝提供借款者则被勒令宣誓,要到枢密院以及其它机构接受审问,这是王国的法律和议会法令所不容的;有部分臣民被监禁、羁押以及其它侵扰;还有一部分臣

---

① [英]杰弗里·罗伯逊:《弑君者:把查理一世送上断头台的人》,徐璇译,新星出版社 2009 年版,第 25 页。

② Graham E.Seel and David L.Smith,*The Early Stuart Kings*,*1603—1642*,London and New York:Taylor & Francis e-Library,2005,p.61.

③ Alan Cromartie,*The Constitutional Revolution:An Essay in the History of England*,*1450—1642*,Cambridge:Cambridge University Press,2006,p.229.

④ *The petition of right: exhibited to His Maiestie, by the Lords and Commons assembled in Parliament,concerning divers rights,and the liberties of the subject*,1642,p.1.

民在郡长或副郡长以及治安法官等人的逼迫下被迫缴纳了借款,这违背了王国的法律和自由的习惯。①《权利请愿书》认定国王强制借款违背了王国的法律,而枢密院等机构擅自监禁不愿提供借款的臣民更是违反了王国的法律和自由的习惯。

为了进一步证明国王和枢密院监禁臣民的行为是违背王国法律的,《权利请愿书》引用了1215年《大宪章》第39条:未经同等地位之人依据王国的法律进行合法审判,任何自由人不得被逮捕、监禁、剥夺财产、逐出法外及流放,也不得被施以任何形式的伤害。除了申明《大宪章》所规定的臣民人身自由和财产权利之外,《权利请愿书》还指出爱德华三世在位第28年(1354年)通过的议会法令也规定:未经合法审判,任何人不论其身份和地位如何,不得被从其土地或住所驱逐,不得被逮捕、监禁、剥夺继承权或处以死刑。然而,与上述法令和王国中其它良法及与此目的相关的法令相悖,近来有很多臣民遭到无端的监禁。他们为了获得司法救济而被带到法官面前,根据法院收到的人身保护令,监禁臣民者被要求提供继续监禁的理由,他们却未能给出理由,但这些臣民仍然被监禁,其依据是枢密院签发的国王陛下的特殊命令。在没有合法控告的情况下,他们被再度送回监狱。②《权利请愿书》引用《大宪章》和爱德华三世在位时期通过的法令申明未经合法的审判任何臣民不得被剥夺人身自由和财产权利,显然,遵照国王之命监禁臣民的情况是违背《大宪章》和其它议会制定法的,因此不具有合法性。

《权利请愿书》还谴责了国王的军队强行驻扎在民宅中的现象。"近来有大量的海陆兵卒分散在王国各郡,他们违背臣民意志强行驻扎在臣民住宅之中,这与王国的法律与习惯相悖,导致民怨深重。"③显然,《权利请愿书》进一步申明了臣民的住宅不受侵扰的自由,而住宅不受侵扰是人身自由的延伸。《权利请愿书》的起草者柯克曾言:"英格兰人的房子就是他自己的城堡。"④柯克将最高的封建原则赋予了新的意义,强调普通民众的房子也要受到法律的严格保护。⑤ 实际上,国王的兵卒驻扎在民宅之中不仅

---

① *The petition of right: exhibited to His Maiestie, by the Lords and Commons assembled in Parliament, concerning divers rights, and the liberties of the subject*, 1642, p.1.

② *The petition of right: exhibited to His Maiestie, by the Lords and Commons assembled in Parliament, concerning divers rights, and the liberties of the subject*, 1642, pp.1-2.

③ *The petition of right: exhibited to His Maiestie, by the Lords and Commons assembled in Parliament, concerning divers rights, and the liberties of the subject*, 1642, p.2.

④ Edward Coke, *The Fifth Part of the Reports of Sir Edward Coke*, London, 1658, p.91b.

⑤ Christopher Hill, *Intellectual Origins of the English Revolution: Revisited*, New York: Oxford University Press, 1997, p.211.

扰乱了臣民正常的生活秩序,还必然要耗费臣民的食物和其它财物。因此,限制国王的军队在民宅中驻扎也有利于保护臣民的财产权利和财产安全。

为了防止国王利用军事管制法对臣民进行严苛的司法审判,《权利请愿书》再次诉诸《大宪章》和既有的议会法令,寻求对国王司法权膨胀的制约。"依据爱德华三世在位第 25 年(1351 年)议会颁布的法令,凡凭借臆断残害任何人的生命或肢体皆违背了《大宪章》与王国的法律。依据上述《大宪章》和王国的法律,除依据本国的习惯和议会法令之外,不得判处任何人死刑;无论何种犯罪,均不得免于通行程序的审讯,也不得免受王国法律和法令的惩罚。最近陛下通过加盖国玺的形式设置了一些委员会,然后派遣专员分赴各郡,他们拥有依据军事管制法处罚不法海陆兵卒及其同伙的权威。对其所犯之谋杀罪、抢劫罪、重罪(felony)、叛乱罪(mutiny)以及其它暴行或轻罪(outrage or misdemeanor)皆按照军事管制法处置,然而这种法律仅仅在战争时期的军队中适用。依据军事管制法进行审判,犯有上述各罪的人都会被处以死刑。""但在相同情形下,依据王国的法律和议会法令,上述臣民或应被处以死刑,或罪不当死。"①显然,《权利请愿书》明确指出国王派出专员前往各郡以军事管制法审理案件会制造冤假错案,远不能公正而有效地审判各类违法者,很多违法者被处以过重的刑罚,这失去了法律的公正性。因此,军事管制法是过于严苛的法律,很容易侵犯臣民的生命和人身自由,这与《大宪章》和王国的其它法律完全相悖。在和平时期,国王不得适用军事管制法,以免伤及臣民的生命或人身自由。

《权利请愿书》的最后一部分阐明了议会上下两院对国王的请求。"请愿者向陛下提出的条款,都是依据王国法律和法律提出的,是他们本来就享有的权利和自由。在此,恳请国王陛下立法规定:上述所有侵害臣民的裁决、行为和诉讼的行为,在今后不得援引为法律后果或先例。恳请国王依据王国的法律行事,以保障臣民的自由和权利;国王应命令各类官员按照法律行事,以增进国王陛下的荣耀,促进王国的繁荣。"②这是整个请愿书的总结,希望国王遵循王国既有的法律和传统,遵照议会的授权征收税赋,这不仅有利于保障臣民的人身自由和财产权利免受侵害,也有利于增进国王的荣耀,促进王国的发展与繁荣。

《权利请愿书》是依据《大宪章》和其它议会法令来申明臣民传统的人

---

① The petition of right: exhibited to His Maiestie, by the Lords and Commons assembled in Parliament, concerning divers rights, and the liberties of the subject, 1642, p.2.

② The petition of right: exhibited to His Maiestie, by the Lords and Commons assembled in Parliament, concerning divers rights, and the liberties of the subject, 1642, pp.2-3.

身自由和财产权利。"《权利请愿书》是议会发展历程中独一无二的,没有先例。"①尽管没有为臣民创设新的自由与权利,却成为当时以及后世英国宪政与法治社会发展的根基之一。在面临查理一世王权膨胀、臣民人身自由和财产权利遭到严重侵害的危急关头,《权利请愿书》适时地诉诸英国传统法治的资源,寻找到了约束王权、保障臣民自由和权利的依据。"《权利请愿书》是继《大宪章》之后最伟大的宪政文献,它通过法律的至尊地位来增进人民的自由。"②查理一世想要绕开议会进行借款或征税的尝试遭到了议会的抵制,《权利请愿书》又将国王的征税权和司法权再次置于《大宪章》等法律的约束之下,未经议会授权国王不得征税或借款,未经合法审判任何臣民不得被剥夺人身自由和财产权利。

《权利请愿书》经历了数次反复才在议会上下两院通过,而查理一世迫于现实批准之后并不愿遵守。"1628 年 6 月,查理一世虽然批准了《权利请愿书》,却秘密地指示王室印刷工除去其法令编号,以此使人对其是否作为议会法令产生怀疑,任何人想要在法庭中引用《权利请愿书》来应对国王以后的行为就会遇到很大困难。查理一世相信这是捍卫其权力免受议会侵蚀的合法手段,但在臣民看来这是奸诈之举。"③查理一世的这一做法非常缺乏诚信和政治智慧,远没有伊丽莎白一世和詹姆斯一世的谋略,导致臣民对其更不信任。尽管《权利请愿书》未能真正得到查理一世的认可,但其有利于推动社会力量的觉醒,促使民众起来抵制王权的膨胀。从这个意义来讲,查理一世的专制图谋和统治无能为英国法治的发展提供了契机,《权利请愿书》成为英国现代法治发展的法律基础。

面对伊丽莎白一世和詹姆斯一世的绝对君主取向,普通法职业共同体、议会下院以及贵族等维护传统法治的力量对王权的膨胀进行了持续的抗争。在法律和司法领域,普通法法庭和特权法庭之间出现了激烈的管辖权之争,柯克作为普通法法庭的核心人物与诸多特权法庭展开了全面的抗争,抵制住了特权法庭司法管辖权的扩张,也抵制了国王对普通法法庭司法审判的肆意干预,维护了普通法在英国法律体系中的至高无上的地位。起源于中世纪的普通法被重新阐释,适应了新的社会经济发展形势,这些努力促

---

①　Frances Helen Relf,*The Petition of Right*,Minneapolis:Bulletin of the University of Minnesota,1917,Preface.

②　John Hostettler,*Sir Edward Coke:A Force for Freedom*,Chichester:Barry Rose Law Publishers Ltd.,1997,p.133.

③　Graham E.Seel and David L.Smith,*The Early Stuart Kings,1603—1642*,London and New York:Taylor & Francis e-Library,2005,p.56.

使普通法突破重围走出危机,普通法法庭的诉讼出现了显著的增长,普通法实现了初步的复兴。

长期以来,国王依靠大规模出售垄断特许权获得丰厚的财政收入,这破坏了生产和贸易领域的正常发展秩序,出现了商品价格上涨和质量伪劣的乱象,民众生活受到严重影响。1624 年,议会下院通过了《反垄断法》,以抵制国王过度颁授垄断特许权,实现生产和贸易自由。面对国王绕开议会强行征税和借款,为了抵制王权对臣民自由与权利的侵夺,议会下院在 1628年依据《大宪章》的精神和原则通过了《权利请愿书》。《权利请愿书》被公认为继《大宪章》之后最为重要的议会制定法,甚至被称为英国的第二部《大宪章》,这充分体现了《权利请愿书》之于臣民自由与权利的重要地位。《权利请愿书》是在查理一世屡次侵犯民众自由与权利的形势下适时颁布的,重申了《大宪章》的法治精神,唤醒了"王在法下"的有限王权传统,激起了民众对英国传统法治的认同。因此,在查理一世的绝对君主取向和议会下院的有限王权诉求激烈碰撞的情势下,《权利请愿书》为遏制王权的膨胀,保护民众的自由与权利提供了法律保障。《反垄断法》和《权利请愿书》是维护传统法治的力量在对抗王权膨胀过程中取得的初步胜利。实际上,《权利请愿书》不仅承接了《大宪章》,也是后世《权利法案》的先导,从《大宪章》到《权利请愿书》再到《权利法案》,三者是一脉相承的。《大宪章》是英国传统法治的根基,而《权利法案》开启了英国现代法治发展进程,确立了英国现代法治的发展模式和道路。因此,《权利请愿书》在英国法治发展进程中处于承上启下的地位,是后世英国现代法治发展的源头活水。

第五章　英国现代法治的确立

由于对 1628 年议会及其通过的《权利请愿书》十分不满,查理一世解散了议会,实行专制集权的"个人统治(personal rule)"。但《权利请愿书》在此之后仍然成为臣民们抵制王权的有力根据,汉普顿和一些普通法法官就是以《权利请愿书》为据来抗拒国王的船税,并影响了很多的民众也以此为据拒绝缴纳船税。查理一世的"个人统治"使得国家矛盾重重危机四伏。为了解决内外危机,十二位贵族向国王提出请愿,建议国王召开议会,以商讨解决国内外的危局,但查理一世并未听从贵族的意见,错过了扭转时局的一次绝佳的机会。为了向苏格兰人支付停战赔款,查理一世在万般无奈之下被迫再次召开议会以征收新的税款。然而,新的议会在召开之后并未着手讨论征税事宜,而是立即弹劾了国王的两位重臣,并通过法令巩固了自身的地位。依照法令规定,国王不得长期不召开议会;未经议会上下两院同意,国王不得凭个人意志解散议会。随后,议会通过一系列法令废除了国王控制的特权法庭,这为普通法的发展创造了较为宽松的外部环境。在与国王的抗争中,议会与普通法职业共同体实现了联合。面对查理一世的王权膨胀带来的危机,议会提出了《十九条建议》(*The Nineteen Propositions Sent by the Two Houses of Parliament to the King at Yoke*),希望借此缓解王国的危局,实现国王和议会共同分享国家的治理权。这份"建议"已经初步具备了君主立宪政体的制度设想。然而,在查理一世看来议会提出的这份《十九条建议》对他而言无异于投降书,他断然拒绝接受,并向议会宣战,英国内战爆发。

在内战爆发之后,英国的武装力量得到了迅速发展,并实质性地介入了对统治权的争夺过程,这破坏了国王、议会以及普通法法庭之间原有的平衡,英国法治的发展遇到了更为复杂的障碍。在斯图亚特王朝复辟之后,由于掌握了武装力量,查理二世与詹姆斯二世不仅控制法庭,随意解除法官职务,还凌驾于议会之上。普通法法庭无法为民众提供合乎正义的司法救济,反而成为国王推行专制统治的工具,英国的法治遇到了前所未有的困境。最终,由于担心天主教回潮,英国辉格党和托利党联合起来废除了詹姆斯二世的王权,颁布了《权利法案》,确立了"议会主权",建立了君主立宪政体,将军权和财政税收权力都置于议会控制之下。随后,在 1701 年议会又通过了《王位继承法》,真正在法律层面确立了法官的独立地位,国王无权随意解除法官职务,只有在议会两院同意的前提下才能将法官解职。由此,民众的自由和权利具有了宪法性法律的保障,英国现代法治得以确立。

第一节　传统法治与"个人统治"的博弈

在绝对君主取向的驱使下,查理一世不仅拒绝接受《权利请愿书》,还在《权利请愿书》通过的次年就解散了议会,彻底抛开议会实行"个人统治"。然而,由于查理一世刚愎自用,缺乏起码的政治韬略,其统治面临着多元力量的抵制,积聚了各种社会矛盾。在强行干预苏格兰宗教信仰时遭到了苏格兰新教徒的极力反抗,苏格兰和英格兰之间爆发了战争,查理一世原本希望加强对苏格兰的控制却遭到惨败。这一方面源于苏格兰人的奋力抗争,另一方面源于查理一世在军队的经费都未准备充分的情况下匆忙出兵,而且缺乏民众的支持。这次战争迫使查理一世重新召开议会,查理一世对苏格兰的战争在客观上开启了议会和王权的斗争,打破了王权对教俗领域的绝对控制。面临王国的危局,除了普通法职业共同体和新兴社会力量的抗争之外,贵族阶层也向国王提出请愿,希望国王能够考虑到王权膨胀带来的负面影响,对很多有悖传统法治的政策做出调整,以使王权回到传统法治的框架下。然而,查理一世拒绝接受贵族们提出的这种最为温和的改良建议,再一次失去了扭转局面缓和矛盾的机会。

由于议会被解散,查理一世独自掌握了王国事务的最高统治权力,这明显背离了传统的"王在议会"原则。同时,各类特权法庭日渐听命于国王,这助长了查理一世的专制集权。查理一世不顾现实社会经济状况和传统的征税方式,盲目地推行严苛的税收政策。普通法法官和清教徒对国王严苛的税收进行了抵制,《权利请愿书》成为抵制国王大肆征税的有力根据。在无议会期间,查理一世恢复多项已被废除的封建特权,如优先购买权、监护权、骑士封爵罚金、船税等,在 1630—1635 年间,这些封建特权收入高达165,000 英镑。① 此外,查理一世还试图强行改变苏格兰的宗教信仰,最终引发了苏格兰对查理一世的武装抗争,这使得长期以来积聚的民族矛盾、宗教矛盾以及社会矛盾和政治矛盾逐步显现,查理一世的集权统治受到各种力量的挑战。

"《权利请愿书》明确地否定了未经议会同意进行强制借款的合法性。借款引起的极端态度和不信任影响了 1628 年至 1629 年之间的议会,这直

---

① B.E.V.Sabine,*A short History of Taxation*,London:Butterworths,1980,p.88.

接导致了国王决定抛开议会进行统治。"①对于强行借款,国王和议会都不愿妥协。此后,英国进入了长达 11 年的无议会期,这期间查理一世实行的"个人统治"更加专制集权。"国王此举激怒了一群强有力的人,也正是这群人,最后将他的政权推翻。"约翰·艾利奥特(John Eliot)、约翰·皮姆(John Pym)和约翰·汉普登(John Hampden)这样的清教徒律师坚持柯克倡导的"普通法为自由准则",反对国王未经议会同意肆意征收赋税。② 普通法和清教徒成为查理一世集权的巨大障碍。

　　1629 年之后,由于摆脱了议会对征税权的束缚,查理一世更是大肆征税。为了增加财政收入,查理一世恢复了许多种已经废弃的税收,并且恢复了垄断特许状的颁授。在"个人统治"期间,为了强行颁授垄断特许权,查理一世屡次解除一些法官的职务,并且宣布船税(Ship Money)合法。③ 显然,查理一世为增加财政收入,恢复了很多被议会废弃的特权或税收。在 1630 年,国王任命了一个委员会,对年收入达到 40 英镑的自由保有土地者征收年金,到 1640 年,这一委员会共征收了 17 万 5000 英镑。从 1634 年起,查理一世还恢复了森林法庭(forest courts),对那些无意间进入王室森林者处以罚金,在此后六年中共收罚金达 4 万英镑。当时最具争议的财政措施是船税,从爱德华三世继位以来,船税只是在国家处于紧急状态时偶然性地对沿海城镇进行征收,以装备舰船保卫王国。在 1634 年至 1639 年之间,查理一世每年都要征收船税,并在 1635 年将船税的征收范围扩展到全国。在和平时期对全国征收船税的合法性引起了广泛的争论。然而,船税的征收率却达到了百分之九十,这一财政应急之策使得查理一世获得了丰厚的收入。到 1637 年,国王的岁入超过了一百万英镑,这比 1625 年的岁入多出百分之五十,是 1603 年詹姆斯一世岁入的两倍。④ 查理一世在 1629 年之后不仅恢复了很多已经废弃的税收,还将在紧急状态下才对沿海城镇征收的船税转变为每年都要征收的常规税收,并将征收的地区范围扩展到全国。尽管查理一世从这些严苛的税收政策中获得了巨额的财政收入,但是这种杀鸡取卵的做法必然加深了民众对国王的不满,也激化了英国的阶级矛盾

---

① Graham E.Seel and David L.Smith, *The Early Stuart Kings*, *1603—1642*, London and New York: Taylor & Francis e-Library, 2005, p.65.

② [英]杰弗里·罗伯逊:《弑君者:把查理一世送上断头台的人》,徐璇译,新星出版社 2009 年版,第 24 页。

③ Christopher Hill, *The Century of Revolution*, *1603—1714*, London and New York: Routledge, 2002, p.67.

④ Graham E.Seel and David L.Smith, *The Early Stuart Kings*, *1603—1642*, London and New York: Taylor & Francis e-Library, 2005, p.66.

和社会矛盾。由于没有召开议会,新兴社会力量无法通过议会限制或约束国王的行为,这使得查理一世更加无所顾忌,处于上升期的新兴社会阶层对于国王的横征暴敛积怨更深。

　　船税虽然给查理一世带来了巨额的收入,但是也遭到了一些人士的抵制,并且有部分法官也开始反对国王征收船税,他们以《权利请愿书》作为反对国王征收船税的依据。其中汉普登案(Hampden's case)较具有代表性,汉普登由于拒绝缴纳船税在财政署法庭受到审判,十二位法官中有七位反对汉普登,五位支持者中仅仅有两位法官即库克(Cooke)和胡顿(Hutton)明确表示反对国王,他们认为依据古老的先例和新近的《权利请愿书》,汉普登拒绝缴纳船税皆属合法。① 显然,法官库克和胡顿依据先例和《权利请愿书》公开否定船税的合法性,他们申明了《大宪章》以来的"国王未经议会同意不得擅自征税"的传统。

　　这五位法官的抗争影响了民众对船税的态度,他们开始相信船税确实不合法。汉普登案之前,大部分民众都缴纳了船税,但及至 1640 年,查理一世仅仅能够征收到船税总额的三分之一。② 可见,普通法职业共同体能够在很大程度上影响民众对待王权的态度,这证明民众对有限王权传统具有很强的认同,只要存在恰当的引导,民众就能够在一定程度上觉醒,这是查理一世无法彻底实现绝对君主统治的重要因素。在议会无从召开的情况下,普通法法庭成为抵制查理一世专制集权的重要力量。

　　普通法法庭成为限制王权的力量主要根源于英国"王在法下"的有限王权传统,这是英国传统法治的基础。尽管这一时期英国的政治精英或知识精英从未提出明确的分权主张或学说,但是英国的政治实践中包含着权力制衡的特质,"王在议会"原则即为最明显的表现,在这一原则之下,议会有权参与王国的统治,并有权对王国的各类事务进行讨论。实际上,"王在议会"原则就是主张国王对王国的统治要受制于议会。按照英国传统法治的习惯,王国的一切事务都是法律事务,都能够在普通法的框架下找到解决的途径,国王和议会的行为都是在宣告既有的法律,国王和议会皆受制于普通法。"除了法律允许其做的事情之外,国王没有任何特权。"③可见,基于

① F.W.Maitland, *The Constitutional History of England*, London: Cambridge University Press, 1908, p.308.
② John Adair, *A Life of John Hampden, the patriot（1594—1643）*, London: Kogan Page, 2003, p.124.
③ Christopher Hill, *Intellectual Origins of the English Revolution: Revisited*, New York: Oxford University Press, 1997, p.219.

"王在法下"的有限王权传统,国王要受制于普通法,法律之外国王无特权。

　　然而,由于查理一世抛开议会实行专制集权的统治,实际上这一时期的英国已经走到了十分危险的境地,长期不召开议会使得各种矛盾日益积聚。"由于表面上没有议会的吵嚷,再加上查理一世刚愎自用的性格,他反而志得意满。实际上,查理一世的统治已是危机四伏,英国在一个非常态的制度下前行,议会和法庭都存在严重的问题。越是回望历史(历史时刻都在审视着存在争议的企图)越能够看到更多的制度与兰开斯特诸王治下不同,许多貌似合理的借口都是不合法的。如果出现一位比查理更为明智的国王,是否能够避免即将来临的风暴,这是应当慎重考虑的一个问题。然而,种种迹象表明风暴正在来临。"① 显然,查理一世的种种作为都是背离英国传统的,参照历史审视查理一世的统治,许多政策都不具有合法性,但查理一世对历史传统置若罔闻,其目光主要集中在西班牙和法国的绝对君主制之上,并想尽一切办法在英国实现大陆式的绝对君主统治。查理一世实际上是在无意识中埋下了越来越多的隐患,只要有导火索引爆了其中一个,就会导致连锁反应,最终使得查理一世的专制迷梦归于破碎。

　　由于受到威廉·劳德(William Laud)② 等保守势力的影响,查理一世继位之后推行的宗教政策十分严苛。威廉·劳德于 1633 年任坎特伯雷大主教,"尽管劳德的信仰是要恢复英国教会的使徒传统,但劳德的许多革新看起来是要使英国回归罗马……其利用最高委员会法庭来执行其政策。在国王无议会统治期间,劳德对教会实行强制性的措施,这使得其政策被认为是专制政府(arbitrary government)所为"。③ 劳德大主教推行的政策与查理一世的无议会统治的专制正好合拍,这必然使得清教运动再次面临严峻的形

----

①　F.W.Maitland,*The Constitutional History of England*,London:Cambridge University Press,1908,p.275.

②　劳德全名为威廉·劳德(William Laud,1573—1645),作为坎特伯雷大主教与查理一世的重臣之一,劳德在内战的爆发过程中扮演了重要的角色。早年事业并不顺利,在受到白金汉公爵赏识之后,才开始迅速发达起来。1621 年,劳德被任命为圣戴维斯(St.Davis)主教,但詹姆斯一世对其心存芥蒂。然而,查理一世继位之后对劳德极为赏识。1629 年,劳德成为牛津大学校长,1633 年起开始担任坎特伯雷大主教,并且成为国王的重臣,参与管理王国事务。劳德由于推行倾向于天主教的宗教政策而受到普遍的质疑。1637 年,劳德企图将《公祷书》强加给苏格兰,引起苏格兰的武装起义。1640 年 12 月 18 日,劳德被长期议会以叛逆罪(high treason)弹劾,1641 年被囚禁在伦敦塔,1644 年 3 月被判处死刑,1645 年 1 月 10 日被砍头。参见 Ronald H.Fritze and William B.Robison eds.,*Historical Dictionary of Stuart England*,*1603—1689*,London:Greenwood Press,1996,pp.284—285。

③　Chris Cook and John Wroughton eds.,*English Historical Facts*,*1603—1688*,Totowa:Rowman and Littlefield,1980,p.112.

势,同时也将更多的清教徒逼到了对立面,为以后的清教徒与国王的冲突埋下了隐患。

查理一世极力维护国教的地位,为此,其对国教之外的信仰多采取非常极端的政策。1637 年,针对天主教力量的成长发布公告,任何参加弥撒等天主教仪式和圣事的人都将受到处罚。① 这一公告是为应对天主教的力量抬头而发布的,旨在尽力压制臣民参与天主教的活动。1638 年,苏格兰教会发生一场骚乱,国王及其主教们强行将英国国教的《公祷书》强加给苏格兰,以统一其祷告仪式,这引起了苏格兰的普遍抵制,很多苏格兰人加入保教盟约。然而,查理并不愿意向苏格兰人妥协。1639 年 4 月,查理一世率领他所能召集的所有军事力量向苏格兰进军,苏格兰也武装起一支训练有素的军队。② 由此,英格兰和苏格兰之间爆发了第一次主教战争(the First Bishop's War),1640 年二者之间又发生了第二次主教战争(the Second Bishop's War)。③查理一世的专横使得英国宗教信仰的矛盾更趋复杂,因为王国内部长期存在着天主教、国教安立甘宗以及清教之间的矛盾。查理一世未能充分考虑现实中复杂的信仰状况,盲目地干涉苏格兰的新教信仰,这必然会引起苏格兰和英格兰之间的信仰冲突。因此,正是查理一世推行的专横的宗教政策激起了苏格兰新教力量的武力反抗。

1640 年 4 月 13 日,为应对苏格兰的战事,查理一世被迫重新召开中断了 11 年的议会。查理一世的财政困境为清教徒依靠议会反抗国王提供了机遇,清教徒凭借议会对王权的膨胀进行了合法的抗争。议会下院不仅拒绝为国王提供经费,还提出了议会应该享有的权利问题。而此时的清教徒已经成长为重要的社会力量,掌握着大量的社会财富。5 月 5 日,查理一世一气之下再次解散了议会,这届议会仅仅存在了三周,被称为“短期议会(Short Parliament)”。④ 显然,对于查理一世来说,议会的唯一用途就是征税,如果不能征税就没有必要让其存续。“短期议会”的命运昭示了查理一世对待议会的态度,除了从中获取征税的合法性之外,他不愿听取议会对王国中任何事务的意见。查理一世这种专横而机械的态度无益于任何内外矛

---

① James F. Larkin, *Stuart Royal Proclamations*: vol. II, *Royal Proclamations of King Charles I*, *1625—1646*, Oxford: Clarendon Press, 1983, pp.580—582.

② [英]杰弗里·罗伯逊:《弑君者:把查理一世送上断头台的人》,徐璇译,新星出版社 2009 年版,第 46—47 页。

③ Chris Cook and John Wroughton eds., *English Historical Facts*, *1603—1688*, Totowa: Rowman and Littlefield, 1980, p.123.

④ Hilaire Belloc, *Charles I*, Norfolk: Ihs Press, 2003, p.190;王觉非:《近代英国史》,南京大学出版社 1997 年版,第 37 页。

盾的解决,反而促使内外矛盾愈加激化,各种潜在的危机逐步凸显。

直观而言,查理一世是要强行改变苏格兰人的祷告方式,这侵犯了苏格兰人礼拜和祷告的自由。实际上,查理一世是要强行改变苏格兰宗教信仰,要将苏格兰的加尔文宗长老派的信仰①转变为安立甘宗,这必然引起苏格兰长老派信众强烈的抵制和反抗。而且查理一世一意孤行,并不愿对苏格兰长老派信众妥协。从更深层次看,查理一世对苏格兰强制推行《公祷书》,显然是要进一步将苏格兰的教会置于其掌控之下,此为其王权膨胀的结果。这一举措遭到了苏格兰的坚决抵制,最后由于双方都不肯妥协而爆发战争。

1640年8月28日,查理一世的军队在纽伯恩战役(the Battle of Newburn)中遭到惨败,苏格兰人自1314年以来首次战胜英格兰人。这给英格兰带来了无法挽回的损失。② 同一天,十二位贵族联名向国王请愿,请求召开议会。请愿书声称:目前,国王陛下的臣民们处于远征苏格兰军队的危险之中。由于这场战争浪费了您巨额的税收,您的臣民负担了沉重的"服装和行军税(coat-and-conduct-money)"、军队驻扎的花销以及其它的军费。在王国的许多地区出现了各种劫掠和混乱的情况,这都是由士兵们引起的,陛下的整个王国充满了恐惧和不满。各种与宗教有关的变革、宣誓和教规被强加于神职人员和国王陛下的臣民身上。天主教势力迅速发展,不服从国教者受到天主教会的雇佣。有一些郡长因为未能征收船税而在星室法庭遭到控告。沉重的商品税收已经阻碍了贸易的发展,众多的垄断和特许状加重了商品贸易和生产的负担,这导致了臣民强烈而普遍的不满。③ 请愿贵族向国王直陈对苏格兰的战争给臣民们带来了沉重的军费负担,士兵的劫掠等恶行导致了社会秩序的混乱,各类垄断和特许状给臣民生产和贸易的发展带来巨大障碍。此外,天主教势力再次抬头,导致了信仰的混乱。诸多问题已经引起臣民的普遍不满,请愿贵族已经认识到王国面临的重重困境,他们深刻地体会到军事矛盾、政治矛盾、社会矛盾以及宗教矛盾

---

① 苏格兰原属天主教国家,苏格兰宗教改革的领袖约翰·诺克斯(John Knox)得到了1560年苏格兰议会的支持,加尔文宗长老派在苏格兰得以立足,1567年玛丽女王被废黜之后,长老派成为苏格兰国教。

② Edward Hyde Earl of Clarendon, Selected and Edited with an Introduction and Notes by Paul Seaward, *The History of the Rebellion: A new selection*, Oxford: Oxford University Press, 2009, p.464; Graham E.Seel and David L.Smith, *The Early Stuart Kings*, *1603—1642*, London and New York: Taylor & Francis e-Library, 2005, p.80.

③ Samuel Rawson Gardiner ed., *The Constitutional Documents of the Puritan Revolution*, *1628—1660*, Oxford: Clarendon Press, 1889, pp.64-65.

交织在一起的困境,这给整个王国与臣民们带来了沉重的负担和严重的威胁。

　　请愿贵族随后分析了这些矛盾积聚的原因,并提出了解决这些问题的办法。他们指出:议会长期中断给臣民造成很大的苦难,我们失去了能够有效解决问题的途径。为了改善这一状况,也为了防止危险发生在臣民身上或王国之中,我们谦卑而忠诚地恳求国王陛下在近期或方便之时召开议会。由此,臣民不满的原因就能够消除;臣民也能够得到合法的审判,并因其罪行受到适宜的惩罚。目前的战争也可以依靠国王的智慧平息下来,避免杀戮和流血,这有益于国王陛下的臣民获得安全和荣耀。① 请愿贵族认为臣民的种种苦难是由于议会长期中断造成的,召开议会是解决各种问题的有效途径。因此,他们恳请国王尽快召开议会,以消除危机,平息战争。

　　显然,这些请愿贵族急切地希望国王回到传统的"王在议会"原则,通过议会了解臣民疾苦,并借助议会来妥善解决内外危机。请愿贵族恳切的言辞表明他们完全出于维护王国和平与巩固王权的目的,以请求国王召开议会。请愿贵族对内外形势的分析是非常中肯的,他们提出通过召开议会解决内外危机也是立足于现实的良策。请愿贵族无疑是抵制王权膨胀的较为温和的力量,这也是查理一世最应该信任的力量。然而,在给请愿贵族的答复中,查理一世只字未提召开议会的事宜,仅仅表示要召集所有贵族商议事务。"国王在答复中表示:在收到请愿书之前,他已经预见到危险,即对他自己和王权的威胁。因此,他决定在 9 月 24 日召集所有的贵族商议事务,为了国王的荣耀和王国的安全提出解决办法。"②显然,查理一世仍然未能及时地听取请愿贵族的建议,立即召开议会寻求妥善解决内外危机的出路。只是许诺在 9 月 24 日召集所有贵族商讨应对危机的办法,这表明在面临严重危局的情况下,查理一世还是要极力地避免召开议会。显然,在查理一世看来,议会的召开将会给王权带来威胁。在这种对立思维的主导下,查理一世不能接受任何召开议会的建议,哪怕是由贵族提出的最为温和的请愿也被置若罔闻。但采取这样一味地堵而非疏的方式是无法真正解决问题或消除危机的,反而会使局势更为糟糕,最终会导致更加广泛的抗争。

---

① Samuel Rawson Gardiner ed., *The Constitutional Documents of the Puritan Revolution*, *1628—1660*, Oxford: Clarendon Press, 1889, p.65.

② Bulstrode Whitlocke, *Memorials of the English affairs*, *or*, *An historical account of what passed from the beginning of the reign of King Charles the First*, *to King Charles the Second*, London, 1682, p.35.

　　由于推行了与英国传统法治相悖的专制集权的"个人统治"，查理一世已经使得英国危机重重，民怨载道，但他对此缺乏起码的认识。正因为对时局的麻木，甚至是盲目乐观，查理一世在专制集权的道路上越走越远且无所顾忌。最终因为强行改变苏格兰的新教信仰而引发了当地信众的武装抗争。为了筹措对苏格兰的战争经费，查理一世重新召开了被解散十一年的议会，这为清教徒、普通法职业共同体以及其他新兴社会力量抵制王权膨胀创造了条件。议会再次成为英国政治发展中各方力量博弈的重要平台，包括贵族在内的多元力量都希望通过议会迫使国王回到英国传统的政治和法治的框架之下，以缓和现实的危局。然而，查理一世仅仅让这届议会存续了三周时间，又再次解散了议会。在惨败于苏格兰人之后，十二位贵族请求查理一世召开议会，以稳定社会秩序、消除臣民的疾苦，并尽快平息战乱。尽管请愿贵族只是诉诸"王在议会"的传统，对已经走到绝境的专制集权的"个人统治"表达了比较温和的建议。然而，对于这样中肯的良善之言，查理一世仍然未能做出积极的回应，再一次失去了扭转时局的机遇。这成为查理一世统治的转折点，此后，各种矛盾和危机相继爆发。当在万般无奈之下再度召开议会时，查理一世面对的局势已经危如累卵。在普通法职业共同体和新兴社会力量以及清教徒等多元力量的共同努力之下，议会废除了诸多特权法庭，进一步削弱了王权，普通法法庭和议会成为维护英国传统法治的重要力量，为建立现代法治创造了条件。

第二节　长期议会的召开与特权法庭的废除

　　1640 年 11 月，为筹集给予苏格兰人的停战款项，查理一世被迫重开议会，这届议会一直持续到 1653 年，史称"长期议会"。① 但是新议会很快成为反抗王权的核心力量，此后王权一再受到议会的钳制和削弱。对于查理一世而言，不召开议会无法筹集款项，召开议会则给了新兴社会阶层合法地聚集起来的机会，他们聚集起来无疑会成为抵制国王专制集权的重要力量。议会召开之初，议员们立即弹劾国王的两位重臣，一位是对议会和苏格

---

① 1640 年 10 月，查理一世与苏格兰人在里朋（Ripon）签订了停战协定，但每天要向苏格兰人支付 850 镑的费用。查理一世无处筹款，才不得不召开议会。1640 年 11 月 3 日，查理一世召开新一届议会，这届议会一直持续到 1653 年，史称"长期议会"。长期议会很快成为反对查理一世的中心。参见蒋孟引：《英国史》，中国社会科学出版社 1988 年版，第 339 页；Edward Hyde Earl of Clarendon, Selected and Edited with an Introduction and Notes by Paul Seaward, *The History of the Rebellion: A new selection*, Oxford: Oxford University Press, 2009, p.464。

兰都十分强硬的斯特拉福德(Strafford),①一位是倾向于恢复天主教信仰礼仪的坎特伯雷大主教劳德。1641年5月,斯特拉福德被处以死刑。② 由此,下院迈出了削弱王权的第一步。英国历史学家莫尔顿将1640年11月议会弹劾斯特拉福德视为英国革命开始的标志。③ 实质上,在内战爆发之前,议会只是希望国王回到威斯敏斯特,回到传统的"王在议会"原则。没有任何议会法令或请愿质疑国王和王权的合法性,仅仅在倡导王权的有限性,努力恢复"王在法下"的有限王权传统。

议会的目标是要清除国王的佞臣,而非推翻国王的统治。然而,查理主要是出于对付苏格兰人而利用议会筹集钱财,没有解决国内各种危机的意愿。查理一世的这种态度缺乏政治智慧和谋略,不仅在对抗苏格兰的战事上无法获得充分的支持,还激起了国内臣民和议会对王权更为强烈的反抗。在弹劾斯特拉福德和劳德之后,议会通过一系列法令废除了星室法庭、宗教事务高等法庭、北部委员会以及威尔士委员会等诸多特权法庭。普通法以及王国内其它法律为议会削弱和规范王权提供了合法性依据,诸多特权法庭的废除为普通法的发展创造了非常有利的条件。议会下院与普通法职业共同体联合起来共同抵制王权的膨胀,并取得了显著的成效。这为议会主权与普通法的司法独立奠定了基础,为摆脱国王或专制权力的控制实现法治创造了条件。这是英国维护传统法治的力量对查理一世专制集权的全力抗争,他们试图扭转英国的发展方向,消除违背法治的因素,重新实现法律和议会对王权的有效约束,这在客观上开启了英国走向现代法治的进程。

在对抗王权的共同目标之下,议会下院和普通法职业共同体实现了联合。实际上,长期议会下院有很多的律师议员,甚至有的议员既是律师又是清教徒,这部分人成为议会下院和普通法职业共同体联合抵制王权的直接推动力量。在此后的会期中,长期议会通过法令既巩固了议会自身的地位,

---

① 斯特拉福德即斯特拉福德伯爵(Earl of Strafford,1593—1641),原名为托马斯·温特沃斯(Thomas Wentworth)。1628年,温特沃斯成为下院领袖之一,由于拒绝缴纳强制借款而遭到监禁,这是其议会职业生涯的顶峰。但是,他很快就被查理一世招安了,1628年议会休会之后就被封为温特沃斯男爵,并被任命为北部委员会首席大臣,成为国王在英格兰北部的全权代表。1632年,温特沃斯被任命为爱尔兰总督,他遂全力维护国王的权威,增加国王的财政收入。1640年11月,议会下院以叛逆罪对其提出控告,次年春天受到审判,并很快被处以极刑。参见 Ronald H. Fritze and William B. Robison eds., *Historical Dictionary of Stuart England,1603—1689*,London:Greenwood Press,1996,pp.545-546.

② Christopher Hill, *The Century of Revolution,1603—1714*,London and New York:Routledge,2002,p.109.

③ [英]阿·莱·莫尔顿:《人民的英国史》,谢琏造等译,三联书店1958年版,第300页。

也废除了国王的一系列特权法庭，为普通法的发展扫除了重重障碍。议会和普通法法庭皆摆脱了国王的直接控制，逐渐拥有了较为独立的地位和权力。

1641 年 2 月 15 日，议会通过《三年期法令》(*Triennial Act*)规定了要定期召开议会，即至少每三年召开一次。如果国王未能按照本法令及时召开议会，十二位或十二位以上的贵族就能够召开议会，而不再需要其他的授权和令状，且每届议会的会期不能低于五十天。① 5 月 11 日，议会又通过了《反对未经议会同意解散议会法令》，该法令规定未经议会上下两院同意国王不得解散议会。②《三年期法令》与《反对未经议会同意解散议会法令》的通过在很大程度上增强了议会的地位和权威。无论国王同意与否，议会每三年都要召开一次。而且，未经议会两院同意国王不得解散议会，这就从根本上否定了国王随意解散议会的合法性。依据《三年期法令》，议会获得了较为独立的地位，为其参与王国统治、限制王权提供了法律保障。议会主权在英国的政治实践中有了初步的制度安排。

在强化议会地位的同时，长期议会还通过法令废除了星室法庭和宗教事务高等法庭等国王的特权法庭，为普通法的发展创造了有利的条件。正如克里斯托弗·希尔(Christopher Hill)所言："1641 年的立法旨在使议会和普通法免遭斯图亚特王室的侵蚀。因此，自由将会得到永久的保障。"③1641 年 7 月 5 日，议会通过《废除星室法庭法令》(*The Act for the Abolition of the Court of Star Chamber*)，该法令的开篇就申明《大宪章》已经屡次在议会中得到确认，它规定未经同等地位者或王国法律的合法审判，任何自由臣民不得被逮捕、监禁、剥夺财产、逐出法外及流放，也不得被施以任何形式的伤害，国王也不得对其裁断或判刑。随后该法令又详细列举了爱德华三世在位期间通过的一系列类似内容的法令，反复申明未经合法审判，任何自由臣民不得被监禁，也不得被剥夺财产或自由。任何与这些法令规定相悖的行为都是错误和无效的。④ 该法令首先申明了《大宪章》第 39 条的内容，紧接着又列举了爱德华三世在位期间通过的规范司法的法令，最后阐明凡违背

---

① Samuel Rawson Gardiner ed., *The Constitutional Documents of the Puritan Revolution*, 1628—1660, Oxford: Clarendon Press, 1889, pp.74-82.

② Samuel Rawson Gardiner ed., *The Constitutional Documents of the Puritan Revolution*, 1628—1660, Oxford: Clarendon Press, 1889, pp.87-88.

③ Christopher Hill, *The Century of Revolution*, 1603—1714, London and New York: Routledge, 2002, pp.175-176.

④ Samuel Rawson Gardiner ed., *The Constitutional Documents of the Puritan Revolution*, 1628—1660, Oxford: Clarendon Press, 1889, pp.106-107.

这些法令的行为皆为无效。这是议会对公正司法传统的追溯,也是寻找否定星室法庭的合法性依据。

法令随后阐明了星室法庭的性质和危害:亨利七世在位时期设立了星室法庭,其法官并未使自身受到上述法令的限制,他们在没有法律依据的情况下对臣民进行惩罚,或者在未经授权的前提下做出判决,甚至给予超出任何法律的严重惩罚。星室法庭的诉讼程序、责难以及判决已经成为臣民无法忍受的重负,甚至已成为引入专制权力和专制政府(arbitrary power and government)的途径。从 1641 年 8 月 1 日起,星室法庭被明确而彻底地解散。大法官、掌玺大臣、财政署大臣以及枢密院大臣等不得在星室法庭中再受理或裁决任何事务,也不得做出任何判决或颁布任何命令,甚至不得在其中从事任何司法或行政行为。① 议会完全否定了星室法庭的诉讼程序和判决的合法性,并指出星室法庭已经成为臣民们不堪忍受的重负和国王行使专制权力的工具。为彻底废除星室法庭,议会规定星室法庭解散之后,大法官、掌玺大臣、财政署大臣以及枢密院大臣等王国的重要官员禁止在星室法庭中进行任何司法或行政活动。议会不仅要通过法令解散星室法庭,还要从根本上消除星室法庭的影响。

《废除星室法庭法令》通过的同一天,议会还通过了《废除宗教事务高等法庭法令》(The Act for the Abolition of the Court of High Commission),该法令先是介绍了伊丽莎白一世建立宗教事务高等法庭的经过,随后阐述了这一法庭行使司法管辖权的情况并不为上帝所悦纳。1641 年 8 月 1 日之后,宗教事务高等法庭不得再审理任何诉讼。法令最后规定 8 月 1 日之后,在英格兰和威尔士境内,不得再创建任何具有类似宗教事务高等法庭的权力和权威的新法庭。国王陛下及其继承人如果颁发此类特许状、授权书或者其它形式的命令都将完全归于无效。② 该法令显示了议会废除宗教事务高等法庭的决心,并且坚决杜绝国王及其继承人再度创建任何类似的特权法庭。

除了星室法庭与宗教事务高等法庭之外,议会还废除了北部委员会与威尔士委员会等特权法庭。此外,议会还详细规范了国王借款与征税的权力,唯有议会给予信任,(国王)方能进行借款;未经议会同意,禁止征收吨税(tunnage)和磅税(poundage);船税连同(国王)"个人统治"十一年间存

---

① Samuel Rawson Gardiner ed., *The Constitutional Documents of the Puritan Revolution*, 1628—1660, Oxford: Clarendon Press, 1889, pp.107-108.

② Samuel Rawson Gardiner ed., *The Constitutional Documents of the Puritan Revolution*, 1628—1660, Oxford: Clarendon Press, 1889, pp.113-115.

在的其它未经议会授权的税收皆被宣布为非法。① 弗朗索瓦·基佐考证废除特权法庭的议案几乎没有人表示反对，"没有人反对这几个议案，甚至连辩论也没有，有的是关于民间疾苦的申述"。② 显然，特权法庭已经给臣民们带来了很多的苦难，已成为国王专制统治的利器。查理一世所征收的各类税收使得臣民们背负了沉重的经济负担。对于废除特权法庭以及规范国王的税收的法案，议会内部几乎没有反对的声音，未经辩论就顺利通过了。这体现了新兴社会力量对王权膨胀的一致抗争，并取得了显著的胜利。经由议会的努力，特权法庭多数被废除，国王和议会共同分享王国统治权即"王在议会"原则也具有了可行性的法律依据。

为了更加全面地限制王权，议会下院和普通法职业共同体在 1642 年 6 月 1 日向国王提出了《十九条建议》。这份"建议"是要从各个方面限制王权，包括选任重要官员和法官以及普通官员都要征得议会同意；税收和军队指挥权以及教会的管理都要转移到议会手中。这份"建议"实际上是要求国王全面放权，使议会成为王国事务的最终决策者。议员们在请愿书开头首先表达了对国王的忠诚和谦卑，紧接着就阐明国王和臣民们面临着巨大的危险，而这源于少数奸诈之人的恶性与恶言。议员们声称为维护国王的荣耀和臣民的福祉，恳请国王接受他们忠实的请愿和建议。随后，议员们列出了十九条建议：不仅重要大臣和法官的任命要征得议会两院的同意，就连普通官员的任命也要得到议会的批准。枢密院成员以及其他官员在就职时要按照议会规定的方式进行宣誓，并要保证捍卫《权利请愿书》以及其它议会法令。王国内涉及公共利益的事务要在议会高等法庭商议，其它事务要在枢密院商议。在对外关系方面，议会主张与尼德兰等新教国家建立紧密的联盟关系，以抵御天主教力量的进攻。此外，议会还提出了监督教会与指挥军队的权力要求。并恳请国王解散他所掌握的特别卫队与其它军事力量，除非面临叛乱或外敌入侵。将来国王也不必再度招募如此庞大的卫队与军队。甚至国王子女的教育与婚姻也要征得议会的同意。③ 显然，对于查理一世来说，议会的这份建议书包含着极为苛刻的要求，王国的内政、外交以及军事等方面的权力都要由国王和议会上下两院分享，确切地说国王

---

① Christopher Hill, *The Century of Revolution*, 1603—1714, London and New York：Routledge, 2002, pp.109-110.

② ［法］F.基佐：《一六四〇年英国革命史》，伍光建、陈仁炳译，商务印书馆 1985 年版，第 116 页。

③ Samuel Rawson Gardiner ed., *The Constitutional Documents of the Puritan Revolution*, 1628—1660, Oxford：Clarendon Press, 1889, pp.170-175.

事无巨细都要受制于议会上下两院,王国事务的最终决策权在议会而非国王手中,枢密院成员以及法庭法官等都要受到议会监督。

查理一世拒绝了议会提出的这份"建议"。他认为:如果接受议会的要求将会使国王不再拥有丝毫的权力,这会令英国王室遭到来自国内国外的鄙视。但为了安抚议会,查理一世抓住机会阐述英格兰宪政的基本理论。为谨慎起见,他并未提及君权神授。鉴于亚里士多德的理论,查理一世承认存在三种基本的政体,并宣称英格兰王国是由国王、贵族以及骑士与市民代表组成的混合政体,分别代表着君主制、贵族制以及民主制。至此,查理一世所阐述的宪政理论都属于老生常谈的内容,但他是以此为君主权力辩护,并向敌对力量保证,议会现有的权威足以抵制暴君的权力。① 尽管查理一世是在为王权辩护,但其言辞已经较之前温和了很多,不再声嘶力竭地宣扬君权神授观念,还接受了英国属于混合政体的现实。由此,似乎可以判断国王和议会的分歧已经出现了变化:不再是国王是否与议会分享统治权的问题,而是国王与议会在多大程度上分享王国的统治权。

此外,在 1642 年 8 月 12 日颁布的《国王陛下致全体臣民的公告》(*His Majesties Declaration to all his loving subjects*)中,查理一世承认他在 17 世纪 30 年代的统治远离了法治,成为了专制权力(The king admitted as much in 1642 when he referred to his government of the 1630s as "departing too much from the known rule of law,to an arbitrary power.")。② 尽管在对议会的答复中阐明了英国的政体是混合政体,也向臣民公开承认了其之前的统治已经远离法治,成为了专制权力;但是这一切都是假象,或者可以视为查理一世的缓兵之计,因为他丝毫没有改变现状的意图。仅仅十天之后,1642 年 8 月 22 日,国王聚集其支持者在诺丁汉(Nottingham)对议会宣战,③英国内战由此开始。在随后的内战中,国王和保王派军队逐渐处于被动,查理一世屡屡暴露出其奸诈无信的致命缺陷,以致在战场上屡遭败绩。为对付议会军,查理一世甚至与爱尔兰以及大陆的天主教力量暗中串通,这使得查理彻底走到了英国民众的对立面,无论国教徒还是清教徒都无法容忍国王企图引入天主教力量进攻自己的国家。"1643 年 9 月,皮姆在其去世前几个月促

① Scott Gordon, *Controlling the State*: *Constitutionalism from Ancient Athens to Today*, Cambridge and London: Harvard University Press, 2002, p.258.

② Joyce Lee Malcolm ed., *The Struggle for Sovereignty*: *Seventeenth - Century English Political Tracts*, Vol.1, Indianapolis: Liberty Fund, 1999, p.Introduction xl.

③ Graham E.Seel and David L.Smith, *The Early Stuart Kings*, *1603—1642*, London and New York: Taylor & Francis e-Library, 2005, p.96.

成了与苏格兰人的联盟,双方都希望保护他们的加尔文信仰。"①议会与苏格兰人的结盟使得国王腹背受敌。由于其刚愎自用的性格,查理一世失去了多次与议会和谈的机会,最终沦为议会的阶下囚,并被议会设立的高等法庭处以死刑。

实际上,包括克伦威尔在内的议会派一直都在致力于恢复"王在法下"以及"王在议会"的传统,希望国王遵守普通法以及既有的议会法令,并与议会共同分享王国的统治权。即使在国王发动战争后,他们仍然是秉承君主立宪的愿望与国王作战。及至 1648 年 12 月,并未有任何一个启蒙思想家或时人政客将建立一个英格兰共和国的想法提上台面。所谓英国革命的最大特点就是通过法律——《大宪章》、《权利请愿书》和普通法,甚至通过恢复 1066 年之前的盎格鲁·撒克逊人统治时期的法律来证明革命的正当性。因此有人认为:"普通法铸造了砍掉查理一世脑袋的斧头。"②可见,议会派是致力于恢复英国的传统法治,在国王一意孤行的情况下才被迫与国王兵戎相见,他们与国王交战的目的与合法性皆根源于《大宪章》、《权利请愿书》和普通法。普通法将国王送上了断头台这一论断过于夸大了普通法在议会和国王斗争过程中的作用,但这也在一定程度上反映了议会和国王之间殊死较量的本质,即符合英国传统法治的"有限王权"与"绝对君主"取向之间存在着无法调和的法理冲突。从更大的视角来看,由于查理一世缺乏政治韬略不愿妥协,这使得王权合法性的法理冲突、社会阶层矛盾、宗教信仰冲突以及民族矛盾等各种危机集中爆发。最终,查理一世遭到了内外反对力量的合力反抗,在议会的"模范军"打败国王的军队之后,以克伦威尔为代表的具有激进政治主张的清教徒将国王送上了断头台。特别法庭和法官们仅仅是为这些清教徒处死查理一世增加了一个司法审判的程序而已,但这些激进的清教徒不能代表整个议会下院,更不能代表普通法职业共同体。

后人往往称议会为"革命派",其实议会下院很多人的主张是比较保守的,希望恢复英国传统的法律和政治秩序,希望国王能够回到"王在议会"原则之下,能够在《大宪章》和普通法的基础上行使王权。当时法律精英和政治精英们对英国传统法治有着共同的认知,并且致力于恢复英国的传统法治。在与詹姆斯一世以及查理一世抗争的过程中,议会下院与普通法职

---

① [英]杰弗里·罗伯逊:《弑君者:把查理一世送上断头台的人》,徐璇译,新星出版社 2009 年版,第 63 页。

② [英]杰弗里·罗伯逊:《弑君者:把查理一世送上断头台的人》,徐璇译,新星出版社 2009 年版,第 91、126 页。

业共同体有着相同理想和追求。议会通过的《反垄断法》、《权利请愿书》以及废除特权法庭的一系列法令都反映了这些诉求。实质上,《权利请愿书》就是《大宪章》在新的历史阶段的新生,《权利请愿书》通过之后多次被用来作为抵制王权膨胀的法律依据。因此,刚愎自用和不愿妥协的查理一世和激进的清教徒之间出现了激烈的对撞,英国原有的在法律的框架下解决问题的传统被弃之不顾,以议会为基础的协商机制与妥协智慧也被查理一世彻底抛弃,作为保守力量的普通法职业共同体和部分下院议员无法左右大局。清教徒凭借武力决定了英国当时的走向,将国王送上了断头台。事实上,在处死国王的判决书上,特别法庭中的很多普通法法官是拒绝签字的。有普通法背景的精英们在骨子里是倾向于保守和尊重法律传统的,并不主张采用激进的方式来改变国家的发展道路,更不主张将国王处以极刑。显然,审判和处死查理一世的过程中存在着合法性瑕疵。

查理一世被处死之后,英国先后经历了克伦威尔主导下的"共和制"和查理二世推动的君主制的复辟。这一阶段英国各种力量进行了激烈而多变的博弈,因而局势更加纷繁复杂。在这样的乱局中,多数问题的解决往往诉诸最为原始的武力,法治失去了起码的社会基础,强制性力量成为维系社会秩序的核心。因此,尽管在一定的时期内,议会权势很重,但是议会并不直接拥有武装力量,所以议会的地位并不稳固。1653年克伦威尔解散议会,开始实行护国政体的统治,其实则为强权统治。这从根本上背离了普通法职业共同体和议会下院保守力量的追求,他们一直致力于推动英国回归传统法治的状态,以普通法和《大宪章》来解决王国内的各种问题,而不是诉诸武力。

普通法至上、法官独立以及"王在法下"是普通法职业共同体一贯坚守的原则,普通法职业共同体以及议会下院也为此进行了长期的抗争,尤其长期议会召开之后废除特权法庭的努力为普通法的发展创造了良好的外部环境。此后,开始有人自觉地追求法官独立。然而,直到"光荣革命"之前,英国的司法系统一直未能真正获得独立的地位,1641年《三年期法令》也未能保障议会的地位,议会自身也随时有被解散之虞。随后,议会通过了《十九条建议》,这份议会呈递给国王的建议蕴含着君主立宪政体的构想。议会希望国王能够接受这一份"建议",从而缓解国内的各种危机,恢复英国传统的政治平衡和法治秩序,但查理一世全然不顾国内政局和各种矛盾的积聚,断然拒绝接受议会提出的这份"建议"。最终,各种矛盾集中爆发,议会和国王兵戎相见,克伦威尔取代查理一世,推行专制统治,普通法和议会都被排挤出社会治理的核心,英国的传统法治遇到更为严重的危机。这一危机根源于内战爆发之后英国武装力量的迅猛发展,各方的武装力量不仅直接介入了王国统治权的争夺之中,而且成为国家发展方向终极性的决定力量。因此,英国要真正回归法治状态必须妥善解决武装力量的指挥权,否则普通法至上、法官独立以及议会主权都无法实现。因此,在后来颁布《权利法案》时,议会明确限定了国王对武装力量的控制权,以保障议会主权的地位稳固,以免国王依靠武装力量实行专制王权的统治,进而打破权力制衡的局面,法治将再次失去存在的根基。要彻底限制王权,除了规范武装力量的指挥权之外,更为根本的是要控制国王的财政税收,只有限制了国王的财政税收权,实现税收法定化才能从根本上消除因王权膨胀而阻碍法治发展的经济基础。

第三节　税收法定化的发展

内战爆发以后,国家税收的绝大部分受议会控制,包税制暂时被废除,出现了专门征管税收的委员会。关税由国王控制的特权性税收转变为议会直接控制的间接税,国家财政体制开始由王室财政体制向议会财政体制转变,为此后真正实现税收法定化奠定了基础。国家财政的主要收入不再是王室财政体制下的领地收入和封建特权收入,议会控制的关税和直接税成为国家财政收入的主要来源。内战迫使议会进行了税制改革,这进一步推动了英国税收法定化的发展。各种税收委员会在征税的过程中多采用协商的方式来决定税率和征收范围,这改变了之前的国王主导的征税方式。即便是克伦威尔执政时期,也不能抛开议会强制征税,只能依靠商人信用向民众借款,以解决财政危机。这一状况反映了议会在税收法定化的发展进程中起到了重要的作用,也取得了显著的成就。尽管在斯图亚特王朝复辟时期短暂地恢复了包税制,但是这一时期掌管税收机构的管理者中出现了平民出身的专业人员,这促进了税收管理的规范化。在议会的努力下,英国出现了现代税收和财政管理方式的萌芽,这成为后来最终确立税收法定化的重要前提。《权利法案》延续了这一时期税收法定化的发展成果,建立了完全由议会控制的财政税收体制,彻底将国家的税收权合法地转移到议会手中,从根本上限制了王权膨胀的经济基础,推动了英国现代法治的确立。

为了迅速获得较为丰厚的财政收入,赢得战争的胜利,议会对既有税收种类做出了改革,引入了新的税种,其中最主要的是消费税,消费税是对消费特定商品的消费行为所征的税。议会于 1643 年 7 月颁布法令征收消费税,并对其征管机构、征收对象、税率和交税时间等做出了具体规定。[1]
1643年7月法令规定,消费税的课征对象主要是国内生产的"啤酒、苹果酒、肉、盐、淀粉和帽子"。[2] 1643年9月议会重新颁布新法令以替代7月法令。9月法令规定:"为迅速筹措资金,为保障贸易的安全,为维持保卫王国的军事力量,也为了偿还政府的债务,将对本法令规定的一切进口商品重新征税。"[3]与7月法令相比,9月法令扩展了消费税的征收范围,并且阐明了征税的目的是用于解决财政危机与军费开支。消费税是由议会直接批准课征的间接税,与关税不同,消费税是针对消费必需品收税,全体国民都因消费行为成为课征对象。因此,消费税的征收使得普通民众的税收负担变得格外沉重,尽管议会法令阐明了征收消费税的目的是应对战时危局,但消费税依然遭到了民众的抵制。1647年,英国出现了民众抵制征收消费税的抗议活动。[4] 然而,为了取得内战的胜利,议会并未放弃对消费税的征收,其税收收入持续增长,1654年消费税税额为206,362英镑,1659年上涨至215,902英镑。[5] 消费税的征收使得议会在短时间内获得了数量可观的财政收入,这有利于议会在与国王的较量中取得优势。为了迅速征收消费税,议会也实行了包税制,甚至在消费税的征收过程中也存在违背民众意愿征税的现象。但从议会法令来看,消费税是用于国家战时之需而非王室开支的国家税收,与王室财政体制下的包税制存在着根本的差异。议会征收消费税是着眼于国家利益,是为了反抗国王的专制统治,以迫使国王放弃"个人统治"回到"王在议会"原则之下,使国家能够回到传统法治秩序之下。显然,议会并非为了议员或其他主体的私利而征税。

除引入新税种外,议会对既有税种也进行了改革,其中关税的改革是税收法定化最具代表性的措施。以往王室财政体制下的关税,虽然名义上由议会批准征收,但议会一直无法完全掌握关税的征收权。国王对关税征收的随意性较为明显,以至于关税更像是一种国王的特权税。但在长期议会时期,关税的课征权完全由议会控制,关税税率的调整与税收方式的决定权均在议会,关税成为议会直接控制的间接税。在关税税率方面,1642年议

---

[1]　C.H.Firth and R.S.Rait eds., *Act and Ordinances of the Interregnum*, 1642—1660, London: His Majesty's Stationery Office, 1991, pp.202-214.

[2]　于民:《坚守与改革——英国财政史专题研究》,中国社会科学出版社2012年版,第43页。

[3]　C.H.Firth and R.S.Rait eds., *Act and Ordinances of the Interregnum*, 1642—1660, London: His Majesty's Stationery Office, 1991, p.274.

[4]　B.E.V.Sabine, *A short History of Taxation*, London: Butterworths, 1980, p.93.

[5]　M.Ashley, *Financial and Commercial Policy under the Cromwellian Protectorate*, London: Frank Cass & Co.Ltd., 1972, p.68.

会颁布了新的关税税率册。① 为了推动贸易的发展,议会在 1652 年降低了衣物的出口税率。1656 年又调低进口原材料和出口成品的税率,调高出口原材料和进口成品的税率。② 议会在收取关税时并非单纯地获取财政收入,而是在征收关税的同时利用调整关税税率来保护英国的进出口贸易。在税收方式方面,议会废除了关税包税制,对关税实行直接征管制,由关税税收委员会征收,第一届关税委员会的成员多为忠于议会的伦敦商人。此后,委员会成员虽历经数次调整,但大多仍忠于议会,如最具代表性的托马斯·安德鲁斯和约翰·福克。总之,1640 年以后,关税真正成为一项国家税收。③ 显然,在议会的努力下,包括关税在内的各种税收都逐渐转化为国家意义上的税收,税收成为国家的公共财政收入,不再是受国王支配的私人性收入。税收的目的是用于维护国家的和平与发展,而非国王自身的用度。

内战爆发以后,王室财政机构发生了分裂,财政署和国库的上层委员会管理人员追随国王,其余成员则成为议会的财政人员。财政机构的分裂迫使议会必须建立新的财政机构,以保证国家财政的正常运行。但议会并没有重新组建财政署和国库,而是成立了各种临时性的税收委员会,如上文提到的关税税收委员会。除此之外,还有诸如借款委员会、复利计算委员会、财产没收委员会以及王室地产出卖委员会等。④ 为筹集应对内战的军费,议会于 1643 年 1 月下令,由当地官员和议会委员会负责在沃里克、斯塔福德、考文垂和北安普顿、莱斯特、诺丁汉等地区对当地居民评估征税。⑤ 不久以后,又命令捐助委员会在威尔特郡对当地神职人员的土地、物品等财产进行评估征税,委员会有权决定税率和税收方式。⑥ 可见,即便是为了筹集军费,议会在征税的过程中也不是从快从严地盲目征收,而是先对各地民众的财产状况进行前期评估,之后再制定适当的税率,以便合理合法地进行征收。与之前国王主导的税收体制相比,议会征税的方式有了显著的进步。

---

① C.H.Firth and R.S.Rait eds., *Act and Ordinances of the Interregnum*, 1642—1660, London: His Majesty's Stationery Office, 1991, p.25.

② Christopher Hill, *Reformation to Industrial Revolution: The Making of Modern English Society*, 1530—1780, London: Weidenfeld & Nicolson, 1967, p.180.

③ M.J.Braddick, *The Nerves of the State: Taxation and the Financing of the English State*, 1558—1714, Manchester and New York: Manchester University Press, 1996, p.55.

④ 于民:《坚守与改革——英国财政史专题研究》,中国社会科学出版社 2012 年版,第 83 页。

⑤ C.H.Firth and R.S.Rait eds., *Act and Ordinances of the Interregnum*, 1642—1660, London: His Majesty's Stationery Office, 1991, p.55.

⑥ C.H.Firth and R.S.Rait eds., *Act and Ordinances of the Interregnum*, 1642—1660, London: His Majesty's Stationery Office, 1991, p.60.

　　为了筹集军费,王室地产出卖委员会于1646年出售了已没收的大主教、主教以及被扣押的王党分子的地产。1653年,通过出售国王的物品、主教领地、地方主教和教士团体的土地,长期议会共获得了1,359,772镑的收入。① 议会通过税收改革和变卖王室财产等各种方式筹集了可观的财政收入。尽管由于时局的动荡与混乱,长期议会时期的财政管理机构具有临时性的特征。然而,此前在王室财政体制下,国王掌握财政最高控制权,财政机构完全听命于国王。与此相比,长期议会时期各类税收委员会由选举产生,通过协商解决税收问题。议会在确定税收种类和税率的过程中既着眼于国家的财政需求,又顾及到民众实际的财产状况。议会主导的税收方式能够避免出现基于国王个人意志进行强制征税的现象,这反映了议会在推动税收法定化的进程中已经取得了明显的成就。

　　1653年,克伦威尔依靠在战争中建立的军事威望和权力,宣布自己就任终身护国公,英国进入护国政府时期。克伦威尔承继了长期议会时期的财政税收政策,税收法定化的发展趋势得以延续。长期议会时期引入的消费税继续征收,并于1653年9月6日颁布法令确定"将消费税的包税制征收方式延续到当年的12月29日"。② 及至1653年12月29日,议会则按时颁布法令宣布废除了消费税的包税制。③ 此后,消费税由包税人经办改为由政府官员负责征收。④ 可见,在国家局势稳定之后,议会就及时地对税收方式做出了调整,以便更加合理地进行征税。关税则继续由关税委员会征收。值得一提的是,克伦威尔曾召开议会讨论关税的数目,由于对议会所提数目不满,克伦威尔解散了议会,后试图不经议会同意强征关税,遭到民众抵制,发生了乔治·科尼兄弟诉讼案。乔治·科尼兄弟不经海关私自存储入关商品,并因此受到指控,被要求缴纳罚金。乔治·科尼兄弟以关税未经议会批准不合法为由拒绝缴纳罚金,最终与克伦威尔达成庭外和解。⑤ 这表明议会拥有关税课征权的观念已深入人心,即使是推行强权统治的克伦威尔也不能抛开议会进行征税,民众已经普遍认可基于议会法令征税的合

---

① M.Ashley,*Financial and Commercial Policy under the Cromwellian Protectorate*,London:Frank Cass & Co.Ltd.,1972,p.52.

② C.H.Firth and R.S.Rait eds.,*Act and Ordinances of the Interregnum*,1642—1660,London:His Majesty's Stationery Office,1991,p.xc.

③ C.H.Firth and R.S.Rait eds.,*Act and Ordinances of the Interregnum*,1642—1660,London:His Majesty's Stationery Office,1991,p.828.

④ 阎照祥:《英国政治制度史》,人民出版社2012年版,第158页。

⑤ M.Ashley,*Financial and Commercial Policy under the Cromwellian Protectorate*,London:Frank Cass & Co.Ltd.,1972,p.55.

法性,从而敢于抵制基于克伦威尔个人意志的税收。可见,这一时期税收法定化已经有了较为普遍的社会认同。

出于财政管理便捷的需要,1654 年 6 月护国政府下令,"经过反复考虑,认为由国库管理共和国的公共收入和支出,或为共和国所用而筹集的资金是必须的"。① 而且"威斯敏斯特国库被认为是最合适和最方便的",②重新组建的国库实行委员会管理制,并成为中央财政管理机构。国库复建之后,除关税管理官员薪资外的所有关税都要交到国库,每周上交一次,且国库每年都要对关税税收委员会的账目进行审核。③ 税收机构的改革和税收制度的完善从根本上排除了个人意志对税收的随意干预,税收监管制度的发展有利于税收的合法征收和使用。

除了税收方式、税收机构以及税收制度的改革之外,国家借款制度的发展也反映了税收法定化的发展状况。共和国成立初期,政府通过没收和拍卖教会、王室与王党成员的土地获得了丰厚的收入,以此维持了财政的基本运转。然而,1653 年以后国家的财政困境愈发显著,议会希望军队能自力更生而不愿过多拨款,且民众税收法定化的意识日益提高,克伦威尔难以通过增加税收提高财政收入。因此,借款成为这一时期平衡财政收支的重要举措。与王室财政体制下的国王强制借款不同,克伦威尔时期的借款由政府出面,由包税商人或大商人来承办。如商人马丁·努埃尔在 17 世纪 50 年代与政府建立了广泛的合作关系,以他的名义面向社会筹措款项,再将款项借给政府。有时是以实物的形式,如马丁·努埃尔为军队提供面包、食盐、棉被等生活必需品;有时是以货币的形式,如 17 世纪 50 年代所有外交代表的薪水都是以马丁·努埃尔的支票支付的。这一时期,民众不是直接借款给政府,而是借给商人。换言之,民众之所以提供借款,是因为他们信赖商人的信用,并且能够从商人那里得到回报。在借款过程中政府的影响减少,借钱给国家的安全性提高,这为完善国家信用体系提供了条件。④ 可见,在面临财政危机之时,克伦威尔只能通过借款的方式筹集资金,而非像查理一世那样采取强制征税的方式来增加财政收入。这一状况反映了税收

①　C.H.Firth and R.S.Rait eds., *Act and Ordinances of the Interregnum*, 1642—1660, London: His Majesty's Stationery Office, 1991, p.918.

②　C.H.Firth and R.S.Rait eds., *Act and Ordinances of the Interregnum*, 1642—1660, London: His Majesty's Stationery Office, 1991, p.918.

③　M.Ashley, *Financial and Commercial Policy under the Cromwellian Protectorate*, London: Frank Cass & Co.Ltd., 1972, pp.51-52.

④　M.J.Braddick, *The Nerves of the State: Taxation and the Financing of the English State*, 1558—1714, Manchester and New York: Manchester University Press, 1996, p.37.

法定化的进一步发展,即便克伦威尔也无法强制征税,只能依靠商人的信用获得借款以解决财政危机。

内战之后,英国突破了王室财政体制,建立了以议会为中心的税收体制,这一时期议会控制的税收占国家财政收入的90%以上。然而,斯图亚特王朝复辟之后,议会控制的税收体制被迫中断,关税和消费税等税收的征收方式又恢复了包税制,英国税收法定化的发展进程出现了曲折。在复辟之初,关税仍由关税委员会直接征收,但由于实际收入达不到收入预期,预计每年能有40万镑的收入,实际却只能征收到30万镑。① 1662年,关税又恢复为包税制,国王分别于1662年、1667年以39万镑和40万镑的年租金签订了两个五年契约,将关税征收承包给商人。② 由此可见,包税制在给国王带来稳定高额税收的同时,也给予了包税商从中渔利的机会,这加重了进出口贸易的税收负担。实质上,关税包税制还存在更为不利的影响,国王只是每年从包税商那里获得关税收入,并不顾及现实的进出口贸易状况;而之前议会在征收关税时会根据进出口贸易的实际发展状况,适时地对征收关税的商品种类和税率进行调整,在保证国家获得关税收入的同时,既促进了国家进出口贸易的发展,也维护了贸易商人的利益。尽管国王在1671年权衡利弊后废除了关税包税制,恢复了由关税委员会征收的方式,但因为国王重新获得关税的终身课税权,关税委员会成员也由国王任免,议会对关税的控制权被削弱。除了关税之外,消费税和新增的炉灶税③等其它税种都曾恢复实行包税制。显然,斯图亚特王朝复辟之后国王通过实行包税制再度掌握了税收的主导权。

尽管很多税收曾一度恢复了包税制,但是这一时期的国库机构组成和管理方式都有了明显的改善,这为以后税收法定化的最终确立提供了制度保障。斯图亚特王朝复辟之后,国库依旧是国家的财政管理中心,由国库委员会管理。1667年的国库委员会具有开创性的意义,之前的国库作为财政署的下属机构,其成员多由枢密院大臣担任,但1667年的国库委员会,5人中有3人是平民出身,分别是威廉·考文垂、托马斯·克里夫德和约翰·邓

---

① M.J.Braddick, *The Nerves of the State*: *Taxation and the Financing of the English State*, *1558—1714*, Manchester and New York: Manchester University Press, 1996, p.62.

② M.J.Braddick, *The Nerves of the State*: *Taxation and the Financing of the English State*, *1558—1714*, Manchester and New York: Manchester University Press, 1996, p.64.

③ 炉灶税是1662年通过议会法令新增的税收,"为更好地维持国王陛下,他的后嗣和继承者的王国和尊严而建立一项新的税收"。炉灶税,顾名思义,主要针对房屋内炉灶征税,"每一个房屋、大厦和住所的每个炉灶每年都要向国王陛下,他的后嗣和继承人缴纳两个先令。"参见 *The Statutes of the Realm*, Vol.5, Buffalo: William S.Hein & Co., Inc., 1993, p.390。

库姆。他们虽然不是贵族,但却有着丰富的财政管理经验,他们掌握着国库委员的实权。① 可见,在这一时期平民出身的专业技术人才进入了国家的财政税收管理机构。一方面,这一变化打破了国库委员会成员的等级和身份限制;另一方面,这有利于促进英国财政税收的管理更加规范和精细。

1667 年的国库委员会不仅在管理人员上有了突破性的变化,而且在财政管理的方式上也有所创新。一方面,国库建立了财务周报制度,政府的各收支部门必须每周向国库报告其收支状况、部门利润和债务等,同时还要提交相关的证据。包税制下的包税商人也要每周向国库委员会汇报其税收征收和包税租金的缴纳情况。② 这项制度对各收支部门和包税商人的税收行为具有制约和监督作用,一定程度上保证了政府的清正廉洁,也加强了国库的财政管理能力,确立了其财政管理的权威。另一方面,国库完善了卷档的管理。原来国库只有四类分类账目,乔治·唐宁上台后,将付款单据与各项收入一一对应入账,并把国库委员会的命令文书和其它各类付款信函分门别类登记入册,改革之后的国库卷档账目管理更加清晰明了。此后,国库逐渐与财政署分离,成为独立的政府部门。这一时期,英国财政税收在管理机构组成和管理方式上有了很大的发展。

内战时期,在议会主导下英国的财政税收体制出现了重大的变革。税收的种类和税率由议会设立的各类税收委员会协商决定,在征税的过程中,议会不是仅仅考虑到国家的财政需求盲目征税,而是在对国家和民众的状况做出合理的评估之后再订立税收的种类和税率,这促进了英国税收法定化的发展。护国政府时期,虽然议会的主导地位受到压制,但财政和税收制度的改革成果并未被弃之不顾。国家借款方式的演变促进了国家信用体系的发展,也从侧面反映了税收法定化的进一步发展。斯图亚特王朝复辟之后,尽管很多税收再度实行包税制,但是作为税收管理部门的国库却有了很大的进步,国库委员会的成员打破了阶级限制,平民出身的专业人员进入国库委员会,并成为国库管理的主要力量。国库对国家财政收支的管理更加规范和精细,成为英国税收法定化的重要基础。然而,英国要真正实现税收法定化是在《权利法案》通过之后,议会主权得以确立,这样才彻底排除了国王凭借个人意志干预税收的可能性,才能够建立完全由议会掌控的财政税收体制。由此,议会才真正控制了王国的财政收入,王权从根本上失去了实行专制统治的经济基础。这是英国现代法治得以确立的前提,也是英国

① 于民:《坚守与改革——英国财政史专题研究》,中国社会科学出版社 2012 年版,第 87 页。
② 于民:《坚守与改革——英国财政史专题研究》,中国社会科学出版社 2012 年版,第 88 页。

现代法治在后世实现长足发展的保障。

第四节　英国现代法治确立的法律根基

在内战期间,议会仍然致力于司法制度和司法机构的改革。"1645 年,王室监护法庭因为臭名昭著的腐化堕落,被议会废除了。"①1648 年 4 月,海事法庭的司法权受到限制,处于议会的控制之下。② 可见,在内战期间议会仍然致力于进一步削弱或废除特权法庭。然而,议会的这些努力在你死我活的乱局中对于实现法治作用有限,仅仅能够进一步削弱听命于国王特权法庭的实力。英国内战和克伦威尔统治之下的实际状况表明:在出现常备军或者大规模武装力量之后,要实现法官和法庭的独立,彻底稳固议会在王国中的地位,必须消除国王或其它形式的独裁者对武力的排他性占有。要真正走向现代法治必须实现国家理性的重建。常备军和官僚集团必须由对国王的"个人忠诚"转向对国家的"公共忠诚"。否则议会和所有法庭都无一例外地成为专制独裁者的工具,"法律的统治(rule of law)"至多演变为"通过法律来统治(rule by law)",甚至彻底转变为依靠统治者个人意志来统治的局面。

对于英国走向法治进程中的这一困境,斯图亚特王朝复辟之后的司法状况是最为直接的证明。"在查理二世统治末期及詹姆斯二世统治的整个时期,政治斗争都非常激烈,这给法院造成了灾难性后果,并阻碍了英国法的发展。""很多法官被解职,取而代之的法官昏聩无能、臭名昭著,有些甚至是浪荡无行之人。"③显然,在这一时期国王对法庭和法官活动的干涉非常严重,法庭和法官更加受制于国王,很多品行恶劣之人竟然被任命为法官,这足以破坏法庭的正常运行,根本无法为民众提供合乎正义的司法救济。"查理二世统治时期,法官能够被选任是在于其为国王的意志服务,而不取决于他们的良好品行。这一状况意味着只要普通法法官的观点与王室的观点存在冲突,查理二世和詹姆斯二世就会解除其职务。查理在其统治的二十五年中因为政治原因解除了十二位法官的职务。詹姆斯加剧了这一

---

① ［英］杰弗里·罗伯逊:《弑君者:把查理一世送上断头台的人》,徐璇译,新星出版社 2009 年版,第 75 页。

② Christopher Hill, *Intellectual Origins of the English Revolution: Revisited*, New York: Oxford University Press, 1997, p.214.

③ ［英］威廉·塞尔·霍尔斯沃思:《英国法的塑造者》,陈锐等译,法律出版社 2018 年版,第 167 页。

趋势,在不满四年的时间里,他将十二位法官拉下马。"①在查理二世和詹姆斯二世统治时期,普通法法庭独立性遭到削弱,法官必须听命于国王。否则,如果法官与国王的观点存在冲突,随时都有可能被国王解除职务。因此,法官在很大程度上要受到国王意志的支配。这一时期法官的处境远比詹姆斯一世与查理一世统治时期更为恶劣。

因此,斯科特·戈登所讲的"随着特权法庭的废除和法官安全的进步,司法机构成为了英国独立的中心",②这一愿景还远未实现。然而,在这样险恶的境况下,仍然存在着与国王抗争的法官。詹姆斯二世在不满四年的时间中解除了十二位法官的职务,这从另一个方面反映了法官并没有全部向国王屈服。"詹姆斯坚持任命法官的条件是和其对王室权威的认识保持一致。詹姆斯先是解除了四位法官的职务,因为他们拒绝接受国王有权废除议会法律,并宣称这一权力将会颠覆英国的宪法。随后,詹姆斯又解除了三位法官的职务,因为他们拒绝接受在和平时期适用军事管制法。詹姆斯二世明确表示:他仅仅任命那些完全服从他的利益者,并且不得对其权威施加任何限制。"③这些敢于抗争的法官显然是要维护议会的地位和法律的至上性,拒绝接受国王对法律的僭越。这些法官无疑是在维护英国的传统法治,他们代表着法治的力量,是英国走向现代法治的主要推动者。

除支配法庭之外,查理二世也很少对议会妥协,这一切都根源于查理二世从不放弃对王国武装力量的掌握。詹姆斯一世对待议会与法庭的态度是较为克制的,查理一世尽管屡次解散议会,但召开议会时他始终受到议会的制约。然而,与前两位国王相比,查理二世和詹姆斯二世对待议会和法庭的态度截然不同,这证明掌握武装力量是国王推行专制统治的根本依靠。因此,武装力量不能掌握在国王或某一统治者手中,否则这就成为国王或其他握有军权者僭越法律和其它制度的最大隐患。为了限制王权的膨胀,唯有将王国的武装力量或常备军交由代表民众意愿的议会来控制。依靠完善的制度来规范常备军的存续和行为,使其免受任何个人或集团的肆意支配。因此,建立现代法治社会,必须妥善解决常备军的归属与支

---

① Steve Pincus, *1688: the first modern revolution*, New Haven and London: Yale University Press, 2009, p.154.

② Scott Gordon, *Controlling the State: Constitutionalism from Ancient Athens to Today*, Cambridge and London: Harvard University Press, 2002, p.255.

③ Steve Pincus, *1688: the first modern revolution*, New Haven and London: Yale University Press, 2009, p.154.

配问题。

内战爆发之后，长期的战乱与权力斗争使得法治废弛，专制权力盛行。英国走向现代法治社会的道路面临很多的困境。"1688 年，很多的英国人已经失去了对英国法院系统的信任，他们认为詹姆斯国王没有公正地施行法治，取而代之的是将法院系统用作政治工具。"①显然，在詹姆斯二世国王的治下，普通法法庭又一次面临危机，失去了应有的地位和影响力，普通法法庭失去了在民众中的公信力和权威，英国的王权再次走向了专制集权的道路。"光荣革命"扭转了英国的政治走向，终止了专制王权的发展，拯救了英国的普通法和议会，推动了英国现代法治的确立。而"光荣革命"的成功受益于英国宗教信仰的冲突，詹姆斯二世正是毁于其天主教信仰。亨利八世发动英国宗教改革已逾百年，新教信仰已经得到很强的认同。在詹姆斯二世有了天主教信仰的继承人之后，为避免英国落入天主教之手，新教信众必然激烈地反抗詹姆斯二世。此外，玛丽一世在位期间的天主教回潮带给英国人极为血腥的经历。因此，英国新教信众反抗詹姆斯二世不仅是捍卫自己的信仰，还有对天主教血腥杀戮的恐惧，这促使他们积极引入新教国家荷兰的执政威廉以对抗詹姆斯二世。正是这一举措不仅拯救了英国的新教信仰，还拯救了英国的法治，推动了普通法司法独立的实现。"光荣革命"赋予了英国政治和法律发展的全新格局。

美国著名法律史学家伯尔曼认为："英国革命不仅是一次宪政转型（constitutional transformation），它第一次确立了议会超越王权的至上地位（the supremacy of Parliament over the Crown），确立了普通法法庭超越罗马法对手的地位，建立了辉格党和托利党两党制的政党制度（a two-party system of Whigs and Tories）；英国革命还是一场社会经济转型（a social-economic transformation），它确立了土地乡绅与上升中的商人阶层超越王室贵族的地位；同时，英国革命还是一场宗教转型（a religious transformation），它在安立甘宗的信仰宽容中确立了加尔文信仰的合法地位（the legitimacy of Calvinist belief systems）。"②从伯尔曼对英国革命的分析中，我们能够明晰地看出英国革命巨大的历史意义。同时，伯尔曼的分析从更深层面反映了革命前英国所面临的亟待解决的各种矛盾，也反映了英国革命是多种力量推动的结果。因此，英国国家理性的重建以及现代法治的确立是各种社会

---

① Steve Pincus, *1688: the first modern revolution*, New Haven and London: Yale University Press, 2009, pp.183-184.

② Harold J.Berman, *Law and Revolution*, *Vol. II: The Impact of the Protestant Reformations on the Western Legal Tradition*, Cambridge: Belknap Press of Harvard University Press, 2003, p.303.

力量在解决各种矛盾时共同促成的,其中宗教信仰的冲突是最为直接的推动力量。

1689 年 10 月,议会通过《权利法案》,其全名为《臣民权利与自由以及王位继承法令》(*An Act for Declaring the Rights and Liberties of the Subject, and Settling the Succession of the Crown*),由此,英国确立了"议会主权",建立了君主立宪政体。《权利法案》是英国走向现代法治的重要标志。《权利法案》一共 13 条,主要包括三个方面的内容:首先是对王权的限制,未经议会同意,国王擅自废除法律或中止法律的实施为非法;未经议会批准,借口国王特权为国王用度征收钱款为非法;未经议会同意,国王在和平时期招募或维持常备军为非法;为宗教原因在王国内设立宗教委员会法庭或其它类似性质的法庭是非法且有害的。其次是阐明议会的权利,议会议员的选举应是自由的;议员在议会中可以自由发言与辩论,且在议会之外的任何法庭不受追究和讯问;为修正、加强与维护法律起见,议会应经常集会。最后是申明臣民的权利,臣民有向国王请愿的权利,一切对臣民请愿进行控告或判罪皆为非法;凡臣民为新教徒者,为防卫起见,在法律许可的范围内可以置备武器;不应要求过多的保释金,不应处以过分的罚款,更不应滥施残酷刑罚。[①] 从本质上看,《权利法案》仍然是回归英国的传统,和《大宪章》以及《权利请愿书》是一脉相承的,核心诉求就是限制王权,保障个体权利与自由。然而,与之前的惯例不同的是,《权利法案》将"王在议会"原则转变为"议会主权",议会成为王国内最高的权力主体,国王在行使权力时则完全受制于议会,其核心是《权利法案》明确授权议会控制了国王的财政税收权和军权。

王权受到议会全面的限制,议会成为国家的实际统治主体。议会掌握了国家的立法权、征税权以及军权。[②]"议会主权"以及民众的自由与权利具有了宪法性的保障。《权利法案》将军权从国王手中转移到议会,这是议会实现其它权力的根本所在,恩格斯曾深刻地指出:"君主立宪政体的第一个原则是权力均等,这个原则最透彻地反映了人类对自身的恐惧。"[③]《权利法案》彻底消除了国王再次僭越法律、超越议会以实行专制统治的合法性和可能性。"光荣革命之后,议会获得胜利,英国人普遍认为'法治'已经建

---

① *The Statutes of the Realm*, Vol.6, Buffalo: William S.Hein & Co., Inc., 1993, pp.142-143.

② Carl Stephenson and Frederick George Marcham eds., *Sources of English Constitutional History*, New York and London: Harper and Brothers Publishers, 1937, pp.600-601.

③ 恩格斯:《英国状况 英国宪法》,《马克思恩格斯全集》第 1 卷,人民出版社 1956 年版,第 681 页。

立起来了,个体自由得到了保障。法学家和政治理论家开始着手改善司法程序、证据规则以及陪审团地位等,以为国民的权利提供法律保障。"①没有了专制权力的阻碍,法学家和政治理论家也能够正常地对既有的司法制度加以完善,以为民众提供更好的司法救济。议会和法庭的独立性有了现实的基础,人们普遍认为英国现代法治已经初步建立起来。

在建立议会主权之后,彻底摆脱王权对司法的干预,实现司法独立就具有了可能性。1701 年,议会又通过《王位继承法》(the Act of Settlement),该法令是对《权利法案》的补充。《王位继承法》禁止天主教徒继承王位,增加了对国王特权的限制,法官独立最终确立,免受国王随意解职。法官只有在议会上下两院同意的前提下才能被罢免。② "1691 年至 1692 年间,由议会上下两院通过的《法官法案》(Judges' Bill of 1691—1692)欲创设独立的司法制度,法官不能被国王随意解职,威廉否决了这一法案。然而,1701 年的《王位继承法》最终确立了法官独立的司法制度。"③法官独立即法官司法不受国王干涉终于实现,并具有了明确的法律依据和稳固的现实基础。在霍兹沃斯看来,"'光荣革命'将法官从糟糕的状况中拯救出来,并由此使普通法现代化起来,恢复了适应社会不断变化的功能。"④显然,霍兹沃斯认为正是光荣革命及时地拯救了普通法法庭,使其免遭专制权力的干预和压制,获得了独立发展的地位和空间。法官独立是司法独立的前提和基础,司法独立是英国现代法治的根基。

"经历了近一个世纪的斗争,历史最终选择了柯克的立场,而拒绝了霍布斯。确立了一种主权分立或共享的模式(a form of divided or shared sovereignty),避免了社会秩序的崩溃和全民战争的爆发。光荣革命之后,英国的政治制度不是在国王的专制意志基础上建立起来的,而是建立在主权共享与普通法至上(the sharing of sovereignty and the primacy of the common law)的基础上。法律秩序不是由主权者决定,而是依赖于源远流长的古老传统自主地发展演变而来,其中包含着连贯性的原则和规则,这是任何政治机构

---

① Pietro Costa and Danilo Zolo eds., *The Rule of Law : History, Theory and Criticism*, Dordrecht : Springer, 2007, p.153.

② Christopher Hill, *The Century of Revolution, 1603—1714*, London and New York : Routledge, 2002, p.225.

③ Harold J.Berman, *Law and Revolution, Vol.II : The Impact of the Protestant Reformations on the Western Legal Tradition*, Cambridge : Belknap Press of Harvard University Press, 2003, p.227.

④ [英]威廉·塞尔·霍尔斯沃思:《英国法的塑造者》,陈锐等译,法律出版社 2018 年版,第 168 页。

都不得轻视的。"①英国传统法治在经历了曲折的发展之后赢得了新生,这要归因于普通法职业共同体和议会下院的长期努力。因此,哈耶克认为英国古老的传统主要经由爱德华·柯克和马修·黑尔的论著得以保存下来。② 皮耶特罗·科斯塔认为:"柯克、黑尔以及布莱克斯通塑造了英国新的宪政体系,这一体系为社会利益以及个体的自由和权利提供了保障。"③普通法职业共同体和议会下院铸造了英国现代法治的法律根基和政治根基。在此基础上,国王和议会以及法庭都成为真正意义上的公法人,这些公权力主体都具有了较为明确的权力和权利边界,同时也具有了独立的法律人格,英国现代法治得以确立。

查理一世继位之后就致力于在英国推行欧洲大陆式的绝对君主统治,置英国的传统法治于不顾。由此,王国内积聚了很多矛盾,社会各阶层对王权的膨胀充满了怨气,其专制统治面临着各种危机。面对矛盾重重的危局,查理一世丝毫不愿改变,一意孤行地推行其专制集权统治。在强行改变苏格兰宗教信仰时遭到了新教徒的奋力反抗,查理一世仍然不愿意妥协,最终导致了苏格兰与其兵戎相见。最终,查理一世遭到惨败。由此,英国的王权由盛转衰,议会得以重开。在新兴社会力量限制王权的要求下,"普通法至上"与"王在法下"的思想在议会下院中得到议员们的支持。他们以议会为阵地与国王进行了长期的斗争,而且反复强调国王的命令和行为不得违背法律,如果国王的特许状与法律相抵触将归于无效。④ 他们坚持王权与臣民自由之间的界限由普通法和议会法令确立,法官必须公平对待穷人和富人,在做出裁判之时要忽视国王的命令。⑤ 新兴资产阶级立足于下院,依靠普通法和议会法令极力主张国王要在法律之下,以抵制王权的膨胀。这一时期普通法职业共同体与特权法庭斗争的过程中,制约王权的力量虽然还不足以直接否定国王的各类特权,却能够依靠传统法治的资源对国王施加一些压力,或者通过一些保护民众权利抵制王权膨胀的法令,在国王走向专制集权的道路上设置一些障碍。通过与议会下院结盟,普通法职业共同体

① Pietro Costa and Danilo Zolo eds., *The Rule of Law: History, Theory and Criticism*, Dordrecht: Springer, 2007, p.82.

② 王焱主编:《宪政主义与现代国家》,三联书店 2003 年版,第 352 页。

③ Pietro Costa and Danilo Zolo eds., *The Rule of Law: History, Theory and Criticism*, Dordrecht: Springer, 2007, p.82.

④ Joyce Lee Malcolm, "Doing No Wrong: Law, Liberty, and the Constraint of Kings", *The Journal of British Studies*, Vol.38, No.2(Apr., 1999), pp.164-165.

⑤ Joyce Lee Malcolm ed., *The Struggle for Sovereignty: Seventeenth-Century English Political Tracts*, Vol.1, Indianapolis: Liberty Fund, 1999, pp.Introduction xxiii-xxvii.

依靠不懈的努力维护了普通法至上的地位,废除了一系列特权法庭,保存了有限王权和法治的薪火,为英国现代法治的确立创造了条件。

面对议会对传统法治秩序和政治秩序的诉求,查理一世并不愿向议会妥协,这使得议会和国王之间的矛盾更趋激化,通过和平的方式已经无法解决,最终国王和议会兵戎相见。在经历了长达六年多的殊死较量之后,查理一世被议会彻底打败,并被议会设立的高等法庭处以死刑。1603年詹姆斯一世继位以来,两位来自苏格兰的国王对绝对君主统治的追求归于失败,在与英国"王在法下"的有限王权传统以及新兴社会力量的较量中遭到了多元力量的合力反击。

尽管长期遭到迫害,但清教运动不仅抵制了王权对信仰的垄断,实现了信仰的解放,恢复了人们信仰的自由,重塑了人的心灵世界,也为重新塑造英国的国家形态、建立现代法治社会创造了条件。正如英国历史学家托尼所言:"清教精神的成长、胜利和改革是17世纪最根本的运动。清教,而不是都铎王室与罗马教廷的决裂,才是真正的英国宗教改革。正是通过清教同旧秩序的斗争,才出现了真正现代意义的英格兰。"[①]在托尼看来,清教既改变了人们的信仰状况,同时也促进了英国国家理性的重建。因此,英国资产阶级革命也被称为清教革命,清教革命推动了英国从传统的封建王国转变为现代意义上的法治国家。

英国内战实质上是国王和议会为国家权力的存在形态与运行方式展开的持久而激烈的较量。在客观上,英国内战开启了英国国家理性重建的进程。1689年《权利法案》和1701年《王位继承法》初步完成了国家理性的重建,即国家权力存在的合法性发生了本质性的转变,议会主权得以确立,司法独立得以实现,王权转变为君主立宪之下的王权,并且具有了明确的宪法性的法律依据。尽管当时英国还没有出现分权学说,但是在实际的权力运行中,具有立法权的议会和掌握司法权的法庭都具有了独立的地位。英国由传统的阶层意义上的分权转变为现代职能意义上的分权,权力的制衡在这一过程中不自觉地实现了,有限政府和代议制政府初步形成,这两方面在英国人看来就是个人权利与自由的保障。显然,与国家理性的重建相伴而行的是英国实现了从传统法治向现代法治的转型。

---

① [英]R.H.托尼:《宗教与资本主义的兴起》,赵月瑟、夏镇平译,上海译文出版社2006年版,第118页。

结　　论

　　英国普通法是在诺曼征服之后的实际历史环境中形成的。诺曼征服推动英国形成了较为强势的王权,实现了对整个王国的有效统治。在此基础上亨利二世推动的司法改革继承了盎格鲁·撒克逊习惯法,融合了诺曼法和罗马法,促进了普通法的形成。在王室法庭和巡回法庭以及令状和陪审团制度基础上,普通法逐渐发展起来。王室法庭和巡回法庭以及令状代表着王权,陪审团代表着诉讼当事人生活的社会共同体,普通法正是在王权和各种社会共同体的共同参与下不断趋于完善的,所以普通法不仅是基于强势王权形成的法律体系,也源于诉讼当事人及其所归属的社会共同体的塑造。普通法既满足了国王司法权膨胀的意愿,也满足了不同社会主体对理性司法和公正救济的需求。普通法促进了王权和地方联系的同时,也促进了不同社会主体和社会共同体之间的联系。因此,普通法既体现了国王的意志,也体现了不同社会主体的自由意志。普通法基础上的法治是充分尊重个体理性和主体权利的法治,普通法成为英国传统法治的法律根基。

　　国王依靠普通法扩展了王室法庭的司法管辖权,实现了进一步集权,但国王的集权并非没有边界。一旦国王在集权过程中侵犯了贵族的权益,贵族们就有可能合力对抗国王,以维护自身的权益。在面对普通臣民时,贵族和国王是利益共同体;一旦国王的作为触及到贵族的权益,贵族与国王就成为对立的两方,贵族甚至会联合起来武力反抗国王。1215年《大宪章》和1258年《牛津条例》就是贵族们联合起来迫使国王签订的约束王权的法律。《大宪章》不仅划定了国王权力的边界,阐明了贵族享有的权益,而且成为后世贵族抵制王权膨胀的合法性源泉。《牛津条例》为议会的形成提供了法理前提,为进一步约束王权提供了法律依据和具体可行的制度安排,这两份宪法性文本将英国的"王在法下"传统成文化了。从1215年到17世纪初,《大宪章》被反复确认三十余次。可见,贵族和国王之间的力量对比长期处于动态平衡之中,二者之间形成了一种持久的张力,这是英国传统法治形成和发展的现实基础。一旦国王或者贵族任何一方打破了二者之间的平衡,要么出现王权膨胀专制集权的局面,要么处于王权孱弱贵族混战的乱局之中,传统法治秩序就难以为继,英国后世的历史发展反复印证了这一点。

　　随着议会的形成与完善,英国形成了中世纪欧洲特有的"王在议会"原则。议会将"王在法下"传统落在了实处,贵族和国王有了和平博弈的平台。随着城市的繁荣和工商业的发展,平民代表进入议会成为定制,这扩大了议会的社会基础,议会下院的地位和影响变得日益重要,最终形成了议会上下两院分立议事的格局。1322 年《约克法令》颁布之后,英国逐渐形成了"王在议会"原则,国王和议会共同分享王国的治理权,"王在法下"的有限王权传统不仅有了《大宪章》和《牛津条例》等法律基础,也有了"王在议会"作为现实的制度保障,英国在不自觉中形成了传统的阶层意义上的分权与制衡。"王在议会"与"王在法下"的有限王权是英国传统法治形成的政治基础。普通法与"王在议会"原则之下的有限王权推动了英国传统法治的形成。

　　然而,在经历了英法百年战争和红白玫瑰战争之后,英国的贵族力量遭到了很大程度的削弱,因此战乱之后建立的都铎王朝确立了更为强势的王权。议会也从约束王权的平台转变为王权膨胀的工具,这主要源于贵族集团力量的急剧衰退,国王和贵族之间的平衡被打破了,国王可以控制议会,王权有了膨胀的可能性。通过议会开启的宗教改革,都铎王朝的国王们确立并巩固了王权至尊的地位,这是王权膨胀的显著标志。国王借助议会不仅推行了宗教改革中的各项法令,还在传统的司法体系之外设立了一系列特权法庭。衡平法庭最初是为了弥补普通法的不足,在借鉴罗马法的基础上创建的法庭,以为臣民提供更好的司法救济。因此,衡平法庭的大法官被称为"国王良心的守护者"。但由于王权的膨胀,衡平法庭逐渐转变为"王权的守护者"。衡平法庭和特权法庭成为直接听命于国王的司法机构,国王借此控制了很多领域的司法权。衡平法庭的畸变和特权法庭的兴起打破了英国传统的司法秩序和政治秩序,普通法法庭出现了明显的衰落,王权的膨胀不仅破坏了英国传统法治的政治根基,也破坏了英国传统法治的法律根基,英国传统法治的发展陷入了危机之中。

　　詹姆斯一世和查理一世在位期间,致力于在英国推行欧洲大陆式的绝对君主统治,英国传统法治的危机更为深重,这激起了多元力量对王权膨胀的抗争。普通法职业共同体和议会下院坚持普通法是英国自由的根基,议会要与国王共同分享国家的治理权,这一主张促进了议会下院与普通法职业共同体在抵制王权膨胀的过程中实现了联合。普通法职业共同体和以新兴社会力量为主的议会下院成为抵制王权膨胀的中坚力量。经过普通法职业共同体的努力,普通法的法律体系得到了新的阐释,适应了新的社会经济形势,普通法法庭的司法诉讼出现了显著的增长,普通法实现了初步的复兴。为了抵制国王过度地颁授垄断特许权,议会通过了世界上第一部《反垄断法》,这部法令限制了国王对社会经济生产和商品贸易领域的肆意干预,为社会经济的良性发展提供了法律保障。为了抵制国王强行征税和强制借款,也为了反对国王非法监禁普通民众,议会依据《大宪章》的精神通过了《权利请愿书》,以保障民众的自由与权利。通过普通法职业共同体和议会下院对王权膨胀的抗争,英国传统法治获得了初步的胜利。

显然,英国传统法治对国王和贵族等"个体的人"具有很强的依赖性,实现法治的根本条件在于贵族的力量超越了国王,而且贵族之间要保持固有的秩序。否则,要么出现国王凌驾于法律之上的状况,要么出现王权孱弱,贵族混战的无政府状态,这都会使得法治秩序遭到破坏。因此,英国的传统法治非常脆弱,具有很强的不确定性,更缺乏完善的制度安排与保障。现代法治是指法律成为调整一切社会关系的依据,包括国王、议会以及政府等权力机构都要受到法律的普遍约束,完善的法律对权力机构的约束具有常规性和确定性,并具有较为完备的纠错以及救济机制,这使得法律对公权力的约束以及对权利的保障具有充分的可操作性。现代法治对"个体的人"的依赖性大大降低,很大程度上是依赖于完备的法律和制度。因此,英国现代法治的确立需要克服传统法治的各种局限,这只有在国家理性重建的基础上才能实现。

查理一世抛开议会所推行的专制集权的"个人统治"加剧了王国内的各种矛盾和危机,最终导致了英国内战的爆发,内战实质上就是传统法治秩序和绝对君主取向之间的法理冲突。维护英国传统法治的力量和追求绝对君主统治的国王之间出现了最为激烈的碰撞,双方以战争的形式来决定未来国家的发展道路和方向。正是内战开启了英国国家理性重建的进程,由此,英国的国家性质和结构发生了根本性的转变,即由国王主导的封建王国转变为议会主权基础上的君主立宪国家。国王被赶下神坛,成为立宪君主,国家权力逐渐集中于议会手中,议会的权力又逐渐集中于下院,而下院是由有产阶层的民众选举产生。因此,英国国家权力的合法性来源从"君权神授"转向有产阶层的民众授权。议会代表一定范围内的民众掌握了国家的财政税收权和军事指挥权,废除了一系列的特权法庭,法官不再被国王随意任免,司法独立得以实现,王权彻底失去了膨胀的可能。英国在中世纪就形成了传统的阶层意义上的分权与制衡,在经历了国家理性重建之后,英国确立了立宪君主、议会主权以及普通法法庭的司法独立地位,形成了现代的职能意义上的分权与制衡,英国现代法治得以确立。

然而,现代法治的核心特征是以法律限制公权力,保障民众的自由与权利,在民众的权利与公权力出现冲突时,法律要站在民众一方维护私权利,约束公权力。在现代法治状态下，法律不仅具有最高的权威性，而且应当具有公正性、稳定性、普遍性、公开性以及平等性。法律面前人人平等，不存在法律之外和法律之上的特权。① 国家应当成为维护民众自由和权利的工具，民众的自由和权利也应当成为国家存在的价值追求。以此判断，英国现代法治确立之初还存在着明显的局限性。恩格斯在《英国状况 英国宪法》一文中对此做出了深刻的分析：英国"法律的运用比法律本身还要不人道得多"，"法律压迫穷人，富人管理法律"，而且"对于穷人是一条法律对于富人是另外一条法律"。"资产阶级和财产统治着一切，穷人是无权的，他们备受压迫和凌辱，宪法不承认他们，法律压制他们。"②恩格斯基于历史实际指出了这一时期的英国宪法和法律缺乏公正性、平等性以及普遍性，富人的权益得到了法律的保障，穷人却受到了法律的不公正对待，宪法和法律未能将各阶层民众视为平等的法律主体。除了恩格斯指出的英国宪法和法律的局限性之外，这一时期的议会也仅仅是有产阶层权益的代表，议会议员的选举权和被选举权都有着严格的财产限制，普通民众无法进入议会表达自身的利益诉求。因此，议会在制定法律和确定税收时更多的是维护有产阶层的权益。法律体系和议会的运行方式反映了英国现代法治发展初期存在的历史局限性。

然而，这一局限性又有着历史的必然性，因为作为"革命者"的普通法职业共同体和议会下院在谋求限制王权、恢复法治状态的过程中有着很强的保守性，议会下院所订立的法律和制度都是对英国历史经验的总结，英国现代法治是直接从传统法治转变而来的，英国传统社会长期存在的等级性自然得以延续。实际上，在内战期间平等派清教徒就向议会递交了请愿书，主张取消议会选举中的财产限制，对现有的法律及其程序进行改革，建立平等的社会，但他们的主张却遭到了议会的断然拒绝。在议会下院中的长老派等保守力量看来，平等派的这些主张太过激进，脱离英国的现实基础。因此，正是主导未来国家发展道路和方向的"革命者"的保守性导致了英国现代法治的局限性。"17世纪的政治哲学确立了个人针对政府或确切地说针对王权政府的独立地位。这种独立地位主要体现在政治上，其实质的要求是必须保证每一个人在政治上都能获得一份权利。政治统治的权力必须来自个人，个人的人身自由以及财产权利都是这种实质要求的基础，尽管在当

---

① 陈晓律：《从习俗到法治——试析英国法治传统形成的历史渊源》，《世界历史》2005年第5期。

② 恩格斯：《英国状况 英国宪法》，《马克思恩格斯全集》第1卷，人民出版社1956年版，第703—705页。

时,这里所谓的'个人'更多地仅仅指拥有大量财产的贵族寡头。"①显然,在这一历史阶段只有少数有产者才能在政治上成为具有独立地位的主体,拥有政治上的选举权等权利,其人身自由和财产权利才能够得到保障,才能成为英国现代法治中的权利主体。以历史唯物主义的视角来看,保障民众自由和权利的法律体系与制度安排需要经历长期的探索和革新才能逐渐趋于完善,要真正实现"法律面前人人平等",公权力主体都在法律的框架下运行,普通民众的自由与权利都具有确定性的法律保障,英国现代法治的发展还有很长的路要走。

---

① ［英］A.V.戴雪:《公共舆论的力量:19 世纪英国的法律与公共舆论》,戴鹏飞译,上海人民出版社 2014 年版,第 4 页。

参 考 文 献

（一）英 文 文 献

I. Primary Sources

1. A. R. Myers ed., *English Historical Documents, 1327—1485*, London and New York: Routledge, 1996.

2. Bulstrode Whitlocke, *Memorials of the English affairs, or, An historical account of what passed from the beginning of the reign of King Charles the First, to King Charles the Second*, London, 1682.

3. C.H.Firth and R.S.Rait eds., *Act and Ordinances of the Interregnum, 1642—1660*, London: His Majesty's Stationery Office, 1991.

4. C.H.Williams ed., *English Historical Documents, 1485—1558*, London and New York: Routledge, 1996.

5. Carl Stephenson and Frederick George Marcham eds., *Sources of English Constitutional History*, New York and London: Harper and Brothers Publishers, 1937.

6. Chris Cook and John Wroughton eds., *English Historical Facts, 1603—1688*, Totowa: Rowman and Littlefield, 1980.

7. David C.Douglas and George W.Greenaway eds., *English Historical Documents, 1042—1189*, London: Routledge, 1981.

8. Edward Coke, *The second Part of the Reports of Sir Edward Coke*, London, 1658.

9. Edward Coke, *The Fifth Part of the Reports of Sir Edward Coke*, London, 1658.

10. Edward Coke, *The Sixth Part of the Reports of Sir Edward Coke*, London, 1658.

11. Edward Coke, *The Eighth Part of the Reports of Sir Edward Coke*, London, 1658.

12. Edward Coke, *The Eleventh Part of the Reports of Sir Edward Coke*, London, 1658.

13. Edward Coke, *The First Part of the Institutes of the Laws of England*, London, 1629.

14. Edward Coke, *The Second Part of the Institutes of the Laws of England*, London, 1642.

15. Edward Coke, *The Third Part of the Institutes of the Laws of England*, London, 1644.

16. Edward Coke, *The Fourth Part of the Institutes of the Laws of England*, London, 1644.

17. Edward Coke, *The History of the Successions of the Kings of England*, London, 1682.

18. Edward Coke, Steve Sheppard ed., *The Selected Writings and Speeches of Sir Edward Coke*, Vol.1-3, Indianapolis: Liberty Fund, Inc., 2003.

19. Edward Hyde Earl of Clarendon, Selected and Edited with an Introduction and Notes

by Paul Seaward, *The History of the Rebellion*: *A new selection*, Oxford: Oxford University Press, 2009.

20. G. R. Elton, *The Tudor Constitution*: *Documents and Commentary*, Cambridge: Cambridge University Press, 1982.

21. George Burton Adams and Henry Morse Stephens, *Select Documents of English Constitutional History*, London: Macmillan Company, 1901.

22. Harry Rothwell ed., *English Historical Documents*, *1189—1327*, London: Eyer and Spottiswoode, 1975.

23. Henry de Bracton, George E. Woodbine ed., Samuel E. Thorne tr., *Bracton on the Laws and Customs of England*, Vol. 2-4, Cambridge: Harvard University Press, 1968.

24. James F. Larkin, *Stuart Royal Proclamations*: *vol. II*, *Royal Proclamations of King Charles I*, *1625—1646*, Oxford: Clarendon Press, 1983.

25. James Heath, *England's Chronicle*, *or*, *The lives and Reigns of the Kings and Queens*, London, 1699.

26. Joyce Lee Malcolm ed., *The Struggle for Sovereignty*: *Seventeenth-Century English Political Tracts*, Vol. 1, Indianapolis: Liberty Fund, 1999.

27. Ken Powell and Chris Cook, *English Historical Facts*, *1485—1603*, London: The Macmillan Press Ltd., 1977.

28. Lan W. Archer and F. Douglas Price eds., *English Historical Documents*, *1558—1603*, London: Routledge, 2011.

29. Matthew Hale, *The History of the Common Law of England*: *and an Analysis of the Civil Part of the Law*, London: H. Butterworth, 1820.

30. Paul L. Hughes and James F. Larkin eds., *Tudor Royal Proclamations*, New Haven and London: Yale University Press, 1969.

31. Ranulf de Glanville, *A Translation of Glanville*, Washington: John Byrne & Co, 1900.

32. Samuel Rawson Gardiner ed., *The Constitutional Documents of the Puritan Revolution*, *1628—1660*, Oxford: Clarendon Press, 1889.

33. Sir John Fortescue, *The Difference Between an Absolute and Limited Monarchy*, London, 1714.

34. Sir Thomas Egerton, *The Priviledges and Prerogatives of the High Court of Chancery*, London, 1641.

35. Sir Thomas Smith, *De Repvblica Anglorvm*: *the Maner of Governement or Policie of the Realme of England*, London, 1583.

36. *The petition of right*: *exhibited to His Maiestie*, *by the Lords and Commons assembled in Parliament*, *concerning divers rights*, *and the liberties of the subject*, 1642.

37. *The Statutes of the Realm*, Vol. 1-6, Buffalo: William S. Hein & Co., Inc., 1993.

38. Thomas Wood, *An Institute of the Laws of England*; *or*, *the Laws of England in Their*

Natural Order, *According to Common Use*, London, 1720.

39. Wayne Morrison ed., *Blackstone's Commentaries on the Laws of England*, Vol.3, London: Cavendish Publishing Limited, 2001.

II. Secondary Works

1. Alan Cromartie, *The Constitutional Revolution: An Essay in the History of England*, 1450—1642, Cambridge: Cambridge University Press, 2006.

2. Alan Cromartie, *Sir Matthew Hale (1609—1676): law, religion, and natural philosophy*, Cambridge: Cambridge University Press, 2003.

3. Alan Diamond ed., *The Victorian Achievement of Sir Henry Maine: A Centennial Reappraisal*, Cambridge: Cambridge University Press, 1991.

4. Alan Harding, *A Social History of English Law*, London: Penguin Books, 1966.

5. Albert Beebe White, *The Making of the English Constitution*, New York and London: G. P. Putnam's Sons, 1925.

6. A. L. Brown, *The Governance of Later Medieval England 1272—1461*, London: Edward Arnold, Ltd., 1989.

7. Albert Venn Dicey, *Introduction to the study of the law of the constitution*, London: Macmillan, 1915.

8. Alison Wall, *Power and Protest in England 1525—1640*, New York: Oxford University Press, 2000.

9. Andrew Pettegree ed., *The Early Reformation in Europe*, Cambridge: Cambridge University Press, 1992.

10. Angus Stroud, *Stuart England*, London and New York: Taylor & Francis e - Library, 2002.

11. Anthony Musson, *Medieval Law in Context: The Growth of Legal Consciousness from Magna Carta to the Peasants' Revolt*, Manchester: Manchester University Press, 2001.

12. A. N. McLaren, *Political Culture in the Reign of Elizabeth I: Queen and Commonwealth, 1558—1585*, Cambridge: Cambridge University Press, 1999.

13. B. E. V. Sabine, *A short History of Taxation*, London: Butterworths, 1980.

14. B. Wilkinson, *The Constitutional History of England, 1216—1399*, London: Longmans, Green and Company, 1948.

15. Carole Levin, *The Reign of Elizabeth I*, Basingstoke: Palgrave, 2002.

16. Catherine Drinker Bowen, *The Lion and the Throne*, Boston and Toronto: Little, Brown and Company, 1957.

17. Charles Howard McIlwain, *The High Court of Parliament and its supremacy*, New Haven: Yale University Press, 1910.

18. Christopher Corèdon with Ann Williams, *A Dictionary of Medieval Terms and Phrases*, Cambridge: D. S. Brewer, 2004.

19. Christopher Durston, *James I*, London and New York: Taylor & Francis e - Library, 2001.

20. C. Given-Wilson, *The Royal Household and the King's Affinity: Service, Politics and Finance in England, 1360—1413*, London: Yale University Press, 1986.

21. Christopher Hill, *Reformation to Industrial Revolution: The Making of Modern English Society, 1530—1780*, London: Weidenfeld & Nicolson, 1967.

22. Christopher Hill, *Intellectual Origins of the English Revolution: Revisited*, New York: Oxford University Press, 1997.

23. Christopher Hill, *The Century of Revolution, 1603—1714*, London and New York: Routledge, 2002.

24. C. H. S. Fifoot ed., *The letters of Frederic William Maitland*, Vol. 1, London: Cambridge University Press, 1965.

25. C. Parker, *The English Historical Tradition since* 1850, Edinburgh: John Donald Press, 1990.

26. David Chan Smith, *Sir Edward Coke and the Reformation of the Laws: Religion, Politics and Jurisprudence, 1578—1616*, Cambridge University Press, 2014.

27. David M. Bergero, *King James and letters of homoerotic desire*, Iowa City: University of Iowa Press, 1999.

28. Dudley Julius Medley, *A Student's Manual of English Constitutional History*, New York: The Macmillan Company, 1925.

29. Edward Miller, Cynthia Postan, M. M. Postan, *The Cambridge Economic History of Europe from the Decline of the Roman Empire, Vol. 2: Trade and Industry in the Middle Ages*, New York and London: Cambridge University Press, 1987.

30. Ellis Sandoz ed., *The Roots of Liberty: Magna Carta, Ancient Constitution, and the Anglo-American Tradition of Rule of Law*, Indianapolis: Liberty Fund, Inc., 1993.

31. Frances Helen Relf, *The Petition of Right*, Minneapolis: Bulletin of the University of Minnesota, 1917.

32. Frederic W. Maitland, Francis C. Montague and James F. Colby, *A Sketch of English Legal History*, New York and London: G. P. Putnam's Sons, 1915.

33. Frederic William Maitland, *English Law and the Renaissance*, Cambridge: Cambridge University Press, 1901.

34. F. W. Maitland, *The Constitutional History of England*, London: Cambridge University Press, 1908.

35. George Burton Adams, *The Origin of the English Constitution*, New Haven: Yale University Press, 1902.

36. George F. S. Bowles, *The Strength of England: A Politico-Economic History of England From Saxon Times to the Reign of Charles the First*, London: Methuen, 1910.

37. Glenn Burgess, *Absolute Monarchy and the Stuart Constitution*, New Haven and London: Yale University Press, 1996.

38. Godfrey Davies, *The Early Stuart, 1603—1660*, Oxford: Oxford University Press, 1937.

39. Graham E.Seel and David L.Smith, *The Early Stuart Kings*, 1603—1642, London and New York: Taylor & Francis e-Library, 2005.

40. Harold J. Berman, *Law and Revolution, Vol. II: The Impact of the Protestant Reformations on the Western Legal Tradition*, Cambridge: Belknap Press of Harvard University Press, 2003.

41. Harold Potter, *An Introduction to the History of English Law*, London: Sweet & Maxwell Limited, 1926.

42. Henri Lévy-Ullmann, M. Mitchell tr., *The English Legal Tradition: Its Sources and History*, London: Macmillan and Co.Limited, 1935.

43. Hilaire Belloc, *Charles I*, Norfolk: Ihs Press, 2003.

44. H. A. L. Fisher, *Frederick William Maitland, Downing Professor of the Laws of England: a biographical sketch*, Cambridge: at the University Press, 1910.

45. H.C.Richardson and G.O.Sayles, *The Governance of Medieval England from the Conquest to Magna Carta*, Edinburgh: Edinburgh University Press, 1974.

46. Iain McLean, *What's Wrong with the British Constitution*, New York: Oxford University Press, 2010.

47. Jack A.Goldstone, *Why Europe? The Rise of the West in World History 1500—1850*, New York: McGraw-Hill Higher Education, 2008.

48. James R.Cameron, *Frederick William Maitland and the History of English Law*, University of Oklahoma Press, 1958.

49. John Adair, *A Life of John Hampden, the patriot (1594—1643)*, London: Kogan Page, 2003.

50. John Hostettler, *Sir Edward Coke: A Force for Freedom*, Chichester: Barry Rose Law Publishers Ltd., 1997.

51. John Neville Figgis, *The Divine Right of Kings*, Cambridge: Cambridge University Press, 1914.

52. Joseph R.Strayer, *On the Medieval Origins of the Modern State*, Princeton: Princeton University Press, 1970.

53. J.Goldsworthy, *The Sovereignty of Parliament, History and Philosophy*, Oxford: Oxford University Press, 1999.

54. J.G.A.Pocock, *The Ancient Constitution and the Feudal Law: A Study of English Historical Thought in the Seventeenth Century; a Reissue with a Retrospect*, Cambridge: Cambridge University Press, 1987.

55. J.H.Baker, *An Introduction to English Legal History*, London: Butterworth, 1979.

56. K. B. McFarlane, *The Nobility of Later Medieval England*, Oxford: Clarendon Press, 1973.

57. Marjorie Chibnall, *The Normans*, Oxford: Blackwell Publishing, 2006.

58. Michael Lobban, *A Treatise of Legal Philosophy and General Jurisprudence Volume 8: A History of the Philosophy of Law in the Common Law World, 1600—1900*, Springer, 2007.

59. M.Ashley, *Financial and Commercial Policy under the Cromwellian Protectorate*, London: Frank Cass & Co.Ltd., 1972.

60. M.J. Braddick, *The Nerves of the State: Taxation and the Financing of the English State, 1558—1714*, Manchester and New York: Manchester University Press, 1996.

61. Olga Tellegen-Couperus, *A Short History of Roman Law*, London: Taylor & Francis e-Library, 2003.

62. Paul Cavill, *The English Parliaments of Henry VII, 1485—1504*, Oxford: Oxford University Press, 2009.

63. Paul E.J.Hammer, *Elizabeth's Wars: War, Government and Society in Tudor England, 1544—1604*, Basingstoke: Palgrave Macmillan, 2003.

64. Pietro Costa and Danilo Zolo eds., *The Rule of Law: History, Theory and Criticism*, Dordrecht: Springer, 2007.

65. Ronald H.Fritze ed., *Historical Dictionary of Tudor England, 1485—1603*, New York: Greenwood Press, 1991.

66. Ronald H. Fritze and William B. Robison eds., *Historical Dictionary of Stuart England, 1603—1689*, London: Greenwood Press, 1996.

67. Roscoe Pound, *The Spirit of the Common Law*, New Hampshire: Marshall Jones Company, 1921.

68. Rudolf von Gneist, *History of the English Parliament: Its Growth and Development through a Thousand Years, 800—1887*, London: William Clowes and Sons, 1895.

69. Rupert Cross, *Precedent in English Law*, Oxford: Clarendon Press, 1977.

70. R.Butt, *A History of Parliament: The Middle Ages*, London: Constable, 1989.

71. R.C.Van Caenegem, *The Birth of the English Common Law*, Cambridge: Cambridge University Press, 1988.

72. R.C.J.Cocks, *Sir Henry Maine: A Study in Victorian Jurisprudence*, Cambridge: Cambridge University Press, 2004.

73. S.B.Chrimes, *English Constitutional Ideas in the Fifteenth Century*, Cambridge: Cambridge University Press, 1936.

74. Scott Gordon, *Controlling the State: Constitutionalism from Ancient Athens to Today*, Cambridge and London: Harvard University Press, 2002.

75. Sir Frederick Pollock and Frederic William Maitland, *The History of English law*

before the Time of Edward I, Vol.1-2, Cambridge: Cambridge University Press, 1898.

76. Sir Frederick Pollock, *Introduction and Notes to Sir Henry Maine's "Ancient law"*, London, 1914.

77. Sir Henry Sumner Maine, *Lectures on the Early History of Institutions*, New York: H. Holt and Company, 1875.

78. Steve Pincus, *1688: the first modern revolution*, New Haven and London: Yale University Press, 2009.

79. Susan Frye, *Elizabeth I: The Competition for Representation*, Oxford: Oxford University Press, 1996.

80. S. F. C. Milson, *Historical Foundations of the Common Law*, London: Butterworths, 1969.

81. S.T.Bindoff, *Tudor England*, Harmondsworth: Penguin Books Ltd., 1950.

82. Theodore F. T. Plucknett, *A Concise History of the Common Law*, New York: Aspen publishers, Inc., 1936.

83. T.F.Tout, *Chapters in the Administrative History of Medieval England*, Vol.1-6, Manchester: Manchester University Press, 1920—1933.

84. V.H.H.Green, *The Later Plantagenets*, London: Longmans, 1956.

85. W. M. Ormrod, *Political Life in Medieval England, 1300—1500*, London: Macmillan, 1995.

86. William McKechnie, *Magna Carta: Commentary on the Great Charter of King John, with an Historical Introduction*, Glasgow: James Maclehose and Sons, 1914.

87. William Searle Holdsworth, *A History of English Law*, Vol.5, London: Methuen & Co. Ltd., 1956.

88. William Stubbs, *The Constitutional History of England in Its Origin and Development*, Vol. II, Vol.III, Oxford: The Clarendon Press, 1896.

89. W. Ullmann, *Principles of Government and Politics in the Middle Ages*, London: Methuen, 1978.

90. W.Ullmann, *Medieval Papalism: The Political Theories of the Medieval Canonists*, London: Methuen, 1949.

91. W.Ullmann, *Medieval Political Thought*, Peregrine Books, 1972.

92. W.Ullmann, *Law and Politics in the Middle Ages*, Hutchinson, 1975.

III. Articles

1. A.L.Pollard, "The New Monarchy", in A.J.Heath Slavin, ed. *The "Ner Monurchies" and Representatite As-semblies: Medieoal Constitutionalism or Modern Absolutism*, 1964.

2. Brian Tierney, "Bracton on Government", *Speculum*, Vol.38, No.2(Apr., 1963).

3. Celia Hampton, "Review on the History of English Law by Frederick Pollock and F.W. Maitland", *The International and Comparative Law Quarterly*, Vol.18, No.3 (Jul., 1969).

4. Charles H.Haskins, "Frederic William Maitland (1850—1906)", *Proceedings of the American Academy of Arts and Sciences*, Vol.51, No.14 (Dec., 1916).

5. Charles P.Sherman, "The Romanization of English Law", *The Yale Law Journal*, Vol. 23, No.4(1914).

6. Derek Hirst, "The Privy Council and Problems of Enforcement in the 1620s", *The Journal of British Studies*, Vol.18, No.1(Autumn, 1978).

7. D.A.Carpenter, "The Second Century of English Feudalism", *Past and Present*, Vol. 168, No.1(2000).

8. Edward Jenks, "The Prerogative Writs in English Law", *The Yale Law Journal*, Vol. 32, No.6(1923).

9. Harold J.Berman, "The Origins of Historical Jurisprudence: Coke, Selden, Hale", *The Yale Law Journal*, Vol.103, No.7 (May, 1994).

10. H. G. Richardson, " Azo, Drogheda, and Bracton", *English historical review*, Vol.59, No.233(1944).

11. Joyce Lee Malcolm, "Doing No Wrong: Law, Liberty, and the Constraint of Kings", *The Journal of British Studies*, Vol.38, No.2 (Apr., 1999).

12. J.W.McKenna, "The Myth of Parliamentary Sovereignty in late Medieval England", *English Historical Review*, Vol.94, No.372(Jul., 1979).

13. Mark Fortier, "Equity and Ideas: Coke, Ellesmere, and James I", *Renaissance Quarterly*, Vol.51, No.4(1998).

14. Richard O'Sullivan, "Natural Law and Common Law", Transactions of the Grotius Society, *Problems of Public and Private International Law*, Transactions for the Year 1945, Vol.31.

15. R.A.MacKay, "Coke: Parliamentary Sovereignty or the Supremacy of the Law", *Michigan Law Review*, Vol.22, No.3(1924).

16. S.J.T.Miller, "The Position of the King in Bracton and Beaumanoir", *Speculum*, Vol. 31, No.2(Apr., 1956).

17. T. F. T. Plucknett, "The Relations between Roman Law and English Common Law down to the Sixteenth Century: A General Survey", *The University of Toronto Law Journal*, Vol. 3, No.1(1939).

18. W.J.Ashley, "Review on the History of English Law by Frederick Pollock and F.W. Maitland", *The Economic Journal*, Vol.5, No.20 (Dec., 1895).

19. W.M.Ormord, "Parliament, Political Economy and State Formation in Later Medieval England" in P.C.M.Hoppenbrouwers, A.Janse and R.Stein, eds., *Power and Persuasion: Essays on the Art of State Building in Honour of W.P.Blockmans*, Turnhout: Brepols, 2010.

(二)中 文 文 献

（中文文献按照出版时间排序）

I.中文译著

1.马克思、恩格斯:《共产党宣言》,《马克思恩格斯选集》第1卷,人民出版社1995年版。

2.马克思:《资本论》(第1卷),人民出版社2004年版。

3.恩格斯:《英国状况 十八世纪》,《马克思恩格斯选集》第1卷,人民出版社1995年版。

4.恩格斯:《英国状况 英国宪法》,《马克思恩格斯全集》第1卷,人民出版社1956年版。

5.[日]宫本正雄著,骆通译:《英吉利法研究》,商务印书馆1934年版。

6.[英]阿·莱·莫尔顿著,谢琏造等译:《人民的英国史》,三联书店1958年版。

7.[英]梅因著,沈景一译:《古代法》,商务印书馆1959年版。

8.[法]F.基佐著,伍光建、陈仁炳译:《一六四〇年英国革命史》,商务印书馆1985年版。

9.[美]哈罗德·J.伯尔曼著,贺卫方等译:《法律与革命》,中国大百科全书出版社1993年版。

10.[意]朱塞佩·格罗索著,黄风译:《罗马法史》,中国政法大学出版社1994年版。

11.[英]S.F.C.密尔松著,李显东等译:《普通法的历史基础》,中国大百科全书出版社1999年版。

12.[美]罗斯科·庞德著,唐前宏、廖湘文等译:《普通法的精神》,法律出版社2001年版。

13.[英]昆廷·斯金纳著,奚瑞森、亚方译:《近代政治思想的基础》,商务印书馆2002年版。

14.[爱尔兰]J.M.凯利著,王笑红译:《西方法律思想简史》,法律出版社2002年版。

15.[比利时]R.C.范·卡内冈著,李红海译:《普通法的诞生》,中国政法大学出版社2003年版。

16.[英]戴维·M.沃克著,李双元等译:《牛津法律大辞典》,法律出版社2003年版。

17.[英]比几斯渴脱著,镰田节堂译:《英国国会史》,中国政法大学出版社2003年版。

18.[美]C.H.麦基文著,翟小波译:《宪政古今》,贵州人民出版社2004年版。

19.[美]小詹姆斯·R.斯托纳著,姚中秋译:《普通法与自由主义理论:柯克霍布斯及美国宪政主义之诸源头》,北京大学出版社2005年版。

20. [美]查尔斯·霍默·哈斯金斯著,夏继果译:《12世纪文艺复兴》,上海人民出版社2005年版。

21. [英]托马斯·霍布斯著,姚中秋译:《哲学家与英格兰法律家的对话》,上海三联书店2006年版。

22. [英]R.H.托尼著,赵月瑟、夏镇平译:《宗教与资本主义的兴起》,上海译文出版社2006年版。

23. [英]约翰·哈德森著,刘四新译:《英国普通法的形成》,商务印书馆2006年版。

24. [英]布伦达·拉尔夫·刘易斯著,荣予、方力维译:《君主制的历史》,三联书店2007年版。

25. [美]迈克尔·V.C.亚历山大著,林达丰译:《英国早期历史中的三次危机》,北京大学出版社2008年版。

26. [法]弗朗索瓦·基佐著,张清津、袁淑娟译:《欧洲代议制政府的历史起源》,复旦大学出版社2008年版。

27. [英]艾伦·麦克法兰著,管可秾译:《英国个人主义的起源》,商务印书馆2008年版。

28. [英]屈勒味林著,钱端升译:《英国史》,中国社会科学出版社2008年版。

29. [英]杰弗里·罗伯逊著,徐璇译:《弑君者:把查理一世送上断头台的人》,新星出版社2009年版。

30. [英]劳伦斯·斯通著,于民、王俊芳译:《贵族的危机:1558—1641年》,上海人民出版社2011年版。

31. [美]克莱顿·罗伯茨、戴维·罗伯茨、道格拉斯·R.比松著,潘兴明等译:《英国史》,商务印书馆2013年版。

32. [英]A.V.戴雪著,戴鹏飞译:《公共舆论的力量:19世纪英国的法律与公共舆论》,上海人民出版社2014年版。

33. [英]威廉·塞尔·霍尔斯沃思著,陈锐等译:《英国法的塑造者》,法律出版社2018年版。

II. 中文专著

1. 蒋孟引:《英国史》,中国社会科学出版社1988年版。

2. 王觉非主编:《英国政治经济和社会现代化》,南京大学出版社1989年版。

3. 侯建新:《现代化第一基石》,天津社会科学院出版社1991年版。

4. 沈汉、刘新成:《英国议会政治史》,南京大学出版社1991年版。

5. 林文雄:《法实证主义》,台湾大学法学丛书编辑委员会1993年印行。

6. 刘新成:《英国都铎王朝议会研究》,首都师范大学出版社1995年版。

7. 王晋新:《15—17世纪中英两国农村经济比较研究》,东北师范大学出版社1996年版。

8. 程汉大:《文化传统与政治变革——英国议会制度》,辽宁大学出版社1996年版。

9. 王觉非:《近代英国史》,南京大学出版社 1997 年版。

10. 张彩凤:《英国法治研究》,中国人民公安大学出版社 2001 年版。

11. 程汉大主编:《英国法制史》,齐鲁书社 2001 年版。

12. 朱寰主编:《亚欧封建经济形态比较研究》,东北师范大学出版社 2002 年版。

13. 孟广林:《英国封建王权论稿——从诺曼征服到大宪章》,人民出版社 2002 年版。

14. 张乃和:《大发现时代中英海外贸易比较研究》,吉林人民出版社 2002 年版。

15. 李红海:《普通法的历史解读——从梅特兰开始》,清华大学出版社 2003 年版。

16. 钱乘旦、陈晓律:《英国文化模式溯源》,上海社会科学院出版社 2003 年版。

17. 彭小瑜:《教会法研究》,商务印书馆 2003 年版。

18. 王焱主编:《宪政主义与现代国家》,三联书店 2003 年版。

19. 马克垚:《英国封建社会研究》,北京大学出版社 2005 年版。

20. 吴于廑:《吴于廑文选》,武汉大学出版社 2007 年版。

21. 齐延平:《自由大宪章研究》,中国政法大学出版社 2007 年版。

22. 程汉大、李培锋:《英国司法制度史》,清华大学出版社 2007 年版。

23. 郭方:《英国近代国家的形成:16 世纪英国国家机构与职能的变革》,商务印书馆 2007 年版。

24. 张乃和主编:《现代公民社会的起源》,黑龙江人民出版社 2007 年版。

25. 陈绪纲:《法律职业与法治——以英格兰为例》,清华大学出版社 2007 年版。

26. 朱寰:《学思录》,中央广播电视大学出版社 2008 年版。

27. 王晋新、姜德福:《现代早期英国社会变迁》,上海三联书店 2008 年版。

28. 魏建国:《多维视野下:英国法治秩序生成的深层解读》,黑龙江大学出版社 2009 年版。

29. 何勤华主编:《现代西方的政党、民主与法治》,法律出版社 2010 年版。

30. 项焱:《英国议会主权研究》,中国社会科学出版社 2010 年版。

31. 李栋:《通过司法限制权力——英格兰司法的成长与宪政的生成》,北京大学出版社 2011 年版。

32. 余永和:《英国安茹王朝议会研究》,社会科学文献出版社 2011 年版。

33. 阎照祥:《英国政治制度史》,人民出版社 2012 年版。

34. 王霄燕:《英国法治现代化研究——以国会立法为视角》,法律出版社 2012 年版。

35. 于民:《坚守与改革——英国财政史专题研究》,中国社会科学出版社 2012 年版。

36. 张乃和:《近代早期英国特许权研究》,人民出版社 2014 年版。

37. 李栋:《英国法治的道路与经验》,中国社会科学出版社 2014 年版。

38. 王人博、程燎原:《法治论》,广西师范大学出版社 2014 年版。

39. 陈晓律主编:《世界现代化历程:西欧卷》,江苏人民出版社 2015 年版。

40. 于明:《司法治国——英国法庭的政治史(1154—1701)》,法律出版社 2015 年版。

41. 苗延波:《法治的历程》,新华出版社 2016 年版。

42. 赵文洪:《英国公地制度研究》,社会科学文献出版社 2017 年版。

43. 李红海:《普通法的司法解读——以法官造法为中心》,北京大学出版社 2018 年版。

44. 卓泽渊:《法治国家论》,法律出版社 2018 年版。

Ⅲ. 中文论文

1. 徐浩:《英国中世纪的法律结构与法制传统》,《历史研究》1990 年第 6 期。

2. 朱寰:《略论中古时代的君权与教权》,《东北师大学报》(哲学社会科学版)1993 年第 6 期。

3. 施诚:《论中古英国"国王靠自己过活"的原则》,《世界历史》2003 年第 1 期。

4. 陈日华:《英国法律传统与中世纪地方自治》,《天津师范大学学报》2003 年第 1 期。

5. 陈晓律:《从习俗到法治——试析英国法治传统形成的历史渊源》,《世界历史》2005 年第 5 期。

6. 张乃和:《近代英国法人观念的起源》,《世界历史》2005 年第 5 期。

7. 程汉大:《法治的英国经验》,《中国政法大学学报》2008 年第 1 期。

8. 程汉大:《司法与英国法治文明》,《外国法制史研究》(辑刊),法律出版社 2009 年版。

9. 李栋:《英国普通法的"技艺理性"》,《环球法律评论》2009 年第 2 期。

10. 向荣:《中世纪欧洲的政治传统与近代民主》,李剑鸣主编:《世界历史上的民主与民主化》,上海三联书店 2011 年版。

11. [英]约翰·贝克爵士著,孙晓明译:《英国法律史中的法治》,《经济社会史评论》2015 年第 1 期。

12. 李红海:《普通法的内在机制与社会经济发展》,《比较法研究》2017 年第 6 期。

13. 黄春高:《法律叙事还是历史叙事:14—16 世纪英国公簿租地农的兴起与发展》,《历史研究》2018 年第 4 期。

14. 叶海涛、方正:《近代英国法治思想的传播与当代启示》,《西南政法大学学报》2019 年第 1 期。

15. 侯建新:《圈地运动与土地确权——英国 16 世纪农业变革的实证考察》,《史学月刊》2019 年第 10 期。

后 记 一

《英国现代法治的历史渊源研究》这本书即将付梓，我心中充满了对恩师朱寰先生和张乃和老师的感激。2007年，蒙朱先生不弃，我得以进入东北师范大学世界中古史研究所攻读博士学位。入学之后，我就选择了英国法治发展作为学习和研究的方向，对于我的论文选题，先生给予了我充分的自由和信任。跟随先生读书以来，我深刻地体会到了先生的"为人、为学、为师之道"，不管遇到什么情况，先生从未对任何人与事有过负面的评价，始终以豁达宽容的心态对待周围的人，以乐观积极的态度处理所有事务；对待学术先生非常严谨，总是强调"板凳要坐十年冷，文章不写一句空"，这既体现了先生一贯追求的"趋冷避热"的学术原则，也反映了先生"存真求实"的学术风格；对待学生先生更是尽职尽责，虽然由于年事已高眼力和体力有些不济，但先生会反复阅读学生的毕业论文，并亲自在放大的A3版的纸本论文上作出详细的批注。先生的"为人、为学、为师之道"深刻地影响了我在学习和生活中的观念与态度，以至于现在，我在做很多事情时都要设想一下，如果先生遇到此类事情会如何处理，然后再做出决定。尽管与先生相差极远，但"高山仰止，景行行止。虽不能至，心向往之"。

跟随张乃和老师读书以来，张老师给予了我无私的关怀，我的每一步成长都离不开张老师的鼓励和支持。我的第一篇学术论文《论布拉克顿的王权观念》从写作到发表反复修改了很多遍，张老师不厌其烦地帮我批改了很多遍，每一次都提出了进一步修改完善的意见。就是在写作和修改这一篇论文的过程中，我学会了写作学术论文的基本方法，初步具备了解读文献的能力。在随后的学习中，张老师一直教导我要以冷静和理性的态度来思考问题，并引导我进入了自觉的学习状态。不论在我读书期间还是工作之后，张老师每次申请项目都会让我参与，这很好地锻炼了我的科研能力，为我此后申报项目提供了基础。张老师对学术道路的洞察与分析让我慢慢明白了学术人生的苦与乐，张老师的淡泊之心和浩然之气荡涤了我心中的庸俗，这让我逐渐拥有了学术信心和坚守，而不至于随波逐流。尽管张老师对我的学术期望我很少能够达到，但这鞭策着我一直努力前行，尽力做到更好。

在这本书的写作和修改过程中，我得到了朱先生和张老师的悉心指导。

朱先生一再强调在历史研究中不仅要秉持马克思主义的唯物史观,而且要重视原始文献的运用,以做到史论结合。年轻人实现理论突破非常困难,如果文献运用也止步不前,那就很难有所创新,所以在文献上下功夫,是写作史学论著的前提和基础。先生的教诲深刻地影响了我对待文献的态度,在本书中我尽可能地搜集、运用了数十种原始文献。张老师有着深厚的史学理论功底,因此对英国史有着非常敏锐的洞察力,对很多问题总能作出深刻的分析,每当我遇到问题向张老师请教时,都能有很大的收获。正是在和张老师的无数次长谈中,我学到了很多切实可行的研究方法、开阔了学术视野、训练了历史思维能力、提升了逻辑思维水平、培养了学术直觉。因此,在本书中我的很多认识都是在朱先生和张老师的启发下获得的。在本书准备出版时,我希望朱先生和张老师能够分别为我写一篇序言,两位恩师慨然应允,而且很快将序言写好发给了我,并在序言中对这本书给予了充分的肯定,这是对我莫大的鼓励,两位恩师的教诲和鼓励是我学习和研究的力量源泉。

　　一路走来,除了恩师朱先生和张老师的教诲与鼓励之外,我还得到了很多老师的关心与照顾。感谢王晋新老师、王云龙老师、徐家玲老师、宫秀华老师、张晓华老师、李小白老师、李新宽老师,在博士求学期间,我能够聆听各位老师的课程和教诲,真是非常的幸运,诸位老师的学识不仅更新了我的知识结构和思维方式,而且让我体验到了东北师大世界中古史学科的学术风范和独特气象。回吉大工作以后,王晋新老师给予了我持续的鼓励和关照。2013 年王老师申报国家社科基金重大项目时,打电话问我是否愿意做子课题负责人,当时我的职称是讲师,政策规定子课题负责人原则上应是副高职称,王老师打破常规给我提供了参与重大项目的机会,这次学术经历很好地锻炼了我的科研能力。

　　回母校工作之后,杨军老师多次鼓励我努力做好科研。今年五月,杨老师专门给我发了多条信息,提醒我在完成教学任务的同时,要尽快做出科研成果,要有紧迫感,不能安于现状,要抓住机遇跟上同龄人的节奏,不能掉队。杨老师的鞭策和鼓励令我汗颜,我只有勉力前行。宋鸥老师让我评审了很多篇英国史和中世纪史的论文,在论文的评审过程中,我对于论文的写作规范、文献解读、语言表述、行文逻辑、谋篇布局以及学术视野等方面有了更深刻地认知。宋老师的信任让我获得了向其他老师学习的机会,这在潜移默化中提高了我自己写作学术论著的能力,也提高了我对英国史的认知水平,对本书的修改完善有着很大的助益。

　　任东波老师是性情中人,对人对事开诚布公,对年轻人倍加提携。在我的学术成长中,任老师给予了我很多的支持和鼓励,而且事后从不提起。与任老师相处非常轻松愉快,不必谨小慎微,可以畅所欲言。尽管由于我的不谙世事给任老师添了很多麻烦,但任老师从未责怪,一笑置之。对于学术,任老师有着精致的追求,尽力追求内在言之有物,外在形式和谐,这让我体会到严肃的学术研究也应该具有美感。马卫东老师直爽率真,看到年轻人的问题会直言相告,多次催促我要尽快做出成果。此后,我集中精力写了一些论文,尽早完成了对本书的修改与完善,得以及时申请结项,马老师的鞭策让我受益匪浅。杨翠红老师知性细腻、真诚待人,对我关照有加,很多时候遇到事情都会为我作出周到的安排。史海波老师沉稳洒脱、特立独行,有一种特有的学术风范,在每次与史老师的交谈中,我都能从他的言语中感受到思想的力量。徐萍老师和王春雨老师对教学工作有着强烈的热情,是我们这些年轻人学习的榜样。回到母校工作之后,诸位老师给予了我最为良善而真诚的关怀,这里是一个"君子之交淡如水"的学术共同体,有着融洽和谐的氛围,让我有着强烈的归属感。在这样一个喧嚣浮躁的世代中,能够有这样一片温馨的小岛实在是弥足珍贵。

清华大学的张绪山老师不拘一格提携后学的胸怀令我感佩,张老师为人谦和,与后学平等相处,不拘礼节,这在当下的学术生态中实属罕见;张老师对很多社会问题有着鞭辟入里的分析和见解,这让我受益匪浅。中国社科院的郭子林老师在我的学习和研究中给予了很大的鼓励与支持,对于我所欠的文债只字不提,这实在是足够宽容了。感谢南京大学的陈日华老师,在平时的交流中,我从陈老师那里了解到诸多学术前沿和学术热点的信息,很多次我想要申报国家社科基金项目,陈老师总是鼎力支持。感谢人民出版社的柴晨清老师,柴老师为本书的出版做了大量的工作,从申报选题到启动出版程序、从出版经费的落实到书稿的审校,柴老师都付出了很大的努力和辛苦。

诸位师兄师姐师弟师妹和我一起走过了多年的求学之路,大家像兄弟姐妹一样相处,尽管其中有些人平时联系不多,但是遇到事情总能够相互体谅相互帮助,在学习和研究中,也能相互关照,最为典型的事例就是文献共享,发一个信息就可以获得需要辛苦查找的文献,这些简单而纯洁的情谊是可遇不可求的。感谢我的学生们,和他们在一起让我真切地感受到了共同读书共同成长的快乐,为了能够真正带领他们成长,我需要比他们懂得多一些,因此我必须要持续地拓展自己的知识边界,从这个意义上来说,他们也给予了我另一个学习和研究的力量源泉。在这个日益丛林化、原子化的社会里,能够有这么多人相伴而行实在是非常幸福了,这也许就是上帝给我的恩典,唯有怀着感恩的心踏实读书,认真工作,才能不辜负所有的真诚与信任。

　　恩师朱先生和张老师的"为人、为学、为师之道"赋予了我对学术理想的执着和坚守,诸位师长的关心与鼓励让我内心有着强烈的认同和归属,同学和学生们的坦诚与质朴让我感受到了温暖和纯真,家人的理解与支持给了我努力前行的信心和力量。

于　洪

2020 年 7 月 17 日

后 记 二

在本书将要出版之际,敬爱的恩师朱寰先生在 2020 年 8 月 8 日永远地离开了我们,直到今天我都未能真正接受这一残酷的事实。这段时间以来,我时常回忆起和先生相处的过往,总觉得先生并未离开人世,以至于我内心深处时常会出现幻觉,想着只要给先生打个电话说一声,就可以去东北师大南园见到先生了,可回到现实后才意识到先生已经驾鹤西行。于是,我就开始看之前拜访先生时录的视频,看着视频又想到此生再也见不到先生了,眼泪就会无声地流下来。为了不再沉浸在这样的悲痛中,我又回避去看任何与先生有关的视频、照片和纪念文章,这样矛盾的过程循环往复,一直延续到现在。

今年年初先生还为我的这本书稿写了序言,本书论述的正是我跟随先生与张乃和老师读书以来一直在思考的问题。我希望能够将自己对英国法治发展的长期思考形成一本专著,并通过这本书的出版来报答先生对我一直以来的关心和照顾,更期望在这本书出版之后我能够第一时间拿给先生,也算是我这个不肖弟子对先生多年培育之恩的一点报答,但这个愿望却永远都无法实现了!就在前几天,我还收到了先生主编的马工程教材《世界古代史》的第二版,将新版教材送给我一套是先生生前的意愿,收到这套书的那一刻我心里难受极了,先生对学生的关爱实在是广阔高深而又无微不至,但先生的恩德我再没有任何一丝机会来报答了!

回想跟随先生读书的历程,我实在是得到了先生莫大的关爱。2006 年 1 月 19 日,我去拜访张乃和老师。张老师说:"我看了你写的论文,还不错,如果你准备继续学习,我可以推荐你报考朱寰先生的博士。"在当时,报考先生的博士对我来说是遥不可及的事情,因为我只是在本科教材的封面上见到过先生的名字,并且听老师们说过先生是国内非常著名的历史学家。张老师鼓励我说:"不要担心,先生非常关心后辈的成长。不过,报考的前提是先生能够认可你写的论文。"2006 年 6 月 2 日,先生来吉林大学主持博士学位论文答辩,我有幸见到了先生,并将先前写好的论文交给了先生。不久,我就得到了先生同意我报考的消息,张老师带我去拜访了先生,先生对我的论文表示肯定,还鼓励我要"立大志、攀高峰、创新业",这让我对于未来的学习充满了信心。

然而,我的博士入学考试成绩并不是太理想。在成绩出来之后,我独自坐在图书馆中,看着漫天的雪花和窗外过往的人群,很长时间不愿意离开,惧怕回到现实世界中,不愿面对这一失败。当我将这一情况告诉张老师之后,他很长时间一语不发,只是不停地抽烟。最后,张老师劝我不要灰心,好好准备明年继续报考朱先生的博士。意想不到的是,先生在复试之后为我申请了补录。2007 年 5 月 26 日下午,先生亲自打电话告诉张老师,我已被师大录取,张老师转告我这一消息时讲道:"先生说补录学校已经批准了,别把于洪给耽误了。"从先生不多的言语中,我深深地体悟到先生对我的关切与爱惜。那一刻,我对先生的感激之情无以言表,蒙先生不弃我才有了继续读书的机会。

在我入学之初,先生在国外探亲,通过电子邮件嘱咐我:"你们赶上一个好时代,应该奋发图强,在世界中古史专业领域里做出成绩来。要刻苦读书,勤勉治学。一定要坚持体育锻炼,持之以恒,必有成效。另外,你要争取英语免修,此后,一定要开始学第二外语,研究世界历史一定要有两门以上的外语,只有一门外语显得太单薄。此外,千万不要忽视对理论的学习和研究,理论水平上不去,历史学成果的质量就会大受影响。史学理论的关键在于唯物论和辩证法,要学会在历史研究中灵活而恰当地运用唯物论和辩证法。"先生对我学习和生活的关心细致入微,先生的教诲和期望一直指引着我后来的学习和研究。

跟随先生读书期间,先生从来不愿耽误我们的时间,不到万不得已不让我们做任何事情。先生总是对我们讲:"你们的时间非常有限,我如果耽误你们一小时,你们读书学习的时间就少一小时。"关于这一点,有很多典型的事例:2010 年 3 月,先生的爱人赵德贵老师心脏不舒服需要去医院输液,可在赵老师治疗两天之后,先生自己却开始出现痛风,以至于无法长距离行走。在这样的情况下,先生仍然坚持不通知我们,打算自己痛风症状减轻之后再陪赵老师去医院。幸亏我们有事情去见先生才得知这一情况,对此,先生说:"你们都在紧张地做毕业论文,我怎么忍心打扰你们!"2010 年 4 月 7 日夜里,先生突发心绞痛,直到早晨先生才自己去校医院检查。后来,我们建议先生去大医院再检查一下,以便更好地治疗,先生执意不肯,理由还是怕耽误我们的时间,先生对待学生的这一态度深刻地影响了我。

对于我的毕业论文,先生给予了我充分的自由和最大程度的信任。在商量我的论文选题时,先生让我结合自己的专业知识积累和兴趣自由选题,但要保证原始文献充分、理论运用恰当,并能够从整体上驾驭论题,在此基础上确定一个合适而新颖的选题。在论文的撰写过程中,先生只是问及我写作的进度,对于其中的具体细节,先生从不过问,言辞中充满了对我的鼓励和信任。因此,我内心始终怀着对先生的感激,并且能够以积极的心态面对各种困难。先生的开明让我得以继续研究硕士期间就已经关注的论题,这不仅节省了探索新选题的时间,而且让我能够对先前的论题有更深入地思考和研究,这最终促进了本书的形成。

从东北师大毕业之后,我回到了吉林大学工作。这对于我来说是值得庆幸的,因为这样我可以继续留在长春,能够不离开先生,为先生做一些力所能及的小事,以报答先生对我的培养之恩。然而,我每次打电话想去拜访先生,先生仍然会像先前一样要求我不要带任何东西。我带东西到先生家时,先生会真的生气,但又不能不让我进家门。每当这时先生总是说:"你们年轻人刚刚工作,挣得不多,处处得用钱,以后千万不要破费,你想来就直接过来,我们聊一聊不是很好吗?不要拘泥于繁文缛节,你看我这里啥都不缺,你们不用惦记。"因此,为了避免先生生气,这些年每次去先生家里我都是仅仅带一些青菜和水果。有一次我带了一箱酱油和醋,正好在楼下碰到先生取报纸回来,先生见我抱着个纸箱立刻显得十分生气,直接质问我拿的什么东西,我赶紧打开纸箱让先生看,并向先生解释只是带了一些酱油和醋,因为没有添加防腐剂才给先生带过来的,根本不值钱,先生这才轻松下来,不再生气!现在想来,从我跟随先生读书以来,已经有十余年了,一直到先生去世,我也未能给先生买过一件贵重些的东西。尽管是为了尊重先生的意愿,但我还是深深地自责,觉得自己作为弟子做得实在是太不好了。

然而,先生一直以来给予我的却是无私的大爱。当我每次恳请先生帮我写推荐信或者序言时,先生总是慨然应允。在申请进入吉林大学做博士后研究时,我请求先生为我写一份入站推荐信,先生微笑着说:"别说写推荐信了,我可以亲自去吉大推荐你。"先生的态度震惊了我,先生对学生的殷切之心和爱护之情让我承受不起!甚至在我买房子时,先生竟然对我说:"你买房子钱够吗?不够就给我说一声。"我是万不可能向先生借钱的,但先生的话让漂泊在异乡的我百感交集!今生我欠先生的恩情太多了,但永远也无法报答了!每次想到这一点,内心就特别难受,生与死的距离终究是人无法跨越的。

先生和赵老师从动荡的旧中国走来,经历了"国破山河碎"的民族悲剧;又见证了新中国的风雨历程,体会了国家发展带给民众的福祉。因此,对于国家,先生有着强烈的家国情怀和学术报国的理想,毕生胸怀祖国,致力于教书育人,将学术研究视为服务国家和人民的崇高事业,提携后学也是旨在为国家和社会培养人才;对于个人,先生和赵老师看淡了世间的一切苦难和纷扰,始终保持着乐观豁达的人生态度。先生和赵老师让我们感受到中国传统知识分子胸怀天下的浩然之气、淡泊名利的从容之心以及与世无争的怡然之情。在与先生相处的过程中,我既感佩先生的宅心仁厚和高尚无私,也会深刻地反省自己平时的庸俗和局限。所以,每次去拜访先生,都是对我心灵上的一次净化,很多时候从先生家出来,我内心一切的困扰和烦恼都被抛到九霄云外了,进而就能够轻松愉快地面对学习和生活中的诸多问题。我想这些弥足珍贵的记忆必将一直伴随着我们,滋养着我们的心灵,温暖着我们的人生!

这一段时间以来,我总是时不时地想到先生,内心一直处于矛盾之中。一方面觉得先生在九十五岁高龄仙逝,已经是非常高寿了,感到很宽慰,能够接受先生的离去;但是转念就会想到再也见不到先生、再也听不到先生的教诲了,从感情上又无法接受先生的离去。仔细想来,先生不用再忍受病痛了,也不用再忍受失去相伴一生的挚爱的孤独! 这对先生和赵老师来说何尝不是一种幸福! 因为从此以后先生和赵老师都不再孤单,可以继续相互扶持、相互依靠。先生和赵老师一生携手同行,一起经历了常人无法企及的人生,一起从难以想象的乱世中走过来,一起读书学习教书育人,一起扛过了所有的苦难,一起创造了幸福的生活,现在又一起去了平安的天堂! 学生想先生和赵老师此刻已经相遇,已经又携手相伴而行了! 只有被遗忘才是真正的消失,但先生的学术气象和学术风骨在很远的未来都不会被遗忘,先生的"为人、为学、为师之道"必将得以传承,先生也会一直被诸多弟子和学人真切而诚挚地感念与回忆,我们会尽最大努力做到不忘先生教诲,不负先生所期! 愿先生高尚的人格和学术风范永远泽被后世!

谨以此文纪念先生和赵老师! 谨以此书献给先生和赵老师!

于 洪

2020 年 9 月 10 日

责任编辑:柴晨清

图书在版编目(CIP)数据

英国现代法治的历史渊源研究/于洪 著. —北京:人民出版社,2020.12
(国家社科基金后期资助项目)
ISBN 978 - 7 - 01 - 022810 - 5

Ⅰ.①英…　Ⅱ.①于…　Ⅲ.①法制史-研究-英国-现代　Ⅳ.①D956.19

中国版本图书馆 CIP 数据核字(2020)第 249524 号

英国现代法治的历史渊源研究
YINGGUO XIANDAI FAZHI DE LISHI YUANYUAN YANJIU

于 洪 著

人民出版社 出版发行
(100706　北京市东城区隆福寺街 99 号)

北京虎彩文化传播有限公司印刷　新华书店经销

2020 年 12 月第 1 版　2020 年 12 月北京第 1 次印刷
开本:710 毫米×1000 毫米 1/16　印张:12.75
字数:235 千字

ISBN 978 - 7 - 01 - 022810 - 5　定价:68.00 元

邮购地址 100706　北京市东城区隆福寺街 99 号
人民东方图书销售中心　电话 (010)65250042　65289539